纪杰 ◎ 著

智慧城市建设模式及
智慧重庆推进策略研究

ZHIHUI CHENGSHI JIANSHE MOSHI JI
ZHIHUI CHONGQING TUIJIN CELUE YANJIU

中国财经出版传媒集团

经济科学出版社

Economic Science Press

图书在版编目（CIP）数据

智慧城市建设模式及智慧重庆推进策略研究／纪杰著.
—北京：经济科学出版社，2018.4
ISBN 978 - 7 - 5141 - 9286 - 5

Ⅰ.①智…　Ⅱ.①纪…　Ⅲ.①现代化城市 – 城市建设 –
研究 – 重庆　Ⅳ.①F299.277.19

中国版本图书馆 CIP 数据核字（2018）第 079897 号

责任编辑：杜　鹏　张　燕
责任校对：王苗苗
责任印制：邱　天

智慧城市建设模式及智慧重庆推进策略研究

纪　杰/著

经济科学出版社出版、发行　新华书店经销
社址：北京市海淀区阜成路甲 28 号　邮编：100142
总编部电话：010 – 88191217　发行部电话：010 – 88191522
网址：www.esp.com.cn
电子邮件：esp_bj@163.com
天猫网店：经济科学出版社旗舰店
网址：http://jjkxcbs.tmall.com
固安华明印业有限公司印装
710×1000　16 开　15.25 印张　270000 字
2018 年 4 月第 1 版　2018 年 4 月第 1 次印刷
ISBN 978 – 7 – 5141 – 9286 – 5　定价：58.00 元
（图书出现印装问题，本社负责调换。电话：010 – 88191510）
（版权所有　侵权必究　举报电话：010 – 88191586
电子邮箱：dbts@esp.com.cn）

资助项目：

·2016 年重庆市社科规划年度项目（2016YBSH037）

·2015 年重庆市教委人文社科重点项目（15SKG091）

·2016 年重庆市"三特行动计划"特色专业：劳动与社会保障专业（62011600320）

·2017 年重庆市"特色学科专业群"：社会学专业群

重庆工商大学人口发展与政策研究中心、重庆工商大学社会学西部研究基地资助

前　言

　　作为一个近几年刚进入人们视野的新的城市发展理念，尽管智慧城市得到了学者及有关部门的热烈追捧，但整体而言，首先，人们对于智慧城市的认识和实践仍处于起步和探索阶段，对于"什么是智慧城市"还没有形成清晰的概念，因此，需要在剖析城市发展演进的基本规律的基础上，通过系统思考的方式来分析智慧城市这一复杂新事物，以此更为深刻、透彻地把握智慧城市的本质内涵。其次，虽然目前全国各地智慧城市建设的"竞赛"已全面展开，但智慧城市建设模式呈现"趋同化"，推进策略理解为"城市信息化"，缺乏地域特色，造成"千城一面"。实际上每个城市功能、形态、布局等"基因"的差别化，决定了其"智慧"模式不同，如何找出不同城市在"智慧路"上的趋同因素和差异化因素，发掘智慧城市建设模式的维度构成和模式组合，探索出切合实际、行之有效的建设模式，是当前智慧城市研究亟需解决的关键问题。最后，虽然重庆市的信息基础设施不断完善、车联网等智慧应用已经取得了初步成果，南岸区、两江新区、江北区、永川区、渝中区国家智慧城市试点有序推进，但智慧重庆的建设模式显然不应该是试点智慧城市的简单累加，智慧城市建设模式的选择和确定就成为智慧重庆建设过程中的现实问题。总之，本书将聚焦于"智慧城市是什么?""建设模式有哪些?""智慧重庆建设模式怎么选?"

这三个方面展开研究。

概括之，本书的主要内容及观点如下所述。

第 1 章：绪论。智慧城市在国内外受到了广泛关注，很多国家和地区相应展开了实质性的探索实践，智慧城市的新理念及新模式也推动了新一轮城市的发展演变，成为了城市发展和进步的重要途径和主要标志。本章从阐述智慧城市兴起的背景入手，分析了选题背景、提出了研究问题、阐述了研究意义、明确了研究目标及研究方法。

第 2 章：智慧城市的基础理论研究。智慧城市是在以物联网、云计算等新一代信息技术取得突破性进展的背景下应运而生的，是信息化高度发展的产物，智慧城市作为一个新生的概念，目前，学术界对它的定义仍然没有形成统一的认识。本章在剖析城市发展演进的基本规律基础上，全面分析理论界和实业界对智慧城市的认识，辨析研究智慧城市的概念、内涵和特征，以求对智慧城市进行全面、系统的认识，为后文的研究分析提供理论支撑。

第 3 章：智慧城市建设模式逻辑框架。智慧城市的建设已经在全球范围内如火如荼地进行，但是，到目前为止，还没有形成成熟的、系统的智慧城市建设模式的理论和方案。本章将在回溯和阐释智慧城市建设模式各学术流派理论观点的基础上，全面梳理智慧城市发展模式的层次、构成要素、维度之间的关联性和互补性，从纵、横两个维度构建智慧城市发展模式：一是构建由区域、国家、地域和市域的四个纵向建设模式；二是构建基于目标要素、理念要素、驱动要素、主体要素、路径要素的横向建设模式，以此形成一个综合性的智慧城市建设模式逻辑架构。

第 4 章：国内外智慧城市建设模式典型案例分析。国外很多城市、地区或国家展开了智慧城市建设的探索，产生了众多智慧的解决方案。因此，提炼各个城市智慧城市建设模式，总结其智慧城市建设的经验，对于我国智慧城市建设选择具有一定的借鉴意义。本章基于目标要素、理念要素、驱动要素、主体要素、路径要素等智慧建设模式的维度，选择新加坡"智慧国2015"、斯德哥尔摩"智慧交通"以及智慧北京、智慧无锡、智慧广州、智慧宁波等国内外智慧城市先行先试地区，全面梳理其智慧城市建设背景、建设内容及成效，并对其建设模式进行分析，对比分析建设模式的共性与区别，探讨智慧城市建设模式的选择原则。

第5章：重庆市智慧城市建设实践研究。近年来，重庆市从城市发展战略的高度，重点围绕网络信息通道完善、公共信息资源整合、智慧应用体系建设、智慧产业快速发展，积极开展了智慧城市建设的探索。本章梳理重庆市信息资源整合与应用、信息惠民实施方案、物联网行动计划、大数据行动计划等相关建设成果，着重分析重庆市智慧城市建设的基础和优势，以试点的南岸区、两江新区、江北区、永川区和渝中区五个国家智慧城市为样本，分析其现有建设基础和优势、建设内容、建设推进情况，从网络信息通道、信息平台、智能应用、智慧产业等角度，全面总结重庆市智慧城市建设取得的成绩。

第6章：智慧重庆建设战略思路与模式选择。国家政策的支撑、技术发展的推动以及社会发展的牵引，为智慧重庆建设带来千载难逢的机遇。本章在系统阐述智慧重庆建设的机遇和优势、存在的问题和挑战调整的基础上，提出了以"平台先行、行业示范、分建共享、集中服务"为思路，实施信息基础设施建设、社会管理、公共服务、新兴产业发展和网络信息安全"五大行动计划"的建设思路。在建设模式的选择上，结合智慧城市建设模式五个维度，选择在建设目标上，以"以人为本"为核心，促进民生建设；在建设理念上，以"顶层设计"为蓝图，自上而下推进；在建设动力上，以"创新驱动"为根本，发展新兴产业；在建设主体上，以"政府引导"为导向，发挥市场主导；在建设路径上，以"平行分集"为路径，实施五大行动，以此构建智慧重庆建设的多种要素合力的模式组合。

第7章：智慧重庆建设有序推进策略研究。针对推进主体、推进重点、推进策略、推进机制、推进效果等方面存在的问题，以及智慧重庆建设过程中基础设施建设快内容应用慢、政府投入快市民感受慢、点上推进快面上推进慢、产业发展快技术研发慢等挑战，针对性地提出了完善智慧城市建设的组织领导机制、建立健全信息资源开发和共享交换机制、构建"以人为本"的开放性服务体系、建立智慧城市建设评估考核体系、制定智慧产业扶持政策、加强智慧产业领域人才的引进和培养、推进各类智慧创新平台建设等策略，以期健康有序地推进智慧重庆建设。

本书可能的创新之处体现在以下三个方面：一是围绕"什么是智慧城市"这一核心问题，结合智慧城市的相关概念、城市发展理论等相关理论，通过城市发展的历程演变、智慧城市概念的来源以及现有的智慧城市的典型观点的研究和分析界定了智慧城市的概念、内涵与特征。二是围绕"建设模式有哪些"这一个共性问题，梳理智慧城市发展模式的层次、构成要素、维度之间的关联性和互补性，按照区域层次大小，构建区域、国家、地域和市域四个纵向建设模式；按照建设成什么样的智慧城市、建设思路是什么、建设的驱动力是什么、谁来建设以及怎样建设智慧城市的逻辑思路，构建了基于目标要素、理念要素、驱动要素、主体要素、路径要素的横向建设模式。三是围绕"智慧重庆建设模式怎么选"这一现实问题，梳理重庆市信息资源整合与应用、信息惠民实施方案、物联网行动计划、大数据行动计划等相关建设成果，着重分析重庆市智慧城市建设的基础和优势，全面总结了重庆市南岸区、两江新区、江北区、永川区和渝中区五个国家试点智慧城市建设实践，根据智慧重庆建设的战略思路，基于目标要素、理念要素、驱动要素、主体要素、路径要素五个要素，探索智慧重庆建设的多种要素合力的模式组合，并针对性地提出了组织领导、信息共享、开放性服务、评估考核、产业扶持、人才培养、平台建设等策略，以期助推智慧重庆健康有序发展。

作者

2018 年 3 月

目 录
CONTENTS

1

第1章 绪 论

1.1 选题背景

1.1.1 智慧城市兴起的背景

从 2009 年开始，智慧城市在国内外受到了广泛关注，很多国家和地区都展开了实质性的探索实践。智慧城市作为一种崭新的城市形态，具有全面透彻的感知、宽带泛在的互联、快速的智能处理、开放式应用创新等方面的特征，这些特征充分展示了未来城市发展的新理念、新模式，成为城市发展和进步的重要途径与主要标志。智慧城市的兴起并不是空穴来风，而是有其特殊的背景。

1.1.1.1 智慧城市兴起的技术背景

以物联网、云计算、下一代互联网为代表的信息技术革命，以其独有的创新性、渗透性、冲击性催生着新一代产业和技术革命的到来。智慧城市需要新一代信息技术作为主要支撑，其兴起具有很强的技术背景。

（1）感知技术的快速发展为智慧城市的兴起奠定了坚实基础。智慧城市通过条形码、射频识别（RFID）、智能卡、信息终端等对物体的地址、身份及静态特征进行的标识身份感知；利用定位系统或无线传感网络技术对物体的绝对位置和相对位置进行的位置感知；通过录音和摄像等设备对物体的表征及运动状态进行的多媒体感知；利用各种传感器及传感网对物体的状态进行的动态感知等多种相结合的感知方式，实现信息从汇聚阶段向"人—人""人—物""物—物"之间协同感知阶段和泛在融合阶段迈进。智能感知技术的颠覆式创

1

新将成为引领智慧城市发展的重要推动力，它使人的感知延伸，它扩大了人的感知范围、增强了人的感知能力，极大地提高了人类对外部世界的了解水平，也直接推动了智慧城市中人与人、人与物、物与物全面感知、互联互通等理念的提出与发展。

（2）网络技术的快速发展为智慧城市的兴起创造了良好契机。随着因特网带宽的扩展、通信网络的泛在化发展、因特网访问终端的迅速增多和广泛应用，尤其是下一代网络技术（IPv6、Web2.0、Web3.0）、移动通信技术（4G、5G）、家庭网络、网格技术、语义网络等全新理念与技术正在崛起，把互联网上分散的资源融为有机整体，实现资源的全面共享和有机协作，使人们能够透明地使用资源的整体能力并按需获取信息，同时，信息通信技术（information and communication technologies，ICT）在城市基础设施中的广泛应用和用户、市民的积极参与在互联网平台上产生了庞大的实时数据，这为人们通过探测这些数据，在整体以及个人层面分析城市中各种物体的行为和异常现象成为可能[1]。总之，网络技术的快速发展为智慧城市实现互联互通、信息传输与资源共享等创造了有利的条件。

（3）相关应用技术的快速发展为智慧城市的兴起提供了重要支撑。如云计算技术支持用户在任意位置使用各种终端获取应用服务，隐藏在云层后面的是虚拟化的城市数据中心，大量异构的服务器、存储和平台被虚拟化成统一的服务资源，信息资源被最大限度地统筹和共享；大数据技术从海量的各种各样类型的数据中，快速获得有价值信息的技术能力，利用流处理、并行性、摘要索引和可视化等技术，建立起城市的海量数据库。海量的各类数据，如大量博客信息、物联网数据、空间数据、3D数据等，被采集、存储、分类、挖掘和分析，对复杂事件做出智慧的决策。其他技术，如3S（GIS，GPS，RS[2]）技术，将遥感、卫星定位和地理信息系统紧密结合起来，实现对各种空间信息和环境信息的快速、机动、准确、可靠的收集、处理与更新；超文本标记语言（HTML）发展使原有的基于Flex和SilverLigt的富互联网应用统一到HTML5环境；数据与软件

---

① 张振刚，张小娟. 智慧城市研究述评与展望［J］. 管理现代化，2013（6）.

② GIS：地理信息系统，全称为 Geographic Information System 或 Geo‐Information System。GPS：全球定位系统，全称为 Global Positioning System。RS：遥感，全称为 Remote Sensing。

一体化的应用开发平台技术和应用程序编程接口技术（API），使组织机构的服务 API 化，带动 API 经济的发展；最终用户开发促进开发前移，推动用户参与开发；建模仿真技术、元数据技术、人工智能技术和安全问题等也是不可缺少的必要技术①。所有这些技术将为智慧城市所需要的信息深度计算、加工处理和应用以及最终实现智慧城市的各项功能等提供了重要支撑。

1.1.1.2 智慧城市兴起的现实背景

城市是社会生产力发展和科技进步的结果。智慧城市创新了城市治理方式，带动和培育了战略性新兴产业，满足了人类追求美好生活的需求，其兴起具有很强的现实背景。

（1）智慧城市的兴起是解决当前众多"城市病"的现实需求。随着经济的发展和全球城市化进程的加快，人口迅速向城市集聚，大量人口在城市的聚集给城市的规划、发展和管理带来很大的挑战，"城市病"问题是当前许多国家共同面临的难题，许多城市纷纷陷入交通困境：拥堵问题严重，高峰时段"举步维艰"，造成城市"肠梗阻"；能源面临的短缺和枯竭情况日趋严重，水荒、电荒、煤荒、油荒接踵而来，成为制约城市经济社会发展的"瓶颈"；城市居民看病难、看病贵、医患关系紧张等问题突出；城市管理低效，安全形势严峻；社会保障体系不健全、功能缺失问题尚存在等②。"城市病"问题的存在需要创新城市运作的方法，采用信息化、数字化、智能化等手段，建立统分结合、协同运行的城市管理智慧应用系统，通过更全面的互联互通、更有效的交换共享、更协作的关联应用、更深入的智能化，促进城市的人流、物流、信息流、交通流的协调高效运行，使城市运行更安全、更高效、更便捷、更绿色、更和谐，从而使城市变得"智慧"，这为智慧城市的兴起提出了现实需求。

（2）智慧城市的兴起是带动和培育战略性新兴产业的战略选择。战略性新兴产业日渐成为提高国家综合竞争力的重大战略选择。当前，世界各国尤其是各主要大国都非常重视，在国家层面做出战略布局和筹划，纷纷把发展新能源、新材料、信息网络、生物医药、节能环保、低碳技术、绿色经济等作为新

---

① 杨毅. 智慧城市的主要信息技术及应用领域浅析［J］. 科技视界，2015（1）.
② 鼎韬产业研究院. 智慧城市如何当好城市病治理的先行军［J］. 现代物业，2014（11）.

一轮产业发展的重点，加大投入，着力推进。智慧城市建设离不开物联网、互联网、云计算等技术支撑，而每种技术又是一个庞大的体系，涉及众多学科和领域，涉及的技术就非常多，如感知层包括 RFID 信息编码标准、数据采集、传感器中间件、中高速短距离信息传递等关键技术；网络层涉及有线网络、互联网、无线网络等在内的各种网络信息传输技术，信息安全技术是重中之重；应用层涉及的技术非常广泛，与不同行业的应用结合需要不同的技术，数量非常庞大。显然，带动和培育战略性新兴产业快速发展成为智慧城市建设重大的战略选择。

（3）智慧城市的兴起是人们追求美好生活及展示智慧成果的自然需求。城市发展的根本是人民幸福，以人为本是健康城市的首要准则，智慧城市则是"以人为本"的现代生活方式，以提高人的生活质量，追求社会的全面进步为发展目标，是提高城镇化质量、推进内涵型城镇化建设的重要举措，有助于提高市民的生活幸福感，并满足他们对可持续发展和"绿色"生活方式的呼吁和追求[①]。显然，智慧城市作为一种城市的品牌和形象，其理念的提出也是在信息技术及经济社会不断向前发展的情况下，是人们对城市建设与发展寄予的新期望，更是人们不断创造价值、追求美好生活的自然表现。

1.1.1.3　智慧城市兴起的政策背景

近年来，欧美很多发达国家陆续开展了与智慧城市相关的国家发展战略，与此同时，我国有关部门正酝酿出台智慧城市建设的指导意见，许多城市相继提出了智慧城市建设规划，智慧城市的兴起具有很强的政策背景。

（1）智慧城市建设已成为国外或地区城市建设的战略选择。2002 年 3 月，韩国政府推出"国家信息化战略"（e-Korea）；新加坡在 2006 年启动"智慧国 2015"计划（iN2015）；2005 年 7 月，欧盟正式公布了未来 5 年的信息社会和媒介的战略框架（i-2010），并于 2010 年 5 月发布了欧洲数字化议程；2008 年，IBM 公司提出了"智慧地球"战略（李德仁等，2011），美国政府积极回应并将它写进创新战略，2009 年，美国又发布了《经济创新战略》；2009 年 6

---

① 吴循. 智慧城市的模块化构架与核心技术 [M]. 北京：国防工业出版社，2014.

月，英国发布了"数字英国"（Digital Britain）计划；2009 年 5 月，德国推行
大规模生活实验室计划（T-CITY），旨在研究现代信息通讯技术，示范如何提
高城市未来的社区和生活质量；爱尔兰 2008 年开展"智慧湾"项目；2009 年
7 月，日本推出"2015 年的中长期信息技术发展战略"（i-Japan）①。与此同
时，纽约、巴塞罗那、维也纳、斯德哥尔摩、首尔、东京等城市先后制定出具
体战略规划和分阶段行动方案，获得了较大突破②。目前，世界各国各地对智
慧城市将成为城市发展的必然方向已达成共识，智慧城市建设已成为各国的战
略选择，战略规划作用凸显。

（2）我国国家层面政策奠定了智慧城市的国家战略地位。2012 年 11 月，
《住房城乡建设部办公厅关于开展国家智慧城市试点工作的通知》提出国家智
慧城市试点暂行管理办法试点指标体系③；2014 年出台的《国家新型城镇化规
划（2014～2020 年）》，将智慧城市作为城市发展的全新模式④；同年 8 月，国
家发改委等八部委发布《关于促进智慧城市健康发展的指导意见》，明确提出
"推进智慧城市建设"⑤；2015 年，智慧城市首次写进政府工作报告⑥；2016
年，政府工作报告要求深入推进新型城镇化，建设智慧城市⑦。智慧城市建设
已经成为信息化与城镇化的最佳契合点，是促进城市规划、建设、管理和服务
智慧化的新理念和新模式。

（3）国内大部分城市明确提出了建设智慧城市的战略构想。2010 年宁波
首先提出系统建设智慧城市，此后北京、上海、南京、苏州、武汉、长沙、扬
州、佛山、株洲、汕尾、湘潭、新乡等城市在"十二五"规划、党委政府文

---

① 秦洪花，李汉清，赵霞."智慧城市"的国内外发展现状［J］. 科技进步与对策，2010（9）.
② 王广斌，张雷，刘洪磊. 国内外智慧城市理论研究与实践思考［J］. 科技进步与对策，2013
（10）.
③ 住房和城乡建设部办公厅. 关于开展国家智慧城市试点工作的通知［EB/OL］. 2012 – 11 – 22.
http：//www. gov. cn/zwgk/2012 – 12/05/content_2282674. html.
④ 国务院. 国家新型城镇化规划（2014～2020 年）［EB/OL］. 2014 – 03 – 16. http：//ghs. ndrc.
gov. cn/zttx/xxczhjs/ghzc/201605/t20160505_800839. html.
⑤ 国家发展改革委. 关于促进智慧城市健康发展的指导意见［EB/OL］. 2014 – 08 – 27. http：//
www. ndrc. gov. cn/gzdt/201408/t20140829_624003. html.
⑥ 中国国务院. 李克强 2015 年，政府工作报告［EB/OL］. 2015 – 03 – 05. http：//www. gov. cn/
guowuyuan/2015 – 03/16/content_2835101. html.
⑦ 中国国务院. 李克强 2016 年政府工作报告［EB/OL］. 2016 – 03 – 05. http：//news. xinhuanet.
com/fortune/2016 – 03/05/c_128775704. html.

件、政府工作报告中提出智慧城市建设。2013 年 1 月 29 日，住建部公布第一批国家智慧城市试点名单，共包含 90 个城市（区、县、镇）①，2013 年 8 月 1 日，公布第二批试点城市（区、县、镇）103 个②，2015 年 4 月，公布第三批国家智慧城市试点名单，确定了 84 个城市（区、县、镇）为国家智慧城市新增试点，河北省石家庄市、正定县等 13 个城市（区、县）为扩大范围试点，以及 41 个专项试点③，目前，我国已公布了三批智慧城市试点，共计 290 个城市。此外，我国 95% 的副省级城市、83% 的地级城市，总计超过 500 个城市，均在政府工作报告或"十三五"规划中明确提出或正在建设智慧城市，主要集中在东部的长三角、珠三角、京津冀等经济发达区域以及中部地区的武汉城市群、长株潭经济圈等④。

1.1.2 智慧城市建设概况

1.1.2.1 国外智慧城市建设概况

发达国家由于较早认识到智慧城市发展的前瞻性，通过开展智慧城市相关的基础设施建设、智慧管理、智慧出行、智慧生活等应用⑤，已经形成各自智慧城市建设发展的重点领域和鲜明的地区城市特色。

（1）网络基础设施建设。互联网基础设施的铺盖与升级是智慧城市建设的必要环节。早在 1993 年，美国率先提出了国家信息基础设施计划（National Information Infrastructure，NII），并随后提出了全球信息基础设施计划（Global Information Infrastructure，GII）。至今，已有大量国家或地方政府提出高速或超高速宽带网络建设计划，如新加坡在"智慧国 2015 计划"中提出建设全面覆

① 汪江，任佳. 住房城乡建设部公布首批国家智慧城市试点名单［N］. 中国建设报，2013 – 01 – 31.

② 住房和城乡建设部办公厅. 关于公布 2013 年度国家智慧城市试点名单的通知［EB/OL］. 2013 – 08 – 01. http：//www. mohurd. gov. cn/zcfg/jsbwj_0/jsbwjjskj/201308/t20130805_214634. html.

③ 住房和城乡建设部办公厅. 关于公布国家智慧城市 2014 年度试点名单的通知［EB/OL］. 2015 – 04 – 07. http：//www. mohurd. gov. cn/zcfg/jsbwj_0/jsbwjjskj/201504/t20150410_220653. html.

④ 丛晓男，刘治彦，王轶. 中国智慧城市建设的新思路［J］. 区域经济评论，2015（6）.

⑤ 刘伦，刘合林，王谦，龙瀛. 大数据时代的智慧城市规划：国际经验［J］. 国际城市规划，2014（6）.

盖的超高速宽带网络等信息通讯基础设施；伦敦计划投资 2400 万英镑以较低的价格为中小型企业提供超高速宽带网络；布里斯托和伯明翰分别投资 1100 万英镑和 800 万英镑用于宽带网络建设；芝加哥投资建设一条新的光纤网络以使网速达到千兆级别。同时，随着智能移动终端的普及，免费无线网络也成为网络基础设施的建设重点，如伦敦与英国五大移动网络运营商之一的 O2 公司合作建设欧洲最大的免费无线网络，计划铺设在画廊、博物馆及全市 150 个地铁站；纽约计划在富尔顿街、布鲁克林音乐学院等文化区的十余处街区提供免费无线网络；旧金山试点在主要街道市场街提供免费无线网络；阿姆斯特丹试点在艾瑟尔堡港口提供免费无线网络等。

（2）智慧管理。国外智慧管理应用方式主要体现在三个领域。一是实时监控与突发事件处理，如巴塞罗那和格拉斯哥都计划在全市大规模布置摄像头或传感器以及时识别火灾、犯罪等异常情况；巴西里约热内卢还开设了一座建设有 80 米宽监视屏的城市运行控制中心，显示来自全市 900 多个摄像头的监控影像，由来自 30 个不同部门的 50 名工作人员对洪水威胁、交通事故、管道泄漏等突发事件做出应急控制。二是市政服务，如维也纳、波士顿、格拉斯哥都推出用于报告市政故障的手机应用；而瑞典斯德哥尔摩自 2007 年至今已投资 7000 万欧元开发 50 多项电子服务，并借此降低了城市的管理成本。三是公众参与，大数据使人们得以构建反映城市建成环境实时变化的三维可视化系统，这类系统可作为公众参与的平台，如欧特克公司在德国班贝格市开发的城市三维可视化系统被用于讨论新铁路线建设，市民使用 iPad 即可了解铁路线对周边环境的影响，节省了公众参与的时间。

（3）智慧出行。智慧出行领域的应用主要体现在两个方面。一是交通流量实时监控，如伦敦、波士顿和伯明翰利用遍布全市的摄像头监控实时交通流量；伯明翰还将摄像头和各类传感器收集到的交通信息统一传送至控制中心，由工作人员实时调控交通。二是交通信息实时提供，如阿姆斯特丹和巴塞罗那通过安装在停车场的传感器为市民提供实时停车位信息，以引导居民合理出行；多伦多和巴塞罗那为市民提供公交车实时位置信息；波士顿为学生家长提供校车位置信息；伦敦为市民提供公用自行车位置信息等。

（4）智慧环境。目前，大数据在智慧环境领域的应用主要体现在两个方面。一是能源使用管理，安装在电网系统中的传感器可实时收集用户的能耗信息，并按时段调配能源供给或在电力峰值不同的建筑物之间进行电力融通，提高能源使用效率，如伦敦、阿姆斯特丹、西雅图、斯德哥尔摩等许多城市都计划推行智慧电网，日本千叶与日立公司合作建立了地区能源管理系统。二是环境质量监控，如哥本哈根利用安装在自行车轮上的传感器收集空气质量信息，巴塞罗那利用安装在路灯上的传感器收集噪声、污染信息等。

（5）智慧生活。虽然智慧城市涉及大量技术内容，但其核心价值仍在于为市民提供更高质量的生活，这也是几乎所有国外智慧城市建设项目所不断强调的。目前，智慧生活主要体现在生活服务方面，如维也纳、巴塞罗那、纽约等城市在开放数据的基础上众包开发了几十种至上百种生活服务类手机应用，多伦多、格拉斯哥等城市则通过云计算等技术对实时信息进行分析并据此为市民提供更多生活服务实时信息。此外，思科公司提出了智慧连接社区概念，通过智能网络系统将社区的服务、信息和人群等各类资源相结合，将物理空间的社区转化为一个更加紧密联系的社区。

1.1.2.2 国内智慧城市建设概况

（1）理念快速推广。普通民众对智慧城市的关注度也日益高涨，以百度指数为例，2012 年前，智慧城市的搜索热度很低，但自 2011 年 11 月起，其搜索热度迅速飙升，周平均搜索次数达 1500 次以上，反映了社会大众对智慧城市建设的极大关注。具体如图 1 - 1 所示。

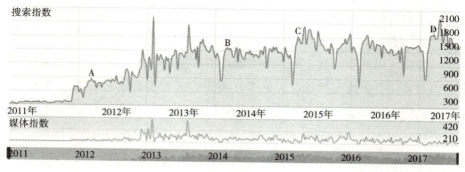

图 1 - 1　智慧城市指数趋势

资料来源：百度指数。

（2）试点工作有序推进。中国各级政府对智慧城市建设极为重视，积极探索智慧城市建设模式，并结合当前新兴技术开展了若干智慧城市建设项目。通过采用先行先试、示范带动的模式探索智慧城市建设，有利于提升城市服务、城市管理和城市营销的水平。截至目前，由住建部公布的国家智慧城市试点已达 290 个，此外，2012 年 12 月 8 日，国家测绘地理信息局发布《关于开展智慧城市时空信息云平台建设试点工作的通知》，决定组织开展智慧城市时空信息云平台建设试点工作①；2013 年 9 月 12 日，工业与信息化部确定北京市等 18 个省级地方和北京海淀等 59 个市（县、区）成为首批"基于云计算的电子政务公共平台建设和应用试点示范地区"②；2013 年 12 月 31 日，工业与信息化部正式公布了首批国家信息消费试点市（县、区）名单，北京市等 68 个城市进入试点范围，工业与信息化部建立"国家信息消费试点城市综合服务平台"③；2014 年 6 月 12 日，国家发展和改革委员会发布《关于同意深圳市等 80 个城市建设信息惠民国家试点城市的通知》，将深圳市等 80 个城市列入信息惠民国家试点城市范围④；2014 年 9 月 26 日，工业和信息化部与国家发展和改革委员会联合发布了《2014 年度"宽带中国"示范城市（城市群）名单》，39 个城市（城市群）进入 2014 年度"宽带中国"示范城市（城市群）⑤。

（3）试点工作的特点。上述智慧城市相关试点工作具有如下特点⑥。

①从试点城市的数量来看，试点工作范围大。中国开展的智慧城市相关试点项目达 10 类 672 个区域性试点（省、市、区、县、镇），部分城市同时入选多个试点范围，通过示范带动、重点引领的方式较有力地推动了中国智慧城市

① 国家测绘地理信息局国土测绘司．关于开展智慧城市时空信息云平台建设试点工作的通知［EB/OL］．2012 - 12 - 11．http：//www．sbsm．gov．cn/article/tzgg/201212/20121200117724．shtml．

② 工业与信息化部．基于云计算的电子政务公共平台建设和应用试点示范地区［EB/OL］．2013 - 09 - 12．http：//politics．people．com．cn/n/2013/0913/c1027 - 22910580．html．

③ 工业与信息化部．首批国家信息消费试点市（县、区）名单公示［EB/OL］．2013 - 12 - 17．http：//www．miit．gov．cn/n1146285/n1146352/n3054355/n3057757/n3057760/c3538929/content．html．

④ 国家发展改革委．关于同意深圳市等 80 个城市建设信息惠民国家试点城市的通知［EB/OL］．2013 - 09 - 12．http：//www．ndrc．gov．cn/gzdt/201406/t20140623_616058．html．

⑤ 国家发展改革委．关于同意深圳市等 80 个城市建设信息惠民国家试点城市的通知［EB/OL］．2014 - 09 - 26．http：//www．ndrc．gov．cn/gzdt/201406/t20140623_616058．html．

⑥ 丛晓男，刘治彦，王轶．中国智慧城市建设的新思路［J］．区域经济评论，2015（6）．

的建设。

②从城市规模和等级来看，试点覆盖了不同层级的城镇。住建部国家智慧城市第一批试点中包含 37 个地级市 50 个区（县）3 个镇，第二批试点中包括市区级 83 个，县镇级 20 个，对于探索不同等级城市的信息化建设、根据城市自身特征构建智慧应用平台具有积极意义。

③从建设资金来看，资金投放规模大。以国家测绘地理信息局推动的"智慧城市时空信息云平台试点"工作为例，每个试点项目经费总投入不少于 3600 万元，并由国家测绘地理信息局、技术支持单位、试点城市共同投入；2012～2015 年，国家开发银行与住建部合作投向智慧城市建设的资金约 800亿元，并根据已签订的合作协议稳步推进项目遴选、调查、放款等工作，而住建部国家智慧城市前两批试点共涉及重点项目近 2600 个，投资总额超万亿元。

④从覆盖领域来看，切入视角多样化。如"智慧城市技术和标准试点"从物联网、移动互联等新兴技术角度切入，重点在于先进技术的落地应用和技术体系的标准化探索；"智慧城市时空信息云平台试点"则主要从空间信息服务和地理信息技术角度切入，实现时空信息云平台开发和应用；"国家信息消费试点"和"信息惠民国家试点城市"侧重培育新型消费业态，提升城市信息消费能力，重点打造信息技术和信息服务的消费市场；"宽带中国示范城市"则以信息化基础设施的建设为切入点，推动宽带等信息化基础设施的扩展和应用。

⑤从参与主体角度来看，多主体参与了试点。各试点项目均强调多方共同参与的重要性，融合了地方政府、行业协会、企业、社区等主体，力求建立多主体协同参与的智慧城市建设机制，例如，住建部推动的国家智慧城市第三批试点中，特设了 41 个专项试点，涵盖城市公共信息平台及典型应用、城市网格化管理服务、智慧社区、智慧园区、地下管线安全、建筑节能与能源管理、智慧水务、智慧工地、产业要素聚集 9 个类别，每个专项都包含示范单位和示范地，较好地吸引了大批技术型企业参与其中。

1.1.3　重庆智慧城市建设的概况

重庆是我国最年轻的直辖市，也是国家中心城市、超大城市、国际大都市，西南地区综合交通枢纽和最大的工商业城市，国家重要的现代制造业基地，还是长江上游地区经济、金融、商贸物流、科技创新和航运中心、全国统筹城乡综合配套改革试验区，以及西部开放开发战略支撑和长江经济带西部中心枢纽。近年来，重庆市从城市发展战略的高度，重点围绕网络信息通道完善、公共信息资源整合、智慧应用体系建设、智慧产业快速发展，积极开展了智慧城市建设的探索。

1.1.3.1 重庆智慧城市建设基础

数字城市是智慧城市的建设基础，"数字重庆"从 2000 年正式提出以来，经过 10 余年的努力，建成了完整的数据体系、软件体系、应用体系和保障体系，为智慧重庆建设奠定了坚实基础。在测绘基准体系方面，建成了 35 个 GPS 连续运行参考站、60 个 B 级 GPS 点、344 个 C 级 GPS 点，覆盖全市的高精度水准网，完成了重庆区域似大地水准面精化；在数据库方面，建成了覆盖全市的多源、多时相、多比例尺的基础地理信息数据库、地下空间数据库、地名地址数据库、综合管网数据库和三维仿真模型；在软件平台方面，建成了基础地理信息平台、政务地理信息平台和社会服务地理信息平台三大平台；在应用体系方面，建成了三峡库区综合信息空间集成平台、"数字区县"地理空间框架、重庆市政府应急平台、重庆防汛抗旱指挥系统等，为重庆市城市规划与建设、应急救灾、公共安全、生态环保等提供决策支持①；2016 年，重庆市获批国家大数据综合实验区；8 月 29 日，重庆市政府又与国家测绘地理信息局签订了时空信息大数据服务发展战略合作协议，力求在全面提升重庆时空信息大数据的获取、集合、处理、开放及管理能力的基础上，进一步夯实"智慧重庆"建设信息基础。

1.1.3.2 重庆智慧城市的政策环境

2010 年，重庆市编制完成了《重庆市"十二五"物联网产业发展规划》；2011 年正式颁布了《重庆市人民政府关于加快推进物联网发展的意见》；2013

---

① 李莉，罗灵军，胡旭伟."智慧重庆"建设路径研究［J］. 地理空间信息，2011（1）.

年，重庆市编制完成了《智慧重庆公共信息平台建设发展纲要》，纲要指出地理空间基础设施建设是"智慧城市"的基础和核心，"智慧城市"建设应以"数字重庆"地理信息平台为基础，依托泛在网络、传感设备、智能计算等，建设"智慧重庆"公共信息平台，实时汇集城市各种时空信息，实现更透彻感知、全面互联、智能决策、灵性服务和广泛应用，支撑整个"智慧城市"的建设与运行①。2015 年，重庆市人民政府办公厅发布《关于印发重庆市深入推进智慧城市建设总体方案（2015～2020 年）的通知》，提出了重庆市智慧城市的工作思路、总体目标、推进路径和保障措施等②。

1.1.3.3 重庆智慧城市建设的举措

重庆智慧城市建设的具体实践可谓异彩纷呈。一是"云端计划"的"端"部分，打造亚洲规模最大的网络终端生产基地。重庆抓住全球金融危机引发产业重新布局的机遇，围绕产业垂直整合和集群发展，推动智能终端全产业链一体化发展，形成了多品种、多规格约 5000 亿元产值的智能产品体系，为重庆智慧城市建设提供了产业和产品支撑。二是"云端计划"的"云"环节，实施"大数据行动计划"，通过与运营商、泛运营商、互联网企业合作，在两江新区规划建设云计算数据中心，打造亚太地区数据存储中心、异地灾备中心，形成集聚各类数据和人才的云体系。三是落实"宽带中国"战略，推进"光网城市计划"，打造信息通信枢纽中心。重庆的网络通信地位由过去的城域网点，上升为与北京、上海一样的国家级互联网骨干直联点，在空港、水港、铁路"三合一"基础上，增添了作为信息通信数据进出枢纽的"数据港"，形成了"四合一"的格局，为智慧城市的发展奠定了坚实的基础③④。

与此同时，一部分区县的智慧城市建设走在了全国前列：2013 年 1 月，南岸区、两江新区申报获批成为住房和城乡建设部公布的首批国家智慧城市

---

①③ 李杰. 重庆市智慧城市建设融资问题研究［D］. 重庆：西南大学，2015.

② 重庆市人民政府. 关于印发重庆市深入推进智慧城市建设总体方案（2015～2020 年）的通知［EB/OL］. 2015. 09. 02. http：//www. cq. gov. cn/publicinfo/web/views/Show！detail. action？sid＝4017935.

④ 龚庐. 重庆市智慧城市建设研究——基于政府责任的视角［D］. 重庆：重庆大学，2015.

试点①；2013 年 8 月，江北区、永川区名列住房和城乡建设部第二批公布的 103 个国家智慧城市试点②；2015 年 4 月，渝中区入围住房和城乡建设部国家智慧城市第三批试点名单③。目前，重庆已有五个国家智慧城市试点。

1.2　问题的提出

作为一个近几年刚进入人们视野的新的城市发展理念，智慧城市得到了学者和有关部门的热烈追捧。但整体而言，首先，人们对于智慧城市的认识和实践仍处于起步和探索阶段，对于"什么是智慧城市"还没有形成清晰的概念，从理论界和实业界对智慧城市的基本看法缺少梳理，对智慧城市与数字城市的关系和区别认识不够，因此，需要在剖析城市发展演进的基本规律的基础上，通过系统思考的方式来分析智慧城市这一复杂新事物，以此更为深刻、透彻地把握智慧城市的本质内涵④。其次，虽然目前全国各地智慧城市建设的"竞赛"已全面展开，但智慧城市建设模式呈现"趋同化"，推进策略理解为"城市信息化"，缺乏地域特色，造成"千城一面"。实际上，每个城市功能、形态、布局等"基因"的差别化决定了其"智慧"模式不同，如何找出城市在智慧路上的趋同因素和差异化因素，发掘智慧城市建设模式的维度构成和模式组合，探索出切合实际、行之有效的未来城市建设"智慧路"，是当前智慧城市研究亟须解决的现实问题。最后，虽然智慧重庆建设的信息基础设施不断完善、车联网等智慧应用已经取得了初步成果，南岸区、两江新区、江北区、永川区、渝中区国家智慧城市试点有序推进，但重庆市智慧城市的建设模式显然不是试点城市建设模式的简单累加，智慧城市建设模式选择和确定就成为智慧重庆建设过程中的现实问题。总之，本书将聚焦于"智

① 汪汪，任佳. 住房城乡建设部公布首批国家智慧城市试点名单［N］. 中国建设报，2013 - 01 - 31.
② 住房和城乡建设部办公厅. 关于公布 2013 年度国家智慧城市试点名单的通知［EB/OL］. 2013 - 08 - 01. http：//www. mohurd. gov. cn/zcfg/jsbwj_0/jsbwjjskj/201308/t20130805_214634. html.
③ 住房和城乡建设部办公厅. 关于公布国家智慧城市 2014 年度试点名单的通知［EB/OL］. 2015 - 04 - 07. http：//www. mohurd. gov. cn/zcfg/jsbwj_0/jsbwjjskj/201504/t20150410_220653. html.
④ 张小娟. 智慧城市系统的要素、结构及模型研究［D］. 广州：华南理工大学，2015.

慧城市是什么？""建设模式有哪些？""智慧重庆建设模式怎么选？"这三个现实问题展开研究。

1.2.1 智慧城市是什么

智慧城市是一类怎样的城市？如何通过系统的思考方法认识这一复杂的新事物？这已成为智慧城市研究的共性问题。从城市发展演进的历程来看，智慧城市是第四次工业革命——信息革命以来出现的一种城市信息化发展模式，是信息技术不断进步和城市信息化不断深化的必然结果，是数字城市、智能城市发展的高级阶段。那么，智慧城市与数字城市相比有什么区别，它们之间具有怎样的关系？这就需要剖析城市发展演进的基本规律，探索智慧城市这一个概念的来龙去脉，理性分析理论界和实业界对智慧城市的基本看法，这将有助于我们更加全面、深刻地了解智慧城市的基本内涵，有助于我们更为清晰地认识智慧城市内部是通过怎样的联系作用机制而使城市呈现出具有"智慧"的本质特征。本书将在剖析城市发展演进的基本规律基础上，系统分析理论界和实业界对智慧城市的认识，辨析研究智慧城市的概念、内涵和特征，以求对智慧城市进行全面、系统的认识。

1.2.2 建设模式有哪些

智慧城市建设模式由哪几个层面构成？又包括哪些要素？由此可形成哪些具体建设模式？这些问题成为智慧城市建设的关键问题。关于智慧城市发展模式的研究，国内外学者和研究机构从不同维度提出了若干不同的见解，如政府投资运营企业参与建设、政府与企业合资建设与管理、政府统筹规划，企业投资建设、企业建设运营，政府、公众购买服务运营模式；发展创新型城市、发展智慧产业、发展智慧民生的建设模式；政府投资模式、"建设—移交"模式（build-transfer，BT）、"建设—经营—转让"模式（build-operate-transfer，BOT）等融资模式；智慧设施、智慧技术、智慧应用和智慧产业的路径模式。实际上智慧城市建设模式应从区域、国家、地域和市域特点出发，充分考虑到各自发展的差异性。智慧城市建设模式由哪几个层面构成？建设模式包括哪些要素？由此可形成哪些具体建设模式？显然目前对智慧城市发展模式要素构成和发展模式的层次研究不足，这使得我们无论在理论研究方面还是实践应用都存在不周延、片面和不合理性。本书将全面梳理智慧城市发展模式构成要素，梳理维度之间的关联性和互补性，以便形成一个综合性的智慧城市发展模式的逻辑框架。

1.2.3　智慧重庆建设模式怎么选

　　智慧重庆应该选择怎样的建设模式已成为智慧重庆推进过程中的现实问题。实际上智慧城市的建设模式应当是建设目标和现实条件、资源禀赋结合的产物，是对发展思路、发展方式、发展路径、发展动力的"集成"，是市场选择和制度设计"合力"的结果，是对自身发展路径、方式等的"合理"选择①。本书将从智慧城市建设模式维度，结合智慧重庆建设的思路和原则，以"以人为本"为核心，促进民生建设为目标，以"顶层设计"为蓝图，自上而下推进为理念，以"创新驱动"为根本，发展新兴产业为动力，以"政府引导"为导向，发挥市场主导作用"平台先行、行业示范、分建共享、集中服务"的推进路径，实施信息基础设施建设、社会管理、公共服务、新兴产业发展和网络信息安全五大行动计划，以此构建重庆市智慧城市多种要素合力的模式组合。

1.3　研究意义

1.3.1　理论意义

1.3.1.1　拓展了智慧城市研究的视角

　　建设智慧城市，通过信息化改变城市的运行机理，从更高层面上构建更加敏捷的管理架构，为应对城市不断扩张、资源日益短缺的困境，破解城市发展

---

① 吴标兵，林承亮，许为民．智慧城市发展模式：一个综合逻辑架构［J］．科技进步与对策，2013（5）．

难题，增强城市综合竞争力，实现城市可持续发展，提供了新的机遇、新的模式和新的途径。目前，学术界仍处于概念界定和理论构建阶段，不同学者从不同的理论视角对智慧城市进行了分析和探讨，但相关研究仍处于初步探索阶段，对于什么是智慧城市还没有形成较为清晰和统一的看法。本书从城市发展演化的历程、智慧城市概念的来源出发，结合国内外学界、组织或机构对智慧城市内涵的典型观点，详细地分析了智慧城市的本质特征和基本内涵，突破了以往以地理、经济、规划等学科对城市信息化研究，拓展了智慧城市的研究视角，对丰富智慧城市研究具有重要的学术价值。

1.3.1.2 丰富了智慧城市相关理论

智慧城市建设模式是由一定的城市主体，在一定的资源条件下，基于特定的驱动因素所形成的智慧城市发展理念、发展目标、发展路径、制度规范、评价体系等方面整体性的认识和规律性的把握。本书在梳理智慧城市建设模式概念内涵及影响因素的基础上，从纵横两个维度构建智慧城市发展模式，构建由区域、国家、地域和市域的四个纵向不同发展模式，同时按照建设成什么样的智慧城市、建设思路是什么、建设的驱动力是什么、谁来建设以及怎样建设智慧城市的逻辑思路，构建基于目标要素、理念要素、驱动要素、主体要素、路径要素的横向智慧城市建设模式，提出不同要素分析了的具体的模式组合，通过案例的形式对各种建设模式典型实践加以说明，在一定程度上丰富了智慧城市建设顶层设计的相关理论。

1.3.2 实践意义

1.3.2.1 具有重要的政策咨询意义

为了更好地推进我国智慧城市建设，2013 年以来我国城乡与住房建设部分三批部署了 290 个智慧城市试点，2013 年 7 月国家发展改革委等八部委共同起草了《关于促进智慧城市健康发展的指导意见》[①]，来统筹和引导我国的智

---

① 国家发展改革委. 关于促进智慧城市健康发展的指导意见 [EB/OL]. 2014 – 08 – 27. http：//www. ndrc. gov. cn/gzdt/201408/t20140829_624003. html.

慧城市建设。很多地方政府也都提出要建设智慧城市,并将智慧城市建设写进政府工作报告或"十三五"规划。但总体而言,目前已经出台的智慧城市建设相关规划和方案大致从发展目标、信息系统与基础设施建设、城市运行与管理、智慧产业发展、智慧民生建设、保障措施等几个方面部署了智慧城市建设的主要内容,智慧城市的设计与建设仍处于探索和摸索阶段。而智慧城市的建设,特别是智慧城市模式的选择和有序推进策略研究,既要参照国际成熟的一般经验和规范,更要从区域和市域特点出发,充分考虑到城市建设发展目标和现实条件、资源禀赋结合,因此,识别发展理念、发展目标、发展路径、制度规范,探讨智慧城市发展模式的层次、构成要素、维度之间的关联性和互补性,因地制宜选择合理的模式和差别化的路径,有助于决策者对智慧城市建设模式的重新认识,对确保智慧城市建设健康有序推进具有重要的政策咨询意义。

1.3.2.2 具有重要的现实实践意义

虽然 2015 年 9 月重庆市政府制定了《重庆市深入推进智慧城市建设总体方案(2015~2020 年)》,明确了工作目标、工作思路,并罗列出了重点建设项目,然而,从重庆市市域范围来看,智慧重庆建设应该选择怎样的建设模式呢?本书全面总结了智慧城市建设的各种模式,并对每一种建设模式辅以具体的典型案例进行分析,旨在为推进智慧重庆建设的模式上提供一定的参考;本书同时还梳理了重庆市智慧城市建设的现实基础、优势以及试点国家智慧城市建设取得的成绩,结合智慧重庆建设的"平台先行、行业示范、分建共享、集中服务"的推进路径,根据智慧城市建设模式目标要素、理念要素、驱动要素、主体要素、路径要素的维度,构建重庆市智慧城市多种要素合力的模式组合,据此提出针对性的对策建议。

1.4 研究目标和研究方法

1.4.1 研究目标

本书在阐述智慧城市兴起背景的前提下,研究智慧城市的概念、特征及本质内涵，全面梳理了智慧城市发展模式的层次、构成要素、维度之间的关联性和互补性，按照建设成什么样的智慧城市、建设思路是什么、建设的驱动力是什么、谁来建设以及怎样建设的逻辑思路，探讨由目标要素、理念要素、驱动要素、主体要素、路径要素构成的智慧城市建设模式框架结构。结合智慧城市的建设模式并辅之以具体实例分析，得出各种模式的适合的条件。而且以智慧重庆的建设为例，在充分分析重庆市智慧城市建设的基础和优势基础上，梳理了五个试点智慧城市建设的实践，探讨了重庆市智慧城市建设的机遇和挑战，明确智慧重庆建设的战略思路，通过对智慧城市建设模式要素的分析及逻辑框架的建构，结合重庆市智慧城市建设存在的问题，提出智慧重庆建设的模式组合，并提出针对性策略，以求对智慧重庆的建设提供参考，同时达到理论联系实际的效果。

1.4.2　研究方法

1.4.2.1　政策分析与比较研究相结合

阐释智慧城市兴起的技术、现实及政策背景，梳理国务院和各部委相继推出的一系列指导意见和发展规划，并结合当前新兴技术实施的若干智慧城市建设项目，探讨建设模式对智慧城市建设的政策咨询及实践意义；采用文献研究方法，从城市发展演化的历程、智慧城市概念的来源出发，结合国内外学界、组织或机构对智慧城市内涵的典型观点，对智慧城市各学术流派理论、实践及经验进行多角度比较研究。

1.4.2.2　案例分析与调查研究相结合

基于目标要素、理念要素、驱动要素、主体要素、路径要素等视角的智慧城市建设模式分类，选择国内外先行先试的智慧城市典型案例，探讨典型建设模式的实践；采用调查研究方法，对重庆市南岸区、北部新区、合川区、江北区和渝中区五个试点国家智慧城市建设的基础条件和优势、智慧城市建设的目标、智慧城市的推进情况进行深入的调查分析。

1.4.2.3　归纳分析与质性研究相结合

采用归纳方法，按照智慧城市建设的逻辑思路，探讨智慧城市发展模式的层次、构成要素、维度之间的关联性和互补性，构建智慧城市建设模式框架；采用专家咨询、学术研讨等方法，全面总结了重庆市五个国家试点智慧城市建设实践，分析了智慧重庆建设的机遇和优势，梳理了智慧重庆建设存在的问题和挑战，创新组织领导、信息共享、开放性服务、评估考核、产业扶持、人才培养、平台建设策略。

第2章 智慧城市的基础理论研究

国内外学者或是从技术层面、社会层面和愿景目标层面，或是从技术型、应用型和综合型来分析智慧城市的内涵，但对智慧城市的定义还没有形成统一的认识。为了分析"什么是智慧城市"这一共性问题，本章在分析城市定义及特点的基础上，剖析城市发展演进的基本规律，探讨了智慧城市的来源，系统分析理论界和实业界对智慧城市的认识，辨析研究智慧城市的概念、内涵和特征，以求对智慧城市进行全面、系统的认识，为后文的研究分析提供理论支撑。

2.1 城市发展的演进

2.1.1 城市概念

古今中外，人们从不同角度对城市给出了众多定义[1][2]。在我国古代文献中，"城"和"市"是两个概念。"城"的出现早于"市"。"城"是指有防御性围墙的地方，能扼守交通要冲，防守军事据点和军事要塞。《管子·度地》记载："内为之城，城外为郭。"《墨子·七患》记载："城者，所以自守也。"在古代，"市"是商品交换之所，《周易·系辞》称道："列廛于国，日中为市，致天下之民，聚天下之货，交易而退，各得其所。"市有大市、早市、晚市之分。《周礼·地官》记载："大市，日昃而市，百姓为主；朝市，朝时而

---

① 朱铁臻. 城市现代化研究 [M]. 北京：红旗出版社，2002.
② 杨宏山. 城市管理学 [M]. 北京：中国人民大学出版社，2009.

市，以贾为主；夕市，夕时而市，贩夫贩妇为主。"在现代汉语中，城又常常用来借指城市。中国的初期城市既可以无城，也不必一定有市，初期城市的出现"并不是商业发达的后果和动因，并不具备贸易中心的性质"。市场的正式形成，较"城"要晚一些。直到秦汉乃至更后的中国古代城市，都首先是作为政治中心存在的。这构成了中国古代城市发展的一个显著特色。"城市"一词虽见于先秦文献，但用来表述与现代汉语之城市相近的意义则是较晚近的事。常见甲骨文、金文和先秦文献的"邑"字，从口，象城垣，其下作人跪状，象人民。《说文·邑部》释为"国"，含有邦国、都城之意，与早期城市的内涵大体相合，故用"城邑"表述早期城市形态。

2.1.1.1 城市的基本特征

对城市的具体解释，因不同历史发展阶段、不同场合和因其着眼点不同而有很大的差异。从一般意义上讲，城市是一个极抽象的概念，泛指与乡村相对的一种具有一定规模的非农业人口的聚集地，是人们生产、生活和进行社会活动的场所。这种聚集地是以人为主体的经济空间、自然环境、人工环境、生活景观、社会组织制度和结构等紧密联系的有机体。随着经济的不断发展，城市逐步具有了更为丰富的内涵，并具有三个基本特性。

（1）空间上的密集性。城市不仅聚集了大量的人口、资源和社会经济活动，而且限定于一定的地域之中。它具有稠密的人口、密集的建筑、频繁而大量的社会经济活动等。这种特性，也有的称为"空间聚集性"，这是城市特有的根本属性之一。

（2）经济上的非农业性。城市作为一个经济载体或经济地域，是工业、商业、运输业、服务业等非农业的聚集地，它与乡村的农业经济在专业与地域方面有明显的分工。城市经济的这种非农业性质在空间上又表现为非农业的土地利用，在很多情况下，城市的范围是以非农业的土地利用来界定和衡量的，这成为城市的经济特性。

（3）构成上的异质性。城市是由多种多样的许多个体构成的，它们之间的相互作用不仅导致了社会关系的多样性，而且形成了经济文化活动的多样性，这是城市的社会属性，有时又称为"多样性""流动性"。

2.1.1.2 不同学科背景下城市定义

由于城市的特性和复杂性，城市的研究涉及人口学、社会学、经济学、地理学、生态学、城市规划学等诸多学科领域，而且这些学科的城市研究往往自成体系，对城市有着独特的分析和理解①。城市经济学者认为，城市是一个有限地域内集聚的经济实体、社会实体、物质实体的有机系统；城市是人们为了生存和发展，经过创造性劳动加以利用和改造的物质环境，是社会劳动分工以来产生的一种比乡村更具人性化的社会载体，它创造着比乡村更高的生产力，享受着更高水准的生活方式；城市是区域政治、经济，文化的中心，是区域经济增长极，是人类集聚的最佳形式。社会学者认为，城市是指大多数居民从事工商业和其他非农业劳动的社区，是人类居住、生活、工作的基本社区之一。城市中的职业结构比农村丰富和多样化，工作节奏和生活节奏比农村快，人口密度和人口流动比农村大，人口的异质性比农村大。地理学者认为，城市是发生于地球上的一种宏观现象，有一定的空间性、区域性和综合性；城市是第二、第三产业人群集中区域，是国民经济空间与劳动人口投入点和结合点。建筑学者认为，城市空间结构与社会结构的结合，是一个复杂的建设工程综合体，是各种工程建筑物和各种管线系统的汇集地。

不同的学科背景，对城市研究关注的焦点各不相同②。人口学家认为，人是社会活动的主体，也是城市的主体，因此，城市是人口高度密集的地区，人口规模和密度是其判断城市的主要标准。社会学家从社会关系角度来认识城市，他们认为城市与乡村的主要区别在于城市形成了一种特有的生活方式，因此，社会学较多地关注城市居民的思维方式、生活方式、行为方式、价值观念、文化素质等。经济学家认为城市是工业和服务业经济高度集聚的结果，并将从事非农业活动的人口的规模以及非农业的产值所占比例作为衡量城市的标准。地理学家重视城市的地理环境和地域特征，将城市看作是地处交通方便的、规模大于乡村和集镇的以非农业活动和非农人口为主的聚落。生态学家关

---

① 赵运林. 城市概论 [M]. 天津：天津大学出版社，2010.
② 张明柱. 基于智慧城市发展指数的我国智慧城市分类评价模型研究 [D]. 太原：太原科技大学，2014.

注人和自然的关系，认为城市是一种人口高度集中、物质和能量高度密集、自我稳定性差、自我调节能力弱的社会—经济—自然复合生态系统。城市规划学家关注城市人居环境的建设，将城市看作按一定的生产方式和生活方式把一定地域组织起来的居民点。

2.1.2 城市发展历程演进

人类的生产力水平代表了人类改造自然界的能力。随着人类劳动工具的每一次突破性改进，整个人类社会的生产力水平都大幅提升，也带来了人类社会形态日新月异的变迁。从城市的发展演变过程来看，技术进步推动生产组织形式发生变化，从而也带动了社会形态以及城市发展模式的变化，如图 2－1 所示，不同的人类科技水平对应着不同的社会形态和城市形态。

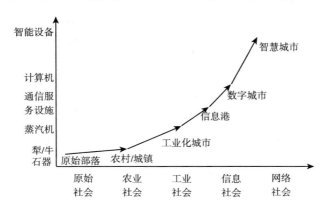

图 2－1　城市发展的历史进程

资料来源：吴余龙，艾浩军．智慧城市：物联网背景下的现代城市建设之道［M］．北京：电子工业出版社，2011．

2.1.2.1 原始社会至农业社会阶段

这是指农业文明占主导地位的历史阶段，这一阶段处于奴隶社会和封建社会时期，城市发展很慢，绵延时期很长，历经 6000 余年。城市主要功能主要表现在军事和宗教方面，经济和文化方面的功能则次之，主要以渔猎和采集经济、农业经济为主，虽然城市也具备了手工业生产、农业交换的集中地功能，但其经济的自主性很弱，基本上属于消费性城市，城市的生产、生活几乎完全依赖于农村的供应，所有的城市居民都靠农村和农业为主，未形成较为独立的经济体系。随着国家的出现，城市逐渐演变成国王、诸侯的权力中心。这一时期的城市，建立在自然经济基础上，受当时经济、技术和生产力发展的限制，城市的数量较少，规模也不大，结构和形态也颇为单纯。

2.1.2.2 工业社会阶段

这一阶段，小规模的分散劳动被大规模社会化集中劳动所代替，封闭的经济活动空间被打破，由分工协作联成经济网络，整个社会生产体系、组织机构、经济结构发生了飞跃变化。工业革命极大地促进了生产力的发展，农业的机械化发展解放了大量农业人口，为城市的工业化发展提供了充足的劳动力，制造业和工业的地位超过农业和手工业在城市发展中占据重要地位，蒸汽机和铁路的诞生形成的复杂交通运输网络使得贸易变得更加畅通，城市发展成为商业中心，城市成为经济社会发展的中心地带。同时，由于工业革命使城市脱离了对地理环境、自然条件的过度依托，城市社会能够为人们提供更好的工作和生活条件，这对农村产生了浓厚的吸引力，农村人口不断涌向城市，人类社会由此开启了城市化时代。

2.1.2.3 信息社会阶段

20 世纪中叶以来，信息技术的蓬勃发展及其广泛应用对经济社会发展产生了深刻影响，以信息产业在国民经济中的作用、信息技术在传统产业中的应用程度和信息基础设施建设水平为主要标志，信息技术主导着社会和经济发展的方向，通过光纤、微波、卫星及其他的网络设施建设，信息港的功能不断地发生着变化，日益成为能提供多种技术和服务的信息节点和信息中枢，城市进入了信息社会阶段。20 世纪 70 年代中后期，遥感技术、地理信息系统、计算机技术、网络技术、多维虚拟现实技术等在城市的建设、管理和服务中得到了广泛应用，提高了城市的管理效率，城市进入了数字城市阶段[1]。

---

① 张元好，曾珍香. 城市信息化文献综述——从信息港、数字城市到智慧城市 [J]. 情报科学，2015（6）.

（1）信息港。20 世纪 80 年代初，随着光纤通信技术的快速发展，远距离大信息量通信变得可能，西方发达国家把信息通讯作为城市重要的基础设施建设，给予了很大的财政投入支持，使之成为改善地区投资环境和提升城市竞争力的重要手段，人们适时提出了信息港（cyber port）的概念①。世界信息港协会（World Teleport Association，WTA）认为，信息港是一种全球远程信息通信设施类型，为区域性社区服务的分布式计算机网络，利用光纤、微波、卫星及其他的网络设施提供给用户快捷的服务②。总之，信息港是一种综合的信息通信服务设施，通过各种网络设施来互联，从而提供给用户方便快捷的信息服务，是世界宽带网络的枢纽。信息港可提供地方国民经济数据库的信息查询、统计分析，还有互联网上的传统服务，如 Internet 接入、电子邮件、文件传输、WWW 服务、BBS、数据传输等功能。

（2）数字城市。20 世纪 90 年代以后，随着国际互联网技术、地理信息系统技术的发展及其在城市管理中的应用，学者们开始意识到，城市信息化并不能等同于单一的信息化建设，而应该具有城市大系统的共性，并具有智能特性，从而提出了"数字城市"概念。数字城市可以从狭义和广义两个方面去理解。狭义的理解是以计算机技术、多媒体技术和大规模存储技术为基础，以宽带网络为纽带，运用 3S 技术、遥测、虚拟仿真技术等对城市进行多分辨率、多尺度、多时空和多种类的三维描述，是城市实体在计算机中的虚拟表达；广义的理解则是以城市地理信息公共服务平台，通过城市信息基础设施建设、开发、整合、利用各类信息资源，实现城市地理、资源、环境、生态、人口、经济、社会等复杂系统数字化、网络化，并虚拟仿真，实现可视化。因此，从技术角度分析，数字城市是以空间信息为核心的城市信息系统体系。数字城市作为物质城市在数字网络空间的再现和反映，其核心技术是遥感、地理信息系统、全球定位系统、空间决策支持、管理信息系统、虚拟现实以及宽带网络等技术，主题是数据、软件、硬件、模型和服务，本质是计算机信息系统。

---

① 曾华燊，黎静. 国内信息港建设方案综述［J］. 计算机应用，1999（10）.

② 甄峰，黄春晓，张年国. 西方信息港发展以及对中国信息港发展的思考借鉴［J］. 国外城市规划，2006（2）.

2.1.2.4 网络社会阶段

近几年来，信息技术的发展又有了新的突破，物联网、新一代移动宽带网络、下一代互联网、云计算等新一轮信息技术的迅速发展和深入应用，实现了城市物质空间和虚拟网络空间的连接和实时互动，人与人、人与物之间的联系更加实时性、泛在化、透明化，推动人类社会进入一种网络社会形态。对应于网络社会，城市的运行和管理模式也发生了重大变革，城市发展进入了"智慧城市"阶段，这是由于新一代信息技术的发展使得城市形态在数字化基础上进一步实现智能化成为现实，依托物联网可实现智能化感知、识别、定位、跟踪和监管；借助云计算及智能技术可实现海量信息的处理和决策。同时，伴随知识社会环境下创新2.0形态的逐步展现，现代信息技术在对工业时代各类产业完成面向效率提升的数字化改造之后，逐步衍生出一些新的产业形态、组织形态。如果把信息高速网络比喻为城市信息化的"血管"，那么数字城市空间数据基础设施可视作城市信息化的"血液"。而智慧城市为城市信息化提供了统一的指挥协调的"神经中枢"，可最大限度地利用和优化有限的资源，实现以人为本的城市可持续发展，这正是智慧城市的目标所在。

2.2 智慧城市的认识

从概念来源来看，"智慧城市"代表了一种以信息技术为基础的城市实现自身创新发展的解决方案，这一方案为城市自身运行系统的优化发展提供了基本思路。然而对于什么是智慧城市，很多组织或学者对智慧城市的概念及内涵进行了诠释，其中有西门子、思科、日立等世界知名企业，也有智慧城区论坛（intelligent community forum，ICF）、国际城市管理协会、城市和区域创新研究中心等政府与民间组织，还有包括维也纳理工大学区域科学中心等在内的学术研究机构①，仍然没有形成统一的看法，这需要理性分析理论界和实业界对智

---

① 王广斌，张雷，刘洪磊. 国内外智慧城市理论研究与实践思考［J］. 科技进步与对策，2013（10）.

慧城市的基本看法，以帮助我们更加全面、深刻地了解智慧城市的本质特征及基本内涵。

2.2.1　智慧城市的来源

1972 年，"smart" 一词首次被解释为 "智能型的，并具备独立工作的技术设备"①，随后 "smart" 逐渐被人们用于城市语境中，反映一种成功的城市发展政策。在维基百科里，"smart" 是一个形容词，用来描述具有较高智能性的人或动物，并被作为形容词广泛应用于产品、工程、技术、商业、社会事业、娱乐等领域，而将 "smart" 应用于城市语境中，则源于美国兴起的 "精明增长"（smart growth）运动②。20 世纪 90 年代末，美国的 "郊区化" 和 "城市蔓延" 等状况给城市发展带来很多问题，于是在城市开发和规划中开始倡导 "紧凑发展"，并将这种理念和方法称为 "精明增长"③。精明增长中的 "smart" 代表一种基本规范和战略方向，即要求各级政府和公共部门利用各种新的政策、战略和计划来实现城市的可持续发展和经济的良性增长，并不断提高市民的生活质量④，显然，"smart" 最初代表了一种成功的政策。1990 年在美国加州旧金山的一次国际会议上，以 "智慧城市（smart cities）、快速系统（fast systems）、全球网络（global networks）" 为主题，探寻城市通过信息通信技术的创新，网络化的跨国联系、多元文化、人力资本要素优势等宏观和微观条件，聚合 "智慧" 以形成可持续的城市竞争力的成功经验，会后正式出版的文集成为关于智慧城市研究的早期代表性文献⑤。在实践中，随着信息技术的发展，人们逐渐将信息通讯技术的应用与未来城市的发展联系起来，尤其是在美国、欧洲以及亚洲的很多城市，当它们利用新兴的信息技术改造或提升了城市的某个或某些领域的时候，"smart city"

① 赵大鹏. 中国智慧城市建设问题研究 [D]. 吉林：吉林大学，2013.

② Bollier. How Smart Growth Can Stop Sprawl [M]. Washington, D. C：Essential Books，1998.

③ 王国爱，李同升. "新城市主义" 与 "精明增长" 理论进展与评述 [J]. 规划师，2009（4）.

④ Center on Governance. Smart Capital Evaluation Guidelines Report：Performance Measurement and Assessment of Smart Capital [R/OL]. Ottawa, Canada：University of Ottawa，2003.

⑤ Gibson D V. Kozmetsky G. Smilor R W. The Technology：Smart Cities，Fast Systems Global Networks [M]. USA：Rowman & Littlefiels Publishers. 1992.

逐步被用来描述一种以信息技术为基础的推动城市创新运作的城市发展模式（见图2－2）。

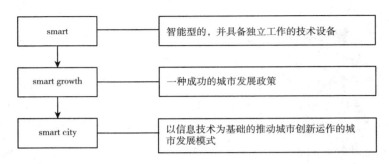

图2－2 "smart city"的来源

资料来源：张小娟．智慧城市系统的要素、结构及模型研究 [D]．广州：华南理工大学，2015.

"smart city"得到热烈响应和广泛传播源于 IBM 公司提出的"smart planet"方案。2008 年，IBM 公司董事长兼 CEO 彭明盛在发表的《智慧地球：下一代领导人议程》（*A Smarter Planet*：*The Next Leadership Agenda*）主题演讲中提出"smart planet"的概念[1]，其主要内容是把新一代 IT 技术充分运用在各行各业之中，即把感应器嵌入和安装到电网、铁路、桥梁、隧道、公路、建筑、供水系统、大坝、油气管道等各种物体中，并且被普遍连接，形成所谓"物联网"，并通过超级计算机和云计算将"物联网"整合起来，实现人类社会与物理系统的整合，在此基础上，人类可以以更加精细和动态的方式管理生产与生活，从而达到"智慧"状态。为了实施这一全新的战略，IBM 已经推出了各种"智慧"的解决方案，其中"smart city"就是"smart planet"战略的一个重要方面。IBM 公司对"smart city"的解释是"充分运用信息和通信技术手段感测、分析、整合城市运行核心系统的各项关键信息，从而对包括民生、环保、公共安全、城市服务、工商业活动在内的各种需求做出智能的响应，为人类创造更美好的城市生活"[2]。

此外，在英文里，与智慧城市相关的常见词组有"intelligent city"和

---

① 杨再高．智慧城市发展策略研究 [J]．科技管理研究，2012（7）.
② 巫细波，杨再高．智慧城市理念与未来城市发展 [J]．城市发展研究，2010（11）.

"wisdom city" 两个①，"intelligent" 在计算机术语中译为 "智能的"，它更侧重于从技术角度来看待城市的智能化水平，因此，"intelligent city" 更确切地是指信息技术和数字技术下的智能城市②。"wisdom city" 是从 "智慧城市" 这一汉语直译而来的英语词组，这里的 "wisdom" 特指西方语境下的 "智慧"，其更多地是指在把握客观事物和客观规律的基础上所拥有的思考、分析、探求真理的能力。目前我国所研究的智慧城市更多的是意指 "smart city"，在中国语境中，人们通常将其翻译为 "智慧城市"，这一概念与 IBM 早先提出的 "smart planet" 概念如出一辙。

因此，从 "智慧城市" 这一概念的产生及来源来看，"智慧城市" 代表了一种以信息技术为基础的城市实现自身创新发展的解决方案，突出了利用新兴信息技术实现对城市核心运行系统的改造提升，这是智慧城市理念的基本出发点。

2.2.2　国内外学者的认识

2.2.2.1　国外学者的认识

实际上，在 20 世纪 90 年代，格雷厄姆和马文（Graham & Marven）③、米切尔（Mitchell）④ 早期研究就奠定了当今智慧城市的理论基础。格雷厄姆和马文在其合著的《电信与城市》（*Telecommunications and the City*）中指出，城市不再是由密集的建筑物、立体交通设施堆积而成，也不仅仅是作为经济、社会、文化中心而存在，其作为信息通信技术网络中心的功能也需要予以考虑。这一论点将信息通信相关设施设备视为与建筑物、交通设施同类的基础设施，是城市系统中类似于供水、供电、供气、排污、交通等模块的一个硬件功能模

---

①　丁卓. 基于复杂网络的智慧城市公共交通网络研究 [D]. 广州：华南理工大学，2015.

②　Komninos. Intelligent Cities：Innovation，Knowledge Systems and Digital Spaces [M]. London：Spon Press，2002.

③　Graham S，Marvin S. Telecommunications and the City：Electronic Spaces，Urban places [M]. London：Routledge，1996.

④　李春友，古家军. 国外智慧城市研究综述 [J]. 软件产业与工程，2014（3）.

块，这为飞速发展的信息通信技术对于城市的影响提供了理论基础。稍后，米切尔（Mitchell）认为，信息通信设施不仅仅是一种改变当代城市面貌的基础设施，更将产生新型的社会关系，对经济、社会、文化等方面产生深远影响，必将极大地改变人类社会的面貌。其后，研究者们从不同角度大大扩张了智慧城市研究的广度和深度。世界电信港协会常务董事贝尔（Bell，1997）从产业集聚的角度指出，信息通信基础设施能够吸引成长性强的创新企业落户当地，从而可以提供更多"依靠知识工作的岗位"[①]。凯夫斯和沃肖克（Caves & Walshok）从知识经济的角度指出，政府应当借助信息通信技术为居民提供公共服务，使他们在知识经济时代能够获得更大的竞争优势，从而获得更高品质的生活[②]。哈尔彭（Halpern，2005）从社会资本角度指出，由信息通信技术发展而构成的当代社会网络对提高社会资本具有巨大潜能，可以帮助人们更好地利用集体知识[③]。除理论方面的研究外，国外学者关于智慧城市的研究，着重聚焦于以下三个方面。

（1）智慧城市概念内涵相关研究。对于智慧城市概念的界定，是进行智慧城市研究的起点。国外学者从不同的角度对智慧城市的概念进行了广泛的分析，形成了较为明显不同的几类观点。尽管学者们对智慧城市的定义各不相同，但从现有的文献来看，国外学者们主要从技术层面、社会层面和愿景目标层面三个方面来分析智慧城市的内涵。

早在 2003 年，奥登达尔（Odendaal）讨论了澳大利亚的布里斯班城市的倡议，提出了智慧城市的初始概念，他认为地方政府利用信息通信技术可快速促进城市的发展[④]；此后很多国外学者开始重视智慧城市的技术内涵，哈里森（Harrison，2010）等认为智慧城市依靠技术实现城市的感知化、互联化与智能化[⑤]；哈里森和唐纳利（Harrison & Donnelly，2011）认为，智慧城市是一种充

---

① Bell R. Industrial Cities in Turnaround. Remarks Presented at the Smart Communities ［C］. California, 1997.

② Caves R W, Walshok M G. Adopting Innovations in Information technology ［J］. Cities, 1999（1）.

③ Halpern D. Social Capital ［M］. Bristol：Policy Press，2005.

④ Odendaal. Information and Communication Technology and Local Governance：Understanding the Difference between Cities in Developed and Emerging Economies ［J］. Computers, Environment and Urban Systems, 2013（6）.

⑤ C. Harrison. Foundations for Smarter Cities ［J］. IBM Journal of Research and Development, 2010（4）.

分利用城市信息系统对城市基础设施和服务进行规划、设计、投资、建设、管理和运作的城市[①]；沃什伯恩（Washburn，2009）认为，智慧城市是智慧计算技术应用于关键基础设施组件和服务的集合[②]；托佩塔（Toppeta，2010）关于智慧城市的理解是基于信息通信技术和新一代互联网的应用，实现城市可持续发展和宜居性的改善[③]。显然，上述学者更多是从技术层面角度阐释智慧城市的概念内涵，这与塔伍和特丽萨（Taewoo & Theresa，2011）的观点不谋而合[④]，他们认为，ICT 是智慧城市建设的核心驱动因素，由信息技术（互联网、物联网、无线技术、移动通信等）及相关基础设施进行连接所形成的智能的信息网络，将城市中所有的人、所有的物连接起来，使其在任何时间、任何地点都能进行互连，实现信息的交流和共享，这将创造大量的潜在发展机会，并帮助加强城市的管理和促进城市各项功能的顺利实现，这是智慧城市实现转变、创新、提升的技术基础。

　　智慧城市理念已经渗透到社会生活、生产的各个方面，改变着人类赖以生存的物质、文化环境和经济社会结构，为解决城市发展问题提供了全新发展思路。因此，很多学者认为信息技术只是智慧城市的基础，只有信息技术与城市的经济、社会、生态等主要发展领域实现良好的融合、整合时，这样的城市才能成为一个智慧的城市。吉芬格等（Giffinger et al.，2010）认为，那些将城市自身禀赋状况和城市中具有独立意识、具备自我决策能力的市民的活动巧妙地结合起来，在经济发展、人的素质和技能、社会参与和治理、交通和信息通畅性、自然资源和环境、生活质量六个方面以富有远见的方式发展，且在这些方面具有良好的表现的城市是智慧城市[⑤]；科米诺斯（Komninos，2008）提出全面推进智慧城市建设，他认为要实现突破资源环境承载能力的制约，就必须促进新工艺、新技术以及新产品的发展，提升智慧产品制造业的实力，培养智

---

①　C. Harrison, I. A. Donnelly. A Theory of Smart Cities [C]. UK, 2011.

②　Washburn D, Sindhu U. Helping CIOs Understand "Smart City" Initiatives [J]. Growth, 2009 (2).

③　Toppeta. The Smart City Vision: How Innovation and ICT Can Build Smart Sustainable Cities [J]. Innovation: Management, Policy & Practice, 2010 (3).

④　Taewoo Nam, Theresa A. Pardo. Smart City as Urban Innovation: Focusing on Management, Policy, and Context [C]. New York, 2011.

⑤　Giffinger Rudolf, Gudrun Haindlmaier. Smart Cites Ranking: An Effective Instrument for the Positioning of cities? [J]. ACE: Architecture, City and Environment, 2010 (12).

慧型装备产业，加快实现产业的优化、转型升级，构建以智慧城市为核心的现代产业体系①；安德里亚（Andrea，2009）等所理解的智慧城市是人人参与的一个社会，通过对社会软件（人力资源、社会管理）和硬件（通信设施等）的投资，以实现经济的增长、居民生活质量的提高以及对自然资源实现智慧的管理②；玛格丽塔（Margarita，2014）认为，智慧城市是通过有目的地、战略性地投资于新兴信息通讯技术，以谋求繁荣、效率和竞争力等多重的经济社会目标的所有城市解决方案③。显然，上述学者更多是从社会层面界定智慧城市的内涵，社会网络形成是智慧城市建设目标实现的社会基础，在智慧城市中，用信息网络将人们联系起来，其主要目的是实现城市中知识、信息、经验、技能的共享以及城市发展战略、愿景的交流，从而帮助企业、政府和社区为市民提供更好的产品、服务以及政策措施，这是由于城市的智慧发展离不开城市中各利益相关者的参与、合作和共同努力。同样，城市集聚发展所产生的各类问题的解决也是通过利益相关者的知识、创造性和合作来形成智慧解决方案（Taewoo & Theresa，2011）④。

还有一些学者从动态的、系统的观点来看待智慧城市。霍尔（Hall，2000）提出用"智慧视野"思考政府、企业、学术界、社区之间的关系⑤；坎特和利托（Kanter & Litow，2009）将智慧城市看作一个由智慧技术、智慧基础设施及智慧应用等要素联系成的一个网络化的有机整体⑥；迪克斯（Dirks，2009）认为，智慧城市是一个系统之系统，其中各个子系统之间的相互影响、协同作用，使得城市更加智慧化⑦；塔伍和特丽萨（Taewoo & Theresa，2011）提出参与式城市治理模式，意识到参与式治理的重要性，从技术、人、社区三个

---

① Komninos. Intelligent Cities and Globalization of Innovation Networks［M］. London：Taylor&Francis，2008.

② Andrea Caragliu，Chiara Del Bo，Peter Nijkamp. Smart Cities in Europe［J］. Ideas，2009（5）.

③ Margarita Angelidou. Smart City Policies：A Spatial Approach［J］. Cities，2014（41）.

④ Taewoo Nam，Theresa A. Pardo. Smart City as Urban Innovation：Focusing on Management，Policy，and Context［C］. New York，2011.

⑤ Hall R E. The Vision of a Smart City［C］. Paris，2000.

⑥ Kanter R，Litow S S. Informed and Interconnected：A Manifesto for Smarter Cities［J］. Harvard Business School General Management Unit Working Paper，2009（5）.

⑦ Dirks S，Keeling M. A Vision of Smarter Cities：How Cities Can Lead the Way into a Prosperous and Sustainable Future［J］. IBM Institute for Business Value，2009（6）.

角度研究基础设施、人力资本、社会资本与经济增长、居民生活质量之间的关系①；吉芬格（Giffinger，2007）等的定义是智慧表现为一种前瞻性的方式去考虑城市问题、提出解决城市问题的方案，例如自我认知、灵活性、可变性、协同作用、个性和战略性行为②。显然，上述学者更多是从愿景目标层面理解智慧城市的概念内涵，山姆和彼得（Sam & Peter，2011）③ 以及朱斯特（Joost，2011）④ 认为，智慧城市致力于实现城市经济增长与竞争力提升、社会公平与社会融合、资源与环境可持续发展，对于信息技术而言，最重要的不是它的先进性和创造智慧城市的能力，而是它能通过信息网络的构建和应用成为城市经济、政治、社会、文化整体发展中的重要组成部分。

（2）智慧城市构成要素相关研究。2008 年，霍兰兹（Hollands）⑤ 在《真正的智慧城市，请起立》中，提出了智慧城市的构成要素及评价问题，这引起了学者对智慧城市构成要素研究的深化，学者们较为关心是哪些要素使得一个城市不同且优于以往的城市理念和城市形态，从而使其能够成为一个智慧的城市。因此，学者们也对一个智慧城市应该具备的特定要素，或者是城市的要素应该具备的特征进行了深入分析。梳理相关文献，国外学者主要从目标型要素、动力型要素和应用型要素三个方面阐释智慧城市的构成要素。

目标型要素本身反映了智慧城市所要实现的目标。吉芬格和古德（Giffinger & Gudrun，2010）⑥ 从智慧城市的愿景出发，认为智慧城市是在经济发展、人的素质和技能、社会参与和治理、交通和信息通畅性、自然资源和环境、生活质量六个方面有良好表现的城市，"智慧"在一定程度上意味着城市在发展中改进这些方面所表现的意图和决心，他们将智慧城市分成六大要素：智慧经济、

---

① Taewoo Nam，Theresa A. Pardo. Smart City as Urban Innovation：Focusing on Management，Policy，and Context［C］. New York，2011.

② Rudolf Giffinger. Smart Cities：Ranking of European Medium-sized Cities［R］. Vienna UT Centre of Regional Science，2007.

③ Sam Allwinkle，Peter Cruickshank. Creating Smarter Cities：An Overview［J］. Journal of Urban Technology，2011（2）.

④ Joost Brinkman. Supporting Sustainability through Smart Infrastructures：The Case of Amsterdam［J］. Network Industries Quarterly，2011（3）.

⑤ Hollands R G. Will the Real Smart City Please Stand Up?［J］. City，2008（3）.

⑥ Giffinger Rudolf，Gudrun Haindlmaier. Smart Cites Ranking：An Effective Instrument for the Positioning of Cities?［J］. ACE：Architecture，City and Environment，2010，（12）.

智慧人口、智慧治理、智慧流动、智慧环境、智慧生活。与吉芬格等相比，拉扎罗伊伍（Lazaroiu，2012）对智慧城市构成要素的研究强调社会和环境的可持续发展①，库尔缇特（Kourtit，2012）则强调经济和社会的可持续发展②。

动力型要素关注智慧城市的推动力。雷德斯多夫（Leydesdorff，2011）把三螺旋模型引入智慧城市研究范畴，试图探讨智慧城市的动力机制，研究结果表明，城市可以视作"大学—产业—政府"发生交互作用的介质—密度网络，泛在的信息通信技术有利于加强密度网络③；受雷德斯多夫启发，隆巴迪（Lombardi，2012）进一步探索了智慧城市的推动因素，他摒弃了传统组织层面上的"大学—产业—政府"三螺旋结构，建构了"大学—产业—政府—学习—市场—知识"六螺旋结构和"政府—企业—大学—市民—社会"五螺旋结构，并初步探索了两个螺旋结构的作用机理④；此外，隆巴迪（Lombardi，2012）根据实践中对智慧城市的工作定义讨论和确定了智慧城市的必要要素，包括了管理和组织、技术、治理结构、政策、人和社区、经济、ICT 基础设施、自然环境八个要素，其中技术、组织、政策三个要素对其他要素的影响更大⑤。

应用型要素指明信息通信技术的未来应用领域。与目标型和动力型要素相比，应用型要素具有含义清晰、目标明确、操作性强的优点。商业公司对智慧城市构成要素的划分大都属于此类，其中 IBM 最具有代表性。IBM 在《你的城市如何智慧》一文中认为，智慧城市由七大要素构成：人（市民）、城市服务（公共安全、医疗教育与生活质量）、商业（商业计划、对外开放、投资、劳工立法、产品市场立法等）、运输（公共交通网络、海运和空运）、通信（电子通信的基础架构，如电话、宽带和无线网络）、水（水的循环、供应与

---

① Lazaroiu G C, Roscia M. Definition Methodology for the Smart Sities Model [J]. Energy, 2012 (47).

② Kourtit K, Nukamp P, Arribas D. Smart Cities in Perspective a Comparative European Study by Means of Self-organizing Maps [J]. Innovation：The European Journal of Social Science Research, 2012 (2).

③ Leydesdorff L, Deakin M. The Triple-helix model of Smart Cities：A Neo-evolutionary Perspective [J]. Journal of Urban Technology, 2011 (2).

④ Lombardi P, Giordano S, Farouh H. Modeling the Smart City Performance [J]. Innovation：The European Journal of Social Science Research, 2012 (2).

⑤ Chourabi H, Nam T, Walker S. Understanding Smart Cities：An Integrative Famework [C]. Hawaii, 2012.

清洁）和能源（生产、运输体系与废弃物处理），并针对每一要素给出了全面感知、互联互通、智慧化三个维度上的具体目标①，上述七个要素既是城市的"核心系统"，更是 IBM 信息通信技术未来进军的"核心领域"。同样，自然资源保护委员会依据其重点关注领域，把智慧城市分为 11 个构成要素，即能源、交通、水资源、绿色建筑、废物预防、食品安全、空气质量、绿色空间、环境公平、生活水平、智慧增长②。

（3）智慧城市建设实证相关研究。智慧城市是系统集成、协同学、投入产出理论与智慧城市建设相结合的产物，是对城市系统进行优化与再造效果的体现。通过技术改造与优化使得城市各子系统之间的物质、信息以及能量流动与交互更为高效，各种资源能够更有效地被整合、使用和创新。现有的研究成果已从智慧城市实践案例、智慧城市统计分析、智慧城市评估框架、智慧城市排名四个方面对智慧城市建设发展、绩效以及排名等方面进行了分析，极大地丰富了相关研究内容。

智慧城市实践案例方面，里奥斯（Rios，2008）以伦敦、洛杉矶和纽约等城市的公共空间布局为例，认为智慧城市建设的关键在于构建强大的空间，并建议在城市规划和建筑物设计时，努力构建能够使市民受到教育、增加交往、互相学习和分享感受的强大空间③；吉尔等（Gil，2011）分析了阿姆斯特丹智慧城市建设旨在通过创新型技术的使用来改变能源消耗的方式以实现应对气候变化所设定的目标④；索蒂里斯（Sotiris，2012）对智慧城市战略在城市交通上所起的作用，并以巴塞罗那为例做了实例分析，也对智慧城市、智能城市、绿色城市等相关概念进行了辨析，他认为智慧城市应该创造一个具有创新意义的生态系统⑤；亨德里克（Hendrik，2013）通过赫尔辛基地区智慧城市建设的

①　Dirks S，Keeling M. A Vision of Smarter Cities：How Cities Can Lead the Way into a Prosperous and Sustainable Future ［J］. IBM Institute for Business Value，2009（6）.

②　Natural Resources Defense Council. What are smarter cities？［EB/OL］. http：//smartercities. nrdc. org/about.

③　Rios P. Creating "the Smart City"［EB/OL］. http：//archive. udmercy. edu：8080/bitstream/handle/10429/393/2008_rios_smart. pdf？sequence = 1.

④　Gil Castineira F. Experiences Inside the Ubiquitous Oulu Smart City ［J］. IEEE Computer，2011（6）.

⑤　Sotiris Zygiaris. Smart City Reference Model：An Approach to Assist Smart Planners to Conceptualize a City's Smart Innovation Ecosystem ［J］. Journal Knowledge Economy，2012（28）.

例子证明竞争机制能够鼓励移动应用程序的开发利用和数据的开放，从而推动开发移动应用程序集群创新方式的应用[①]；李和汉考克（Lee & Hancock，2014）认为，巴塞罗那智慧城市的建设目标是可持续与更加绿色的城市，具有竞争力和创新力的商业以及生活质量的提高[②]。

　　智慧城市统计分析方面，韦托拉托（Vettorato，2014）等采用关键词分析的研究方法从学术、行业以及政府三个维度对智慧城市建设目标进行统计[③]；安德里亚（Andrea，2009）对智慧城市相关数据进行了实证分析，研究发现对智慧城市发展起着主要作用的因素为创新、生态环保、教育投入、网络建设和信息技术[④]；卢伯格（Luberg，2011）等主要从智慧旅游推动旅游业发展的角度进行了相关研究，认为智慧旅游可以帮助旅游服务提高效率、提升服务、增加经济收入[⑤]；乔纳森（Jonathan，2012）主要从智慧交通建设对缓解城市交通问题的角度进行了实证分析，并倡导创新性地建立城市生态系统[⑥]。

　　智慧城市评估框架方面，多由一些城市化发展速度较快的智慧城市组织来承担，如大学研究机构、智库组织、跨国会议等。其中，最具代表性的是欧洲中等城市的智慧城市评估、ICF 的智慧城市评估及由博伊德·科昂（Boyd Cohen）博士在 2012 年发布的全球十大智慧城市排名（李春友，2014）[⑦]。其中欧盟中等城市智慧城市评估指标总体可分为智慧产业、智慧民众、智慧治理、智慧移动、智慧环境和智慧生活这 6 个一级指标，以及 31 个二级指标、74 个三级指标。欧盟智慧城市建设评价指标更多地关注民生，知识共享、低碳、节

　　① Hendrik Hielkema，Patrizia Hongisto. Developing the Helsinki Smart City：The Role of Competitions for Open Data Applications [J]. Journal of the Knowledge Economny，2013（6）.

　　② Lee J H，Hancock M G，Hu M C. Towards an Effective Framework for Building Smart Cities：Lessons from Seoul and San Francisco [J]. Technological Forecasting & Social Change，2014（7）.

　　③ Vettorato D. Defining Smart City：A Conceptual Framework Based on Keyword Analysi [J]. TeMA：Journal of Land Use Mobility and Environment，2014（6）.

　　④ Andrea Caragliu，Chiara Del Bo，Peter Nijkamp. Smart Cities in Europe [J]. Ideas，2009（5）.

　　⑤ Ago Luberg，Tanel Tammet，Priit Hirv. Smart City：A Rule-based Tourist Recommendation System [R]. Tourism，2011.

　　⑥ Jonathan Zygiaris. Smart City Reference Model：An Approach to Assist Smart Planners to Conceptualize a City's Smart Innovation Ecosystem [J]. Journal Knowledge Economy，2012（28）.

　　⑦ 李春友，古家军. 国外智慧城市研究综述 [J]. 软件产业与工程，2014（3）.

能减排、绿色、可持续发展等可以促进技术创新、经济提升、技术应用的因素；ICF 从 1999 年开始每年举办"年度智慧社区"评选活动，ICF 的评估内容分为五个维度，分别是宽带连接、知识型劳动力、创新、数字包容、营销和宣传，并从 18 项评估指标评价智慧社区的发展水平。智慧社区论坛评估重在宽带泛连、知识型工作者、创新、数字包容、宣传五方面内容并通过设立"Smart 21""TOP7""智慧社区奖"力图对各城市智慧建设水平有不同程度的提高，最终提升城市或者社区的整体竞争力；博伊德·科昂博士通过研究全球创新城市 TOP 100 指数对比各城市创新能力发展水平，参考了全球范围内对城市生活质量的排名、西门子绿色城市区域排名、美国数字社区的数字城市排名、西班牙国际数据公司智慧城市的排名以及全球范围内政府数字管理方面的研究成果，评选出全球十大智慧城市。此外，IBM 建立了 7 个一级、28 个二级智慧城市评估指标，其智慧城市评价体系分为城市服务、市民、商业、交通、通信、供水、能源共 7 个系统，每个系统都从 4 个一级指标进行进一步的评估，旨在将本城市实践水平与最佳实践水平或平均实践水平相比较[1]。

　　智慧城市排名方面，维也纳科技大学区域科学中心吉芬格（Giffinger，2007）从城市审计数据库（urban audit）中获取公共和开放的数据，采用层次分析法，对欧洲的 70 个中等城市从智慧城市的 6 个特征、31 个因素以及 74 个指标内容进行了排名[2]，研究结果显示斯堪的纳维亚半岛国家、比利时、荷兰和卢森堡三国经济联盟、奥地利等三个地区名列前茅，卢森堡市、奥胡斯市和土尔库市是欧洲排名前三的中等智慧城市；拉扎罗伊伍（Lazaroiu，2012）等采用模糊数学评价方法、雷达图分析法运用 18 个指标评价了 10 个意大利城市智慧经济、智慧治理、智慧环境、智慧能源和流动的表现情况，结果显示帕维亚、贝加莫、科摩排名前三[3]；库尔缇特（Kourtit，2012）等采用自组织地图方法运用 11 个指标，对欧洲 9 个智慧城市在 1999 ~ 2002 年和 2003 ~ 2006

　　① 王思雪，郑磊. 国内外智慧城市评价指标体系比较 [J]. 电子政务，2013 (1).

　　② Rudolf Giffinger. Smart Cities：Ranking of European Medium Sized Cities [R]. Vienna UT Centre of Regional Science，2007.

　　③ Lazaroiu G C，Roscia M. Definition methodology for the smart cities model [J]. Energy，2012 (47).

年的表现情况进行了评价，结果显示9个城市都在进行细微的演进，其中6个城市呈现出"俱乐部收敛"（club convergence）现象[①]；自然资源保护委员会（2010）根据能源、交通、水资源、绿色建筑、废物预防、食品安全、空气质量、绿色空间、环境公平、生活水平、智慧增长，把美国城市按照人口数量分成大、中、小型城市，每个类别根据得分高低选出智慧城市，2010年共有22个城市入选智慧城市名单，其中奥斯汀、伯克利、比弗顿分列大、中、小型智慧城市第一名[②]；隆巴迪（Lombardi，2012）采用网络分析方法，从大学、政府、民间团体以及行业四个方面46个指标对欧洲北海地区9个智慧城市绩效进行了评价[③]。

2.2.1.2 国内学者的认识

从2005年开始，我国学者开始借鉴国外智慧城市的建设与发展经验，但当时仅有2篇文章提及"智慧城市"概念，到2016年底，已有14920篇文章以"智慧城市"作为研究主题，智慧城市的研究呈"井喷"之势，国内学者对智慧城市的相关研究主要集中在以下几个方面。

（1）智慧城市概念研究。目前，对于"智慧城市"的定义主要分为技术型、应用型和综合型三类。

技术型的主张者主要以具有工学背景和IT企业的研究者为主，强调通过新一代信息技术构建完善的智能化城市，以实现城市可持续发展的目的。中国工程院院士邬贺铨（2012）认为，智慧城市就是网络城市，物联网是其重要标志[④]；中国科学院、中国工程院院士李德仁（2012）认为，智慧城市是基于城市全面实现数字化的城市基础设施之后进一步建立的智能化城市管理和运营，其具有可视化和可测量的特性，用公式表示，智慧城市=数字城市+物联

---

① Kourtit K，Nukamp P，Arribas D. Smart cities in perspective a comparative European study by means of self-organizing maps [J]. Innovation：The European Journal of Social Science Research，2012（2）.

② Natural Resources Defense Council. What are smarter cities？ [EB/OL]. http：//smartercities. nrdc. org/about.

③ Lombardi P，Giordano S，Farouh H. Modeling the Smart City Performance [J]. Innovation The European Journal of Social Science Research，2012（2）.

④ 邬贺铨. 智慧城市的数据管理 [J]. 物联网技术，2012（11）.

网+云计算[①]；王家耀（2011）认为，智慧城市是借助无处不在的智能化传感器，借助互联网的无线性从而形成一张互联互通的物联网，对整个城市进行全面感知，并利用大数据云计算分析技术对收集的信息进行智能处理与分析，从而提高城市运行的效率[②]；杨再高（2012）认为，智慧城市是将传感器等感应设备装载在城市的基础设施当中，通过传感技术将各个地区连接起来，形成一张城市物联网，同时，再将物联网和计算机、云计算系统相整合，最终实现智慧人的决策和智慧实体的碰撞[③]。

应用型的主张者多为城市管理方面的研究者，应着眼于应用体系的构建，通过先进的技术使城市的生活、生产、交换、政府管理与决策、公共服务、经济、环境、交通等方面更具智能化和信息化，更加充分地开发和利用城市资源。例如，辜胜阻（2012）认为，智慧城市是信息技术的创新和应用，其核心是物联网，具体表现为物联网和互联网的深度融合[④]；张永民（2011）认为，智慧产业是一种新型产业体系，具有感知、学习、成长、决策等能力，它不同于知识产业和信息产业，其能够形成虚拟空间并放大城市的无形规模，同时还可以统筹开发和利用虚拟空间[⑤]；芦效峰和程大章（2013）认为，狭义的"智慧产业"包括电子信息产品制造业和信息服务业，广义的"智慧产业"除狭义的含义外，还涵盖智慧装备和产品研发制造业、智慧服务业、智慧农业等[⑥]。

综合型的主张者主要从城市整体规划发展角度进行讨论，强调智慧城市是大的有机系统，具有自我的共享、协同和调控能力，能够把分散的子系统进行整合，实现互联互通。成思危（2010）认为，从狭义的角度，智慧城市是利用信息通信技术，利用电子商务、物联网、传感网等一系列信息技术手段来改进城市管理和促进城市的发展[⑦]；宋刚（2012）从技术和社会发展的角度分析认为，智慧城市建设既要通过物联网、云计算等新一代信息技术的应用实现全

---

① 李德仁，姚远，邵振峰. 从数字城市到智慧城市的理论与实践［J］. 地理空间信息，2011（12）.
② 王家耀. 让城市更智慧［J］. 测绘科学技术学报，2011（2）.
③ 杨再高. 智慧城市发展策略研究［J］. 科技管理研究，2012（4）.
④ 辜胜阻，王敏. 智慧城市建设的理论思考与战略选择［J］. 中国人口·资源与环境，2012（5）.
⑤ 张永民，杜忠潮. 我国智慧城市建设的现状及思考［J］. 中国信息界，2011（12）.
⑥ 芦效峰，程大章. 智慧城市与社会及经济信息化［J］. 智能建筑与智慧城市，2013（4）.
⑦ 成思危. "智慧城市"需四大要素［N］. 中国经营报，2010 - 5 - 24.

面感知和深度互联，更要营造一种可持续创新的制度、生态和社会环境①；张小凤和程灏（2013）将智慧城市定义为充分利用新一代信息技术，如互联网、云计算、物联网、传感网，通过系统的整合城市的运行管理机制，保证城市各部门能够有效协同、融合，保证城市主体，政府、企业、居民等能够享受到更优质的发展空间和生活品质②。

（2）智慧城市与传统城市形态之间的关系研究。智慧城市建设和传统城市之间的联系和区别是学术界研究的起点。王家耀（2011）讨论了智慧城市和数字城市的关系，认为智慧城市和数字城市一脉相承，但智慧城市高于数字城市，是在数字城市建设基础上发展而来的，数字城市是智慧城市的空间支撑，智慧城市将数字空间和物理空间连接在一起③；胡小明（2011）从城市资源观念演变的视角论述了智慧城市相对应的软件资源、数字城市相对应的信息资源、网络城市相对应的组织资源之间的关系④；陈枝山（2011）从我国社会经济发展转型的角度认识到数字城市的信息技术和应用为城市管理"智慧化"提供技术保障并奠定坚实基础⑤；方丹丹和陈博（2012）在智慧城市系统架构研究中指出智慧城市、智能城市、数字城市、无线城市是层层包含与被包含的关系⑥；王世伟（2012）通过比较分析智慧城市与城市信息化、数字城市、知识城市、创意城市，认为智慧城市是这些城市发展理念的整合和升华，同时具有独特性⑦；管清宝（2014）采用对比分析的方法从六个方面分析智慧城市和数字城市之间的差异⑧。

（3）智慧城市顶层设计研究。智慧城市顶层设计的提出有两大动力：一方面是现有城市信息化建设过程中因为条块分割产生的"信息孤岛"现象；另一方面是城市的规划要与所在区域的经济圈协调发展。陆伟良（2013）

---

① 宋刚，邬伦. 创新2.0视野下的智慧城市 [J]. 北京邮电大学学报，2012（4）.
② 张小凤，程灏. 智慧城市背景下的政府信息资源管理研究 [J]. 产业与科技论坛，2013（3）.
③ 王家耀. 让城市更智慧 [J]. 测绘科学技术学报，2011（2）.
④ 胡小明. 从数字城市到智慧城市资源观念的发展 [J]. 电子政务，2011（8）.
⑤ 陈枝山. 关于我国推进智慧城市的思考与建议——从我国社会经济发展及转型的视角 [J]. 电信学，2011（11）.
⑥ 方丹丹，陈博. 智慧城市的系统架构研究 [J]. 未来与发展，2012（12）.
⑦ 王世伟. 说智慧城市 [J]. 图书馆情报工作，2012（2）.
⑧ 管宝清. 关于智慧城市建设思考 [J]. 专家论坛，2014（1）.

指出，智慧城市建设是一项综合管理系统，无法由单一部门在相对封闭的内部完成，需要顶层设计的方式进行整体规划，通过牵头部门，调动政府机关、企业大众、社会团体等各方力量共同完成[1]；李慧敏和柯园园（2014）认为，重视顶层设计是关键点，在进行智慧城市建设时要遵循国家统一规划，各城市的相关部门要细化设计、指导实施，重视研究智能化管理策略，通过顶层设计来避免政府的低效和政府失灵[2]；部分学者认为，顶层设计是对规划的具体化，程大章（2012）说明了顶层设计的规划流程和具体实施的步骤：概念策划、资料收集和分析、功能设计、系统架构设计[3]；张晓欢和刘春雨（2014）提出了"七步走"的顶层设计思路，即通过需求分析，进而做出产业支撑体系规划，构建公共空间信息平台，再通过投融资机制、运营维护机制和保障机制的运行，打造出标准体系[4]；陆小敏（2014）论述了智慧城市顶层设计方法、设计思路以及顶层设计总体框架图，同时提出智慧城市顶层设计需要城市管理者顶层推动并发挥市场作用，将"有形之手"和"无形之手"相结合[5]。

（4）智慧城市建设模式的研究。由于各城市建设主体、建设目标、建设路径的不同，具体智慧城市建设模式也不同，一是形成了以资金来源为标准的五种投资模式，分为政府利用自己的资金建设的政府独资建设模式；政府主导并出资建设、运营管理，企业参与建设的政府投资运营企业参与建设模式；利用社会资本参与，采取政府与企业合资建设的政府与企业合资建设与管理模式；政府起统筹规划作用，完全利用社会资本建设运营的政府统筹规划企业投资建设模式；企业独自投资建设、维护运营，政府和公众可购买相关服务的企业建设运营、政府和公众购买服务模式[6][7][8][9]。二是以发展动力为标准的三种

① 陆伟良. 智慧城市建设目标与顶层设计概念 [J]. 智能建筑与城市信息，2013（4）.
② 李慧敏，柯园园. 借鉴欧盟经验完善智慧城市顶层设计 [J]. 世界电信，2014（6）.
③ 程大章. 智慧城市顶层设计导论 [M]. 北京：科学出版社，2012.
④ 张晓欢，刘春雨. 把握智慧城市方向精准谋划顶层设计 [J]. 中国经贸导刊，2014（2）.
⑤ 陆小敏. 关于智慧城市顶层设计的思考 [J]. 电子政务，2014（1）.
⑥ 杨冰之，郑爱军. 智慧城市发展手册 [M]. 北京：机械工业出版社，2012.
⑦ 杨会华，樊耀东. 智慧城市典型商业模式分析和选择 [J]. 移动通信，2013（2）.
⑧ 徐小敏，周洪成. 智慧城市建设和运营模式分析 [J]. 通信与信息技术，2014（1）.
⑨ 郭小华. 智慧城市投资模式研究——以太原市为例 [D]. 太原：太原理工大学，2015.

路径驱动模式，如天津、杭州、无锡等以物联网产业发展为基础建设模式；成都、上海、南京等以信息基础设施建设为重点建设模式；北京、沈阳、武汉等以社会应用为目的建设模式①②。三是以运营管理为标准的三种商业模式，如在智慧交通、智慧安居、智慧健康、智慧政务等领域具有公益性、补偿性、广泛性等特点，形成以"公益性智慧服务平台"为主导的商业模式；在智慧物流、智慧电网、智慧港航等领域具有内容专业化、服务集中化、用户精准化等特点，形成以"行业协会＋联盟"为主导的商业模式；在智慧监测、智慧水务等领域，通过服务外包资金、行业补贴等获利，形成以"服务外包智慧平台"为主导的商业模式③④。

（5）智慧城市评价指标体系研究。智慧城市评价指标体系是智慧城市建设的行动指南，在很大程度上影响着智慧城市建设的效果。国内学者采用不同的方法、不同的模型对城市的智慧化程度进行评价，为我国智慧城市评价体系的建立提供参考。邓贤峰（2010）以及南京信息中心都是从智慧城市网络互联情况5个指标、智慧产业发展现状7个方面评价、智慧服务评价4个指标和智慧人文建设5个方面相关数据进行计算得出指标数值⑤；毛光烈（2012）认为，智慧城市标准化建设要树立"双顶层"设计理念，即总体方案和标准方案的顶层设计⑥；龚炳铮（2012）对智慧城市的评价包括智慧城市评价模型、智慧城市评价指标、评价方法三方面，其中，智慧城市评价模型由智慧城市环境、发展水平、效益组成。同时，采用综合分析评价法对智能化系统综合评价，把智慧城市发展指数分为初级、中级、高级三个阶段⑦；毛艳华（2012）基于SOP模型从智慧人群、经济、环境、治理、民生、基础设施、规划七个方面设定出一级指标、二级指标、三级指标及三级指标单位⑧；王振源（2013）的智慧指标评价体系注重公共管理、公共服务和公共支撑应用指标，

① 计世资讯. 中国智慧城市建设的四大模式［R］. 2014.
② 许晶华. 我国智慧城市建设的现状和类型比较研究［J］. 城市观察，2012（4）.
③ 刘尚海. 我国智慧城市建设运营商业模式研究［J］. 未来与发展，2013（8）.
④ 阮重晖，李明超，朱文晶. 智慧城市建设的商业模式创新研究［J］. 浙江学刊，2015（11）.
⑤ 邓贤峰. 智慧城市评价指标体系研究［J］. 发展研究，2010（12）.
⑥ 毛光烈. 智慧城市需标准化建设［J］. 智慧城市，2012（10）.
⑦ 龚炳铮. 关于发展我国智慧城市的思考［J］. 中国信息界，2012（11）.
⑧ 毛艳华. 基于SOP模型的智慧城市治理模式及评价体系研究［J］. 发展研究，2012（11）.

既有客观测量指标又有主观测量指标，更多考虑到了智慧城市建设中软实力的培养①。

（6）智慧城市建设中政府管理问题研究。智慧城市的发展和演变，一方面改变了城市管理的实体，即城市本身；另一方面改变了城市管理的主体，即政府。因此，政府在智慧城市建设中涉及的管理问题已经引起学术界和实业界的关注。谢昕（2012）认为，我国智慧城市建设中一些项目只是政府的面子工程、花架子和政绩工程，因此，智慧城市面临缺乏顶层设计和宏观指导、理论认识不清，建设带有盲目性、信息安全保障体系欠缺、系统国产化不高，更新换代风险等问题②；沙勇（2012）提出南京市在智慧城市建设中出现的问题有，政府定位不明，理论认识不清，缺乏科学的考核指标，企业技术研发能力薄弱，核心技术缺乏国家标准③；赵全军和夏以群（2012）在讨论宁波智慧城市建设过程中提出五个问题，智慧城市理论研究、宣传和培训问题，智慧城市试点工作问题，政府部门之间协调问题，投融资问题，相关政策完善问题④；常洁和赵勇（2013）在讨论城镇化和智慧城市一文中，分析了我国智慧城市建设过程中出现的几个问题——缺乏城市长远规划、忽视生态建设、城市功能定位模糊、产业链分工和布局不明所产生的"信息孤岛"和烟囱式开发⑤；辜胜阻、杨建武和刘江日（2013）论述了智慧城市建设中政府在管理中易出现的五个问题，"千城一面""重项目，轻规划""重模仿、轻研发""信息孤岛""重建设，轻应用"，并提出解决途径，明确了政府在智慧城市建设中的定位⑥。

（7）智慧城市发展策略方面的研究。智慧城市的出现带来了一个全新的城市发展理念，必然会给城市经济、人口、环境等方面带来变革，促使城市发

---

①　王振源. 我国智慧城市建设水平评价指标研究［J］. 云南民族大学学报，2013（11）.

②　谢昕. 我国智慧城市发展现状及相关建议［J］. 上海信息化，2012（1）.

③　沙勇. 国内外智慧城市发展模式对提振"智慧南京"的启示［J］. 南京财经大学学报，2012（6）.

④　赵全军，夏以群. 加快创建智慧城市需要深入研究解决的若干问题［J］. 宁波经济（三江论坛），2012（1）.

⑤　常洁，赵勇. 城镇化进程中的智慧城市建设［J］. 电信网技术，2013（4）.

⑥　辜胜阻，杨建武，刘江日. 当前我国智慧城市建设中的问题和对策［J］. 中国软科学，2013（1）.

展模式全面升级。袁文蔚和郑磊（2012）提出了拓展智慧城市的内涵与范围，以公民需求为导向，实现政府与企业、个人无缝隙协作，分步骤推进智慧城市建设，推动建设目标差异化的政策建议①。辜胜阻、王敏（2012）在城市智慧化发展的策略方面的研究包括：推动市场"无形之手"和政府"有形之手"相结合、重视技术标准建设和完善法律规范、采取以典型示范带动整体推进的发展模式②。杨再高（2012）认为，建设智慧城市应加大智慧化设施的改造力度，注重技术研发和培养高能人才③。逄金玉（2011）以宁波市的智慧城市建设为例，展示了智慧城市的技术共性与相异的运行路径，并在技术、体质、应用、产业促进等方面提出了推动特大城市向智慧城市发展的建议④。杨冰之、郑爱军（2012）对智慧城市的各方面问题进行了较为系统的梳理，从基本概念、技术架构、应用体系、智慧产业、建设运营直到国内外实践案例都进行了论述，其涵盖的知识体系较为全面，内容几乎涉及了城市建设过程中所遇到的大部分难点⑤。

（8）智慧城市信息通信技术应用研究。智慧城市信息通信技术的应用问题是当前学术界讨论的热点，学者纷纷把智慧城市建设的技术理念与本领域实践发展相结合并提出相关建议。张凌云等（2012）提出了智慧旅游的概念，并构建一个 CAA 体系架构，由能力、属性及应用构成⑥；张小凤等（2013）基于智慧城市背景研究政府信息资源管理问题，并探讨了加入智慧因子的新管理模式⑦；张攀等（2013）探讨了北斗卫星导航系统在智慧城市建设中的应用及相关模型⑧；赖茂生（2013）研究了智慧城市建设中政府开放公共数据的问题，同时列举了国外政府数据开放的案例⑨；万剑锋和李朝洋（2013）阐述了智慧城市理念下我国数字档案馆建设的问题及对策，并设计出基于智慧城市概

---

① 袁文蔚，郑磊. 中国智慧城市战略规划比较研究［J］. 电子政务，2012（4）.
② 辜胜阻，王敏. 智慧城市建设的理论思考与战略选择［J］. 中国人口·资源与环境，2012（5）.
③ 杨再高. 智慧城市发展策略研究［J］. 科技管理研究，2012（7）.
④ 逄金玉."智慧城市"——中国特大城市发展的必然选择［J］. 经济与管理研究，2011（12）.
⑤ 杨冰之，郑爱军. 智慧城市发展手册［M］. 北京：机械工业出版社，2012.
⑥ 张凌云，黎巎，刘敏. 智慧旅游的基本概念与理论体系［J］. 旅游学刊，2012（5）.
⑦ 张小凤，程灏. 智慧城市背景下的政府信息资源管理研究［J］. 产业与科技论坛，2013（3）.
⑧ 张攀，朱敦尧，董红波. 北斗卫星导航系统在智慧城市建设中的应用探讨［J］. 2013（8）.
⑨ 赖茂生. 政府开放数据与智慧城市建设的战略整合初探［J］. 图书情报工作，2013（7）.

念的数字档案馆运行图①；史小斌（2013）将智慧城市和城市生态文明相结合，强调城市生态领域的可持续发展和统筹协调②。

2.2.2　组织机构的认识

随着智慧城市在全球的快速发展，越来越多的国内外非政府组织或研究机构对智慧城市也展开相关研究，为全球智慧城市建设作参考和引导。

2.2.2.1　国际组织机构的认识

IBM 在其白皮书《智慧的城市在中国》一书中③，将"智慧城市"定义为：智慧城市需要拥有高度的感知、互联、智能能力，是一个能够平衡城市各方面需求、优化配置城市各类资源的高效生态系统，是一个通过信息化手段实现资源优化配置、城市高效管理的和谐、可持续成长的社会。IBM 认为，智慧城市建设的基本路径是通过 IT 企业开发有机互联的工具化城市管理系统，整合运用城市物理空间和资源，其核心是"信息技术 + 系统"有机互联，以达到"三融合、三实现"，即虚拟网络与四大基础设施深度融合，实现全面感知；四大基础设施之间深度融合，实现互联互通；实时数据之间深度融合，实现智慧化。

国际智慧城市组织认为，智慧城市其实更具体地来说是智慧的社区，它是统一的、系统的、独立的实体，是依附高新技术以及互联网而存在的高级的社会区域，并不区别区域的大小和范围。智慧社区指标体系提供社区的评估框架、规划和发展，该指标体系同样显示出"良性循环"这种正向趋势内部的相互作用④。

维也纳科技大学区域研究中心将智慧城市定义为建立在资源的智慧整合、自主的行动、独立敏锐的公民的基础上，在智慧经济、智慧公民、智慧

① 万剑锋，李朝洋. 基于智慧城市理念的数字档案馆建设初探 [J]. 云南档案，2013（7）.
② 史小斌. 打造智慧城市助推城市生态文明建设 [J]. 山东工业技术，2013（3）.
③ IBM 商业价值研究院. 智慧的城市在中国 [R]. 2009.
④ 常文辉. 智慧城市评价指标体系构建研究 [D]. 开封：河南大学，2012.

治理、智慧流动、智慧环境、智慧居住六个方面以可持续的方式良好运转的城市①。

美国独立研究机构弗雷斯特（Forrester）公司认为，智慧城市就是通过智慧的计算技术为城市提供更好的基础设施与服务，包括使城市管理、教育、医疗、公共安全、住宅、交通及公用事业更加智能、互通与高效②。

国际电工委员会（International Electrotechnical Commission）给出的定义则是，智慧城市是城市发展的新理念，是推动政府职能转变、推进社会管理创新的新方法，目标是使得基础设施更加智能、公共服务更加便捷、社会管理更加精细、生态环境更加宜居、产业体系更加优化③。

世界智慧之都组织（World Smart Capital，WSC）认为，一个城市如果满足以下条件，就可以被定义为"智慧"：其创新性发展增强了企业的基础设施，并与人力资源与社会资源的投资相结合，推动经济可持续发展和高质量的生活，通过政务的公众参与以明智地管理自然资源。在WSC的概念中，"智慧"的概念围绕城市创新发展循环，关注企业基础设施与数字技术的应用④。

2.2.2.2 国内组织机构的认识

中国通信标准化协会在其《智慧城市术语和定义》一书中将智慧城市定义为："智慧城市是指以物联网、云计算、宽带网络等信息通信技术为支撑，通过信息感知、信息传递及信息利用，实现城市信息基础设施和系统间的信息共享和业务协同，提高市民生活水平和质量，提升城市运行管理效率和公共服务水平，增强经济发展质量和产业竞争能力，实现科学发展与可持续发展的信息化城市"。⑤

中国智慧工程研究会对"智慧城市"概念的描述是："智慧城市是目前全球围绕城乡一体化发展、城市可持续发展、民生核心需求等发展要素，将

① Rudolf Giffinger. Smart Cities：Ranking of European Medium Sized Cities［R］. Vienna UT Centre of Regional Science，2007.
② Forrester. Helping CIOs Understand Smart City Initiatives［R］. 2010.
③ 袁媛，王潮阳，董建. 搭建我国智慧城市标准体系［J］. 信息技术与标准化，2013（2）.
④ 徐若云. 西方智慧城市理论中的若干建筑学议题初探［D］. 北京：清华大学，2014.
⑤ 乔宏章，付长军."智慧城市"发展现状与思考［J］. 无线电通信技，2014（6）.

先进信息技术与先进的城市经营服务理念进行有效融合，通过对城市的地理、资源、环境、经济、社会等系统进行数字网络化的管理，对城市基础设施、基础环境、生产生活相关产业和设施的多方位数字化、信息化的实时处理与利用，为城市公共管理与服务提供更便捷、高效、灵活的创新运营与服务模式。"①

　　智研咨询集团在 2011 年发布的《中国智慧城市体系结构与发展研究报告》中提到，"智慧城市对构建城市发展的智慧化环境是一种新的支撑，是一种全新的城市形态。它运用物联网、光网络、云计算、移动互联网等先进信息技术手段，把城市里分散的、各自为政的信息化系统整合起来，提升为一个具有较好协同能力和调控能力的有机整体，对公众服务、社会管理、产业运作等活动的各种需求做出智能的响应。"②

　　浙大国脉互联智慧城市研究中心认为，智慧城市是以物联网为基础，通过物联化、互联化、智能化的方式，让城市中各个功能彼此协调运作③。

2.3　智慧城市的概念

2.3.1　智慧城市的特征

　　智慧城市的核心特征在于"智慧"，而智慧的实现，有赖于全面透彻的感知、宽带泛在的互联、快速的智能处理和开放式应用创新。

2.3.1.1　全面透彻的感知

　　广泛覆盖的信息感知网络是智慧城市的基础。智慧城市的信息感知网络应覆盖城市的时间、空间、对象等各个维度，能够采集不同属性、不同形式、不

---

① 武诗. 中国智慧城市之路——专访中国智慧工程研究会会长魏滨 [J]. 今日中国论坛, 2014 (2).

② 智研咨询. 中国智慧城市体系结构与发展研究报告 [R]. 2011.

③ 国脉互联智慧城市研究中心. 中国智慧城市的愿景与本质特征 [R]. 2011.

同密度的信息。通过传感技术，实现对城市管理各方面监测和全面感知。智慧城市利用各类随时随地的感知设备和智能化系统，智能识别、立体感知城市环境、状态、位置等信息的全方位变化，对感知数据进行融合、分析和处理，并能与业务流程智能化集成，继而主动做出响应，促进城市各个关键系统和谐高效地运行。

2.3.1.2　宽带泛在的互联

智慧城市信息感知是以多种信息网络为基础的，如固定电话网、互联网、移动通信网、传感网、工业以太网等，这为城市中物与物、人与物、人与人的全面互联、互通、互动提供了技术基础，极大地增强了智慧城市作为自适应系统的信息获取、实时反馈、随时随地智能服务的能力，也打破这些壁垒，形成具有统一性的城市资源体系，使城市不再出现"资源孤岛"，从而实现多种信息资源的一体化和立体化，最终实现信息共享互通，以此增加信息的交互度和实效性，提升网络总体价值①。

2.3.1.3　快速的智能处理

无处不在的感知网络和广泛的互联互通，使智慧城市拥有体量巨大、结构复杂的信息体系，形成城市决策与控制的基础，而要真正实现"智慧"，城市还需要表现出对所拥有的海量信息进行智能处理的能力，这要求系统根据不断触发的各种需求对数据进行分析，产生所需知识，自主地进行判断和预测，从而实现智能决策，并向相应的执行设备给出控制指令，这一过程中还需要体现出自我学习的能力。智能处理在宏观上表现为对信息的提炼增值，即信息在系统内部经过处理转换后，其形态应该发生了转换，变得更全面、更具体、更易利用。这一技术的典型代表是云计算，它通过智能融合技术的应用实现对海量数据的存储、计算与分析，引入综合集成法并通过人的"智慧"参与，大大提升决策支持的能力，是一种全新的信息技术应用模式②。

---

① Richard K, Dominica B, Joe R. Urban Regeneration in the Intelligent City ［C］. London, 2005.
② 张峰. 云计算应用服务模式探讨 ［J］. 信息技术与信息化, 2012 (2).

2.3.1.4　开放式应用创新

智能处理并不是信息使用过程的终结，智慧城市还应具有信息的开放式应用创新，能将处理后的各类信息通过网络发送给信息的需求者，或对控制终端进行直接操作，从而完成信息的完整增值利用。智慧城市的信息应用重塑了现代科技以人为本的内涵，也重新定义了创新中用户的角色、应用的价值、协同的内涵和大众的力量，尤其注重以人为本、市民参与、社会协同的开放创新空间的塑造以及公共价值与独特价值的创造。注重从市民需求出发，并通过维基、微博、Fab Lab、Living Lab 等工具和方法强化用户的参与，汇聚公众智慧，不断推动用户创新、开放创新、大众创新、协同创新、以人为本，实现经济、社会、环境的可持续发展①②。

2.3.2　智慧城市的内涵

2.3.2.1　智慧城市是数字城市的发展和提升

如果说20 世纪90 年代初的信息港是城市信息化1.0 版本，那么，20 世纪90 年代末的数字城市是城市信息化2.0 版本，21 世纪初的智慧城市就是城市信息化3.0 版本，它们之间具有承前启后、层层递进的联系。在信息港阶段，城市信息化建设主要资源用于宏观基础建设，如光纤铺设、卫星站点维修、跨国海底光缆接通、宽带扩展和网络建构等。在数字城市阶段，城市信息化建设的主要资源用于电子文档建设、数据库建设、信息传递、互联网的应用开发等。智慧城市是在信息港和数字城市的基础上发展起来的新方向，已经超越了城市数字化，并逐步迈入城市智慧化的高级阶段。其实质内涵更丰富、发展目标更大、技术支撑更强。在智慧城市阶段，主要资源用于城市的信息网络实现自动监控、信息自动采集、自动分析处理、自动决策反应等。

智慧城市是数字城市深化发展和持续提升的结果，是城市信息化建设的新

---

① 宋刚，纪阳，唐蓍 . Living Lab 创新模式及其启示［J］. 科学管理研究，2008（3）.
② 宋刚，陈凯亮，张楠 . Fab Lab 创新模式及其启示［J］. 科学管理研究，2008（6）.

目标。智慧城市与数字城市的区别主要表现在：①与信息化深度融合，形成发展创新模式①。政府、企业、城市的基础设施运行管理，以及城市的公众都要有创新的发展模式。②以城市建设运行要素为单位，充分实施大系统整合与业务高度协同。③由智能感知、分析和响应多元需求，实现物理空间和网络空间的一体化，这是最核心的。④公众多方参与和互动来实现创新。公众既是服务的对象，也是智慧城市创建的主体。⑤建立起制度化融合机制，提供源源不断的以智慧为基础的发展动力。显然，与数字城市相比，智慧城市更加聚焦民生与服务，更加鼓励创新与发展，更加强调感知与物联，更加强调公众参与和互动。数字城市与智慧城市的对比如表 2 - 1 所示。

表 2 - 1   数字城市与智慧城市的对比

项目	数字城市	智慧城市
时间	1998 ~ 2010	2008 ~
背景	高速通信网络，信息产业的竞争	调整产业结构，寻找新的经济增长点
条件	3S 技术（GPS-GIS-RS）、互联网、海量数据存储、仿真等技术	感知技术、物联网、Web2.0 和云计算等
主体	政府和企业	政府、企业和公众
目标	分布式、一站式、通过网络逻辑集成，数据中心和信息应用系统，支持管理	自动化和决策支持、面向分析、应用集成，信息有机整合深度利用，宿主资源、知识引擎、按需服务
建设内容	信息资源的数字化建库和网络化管理、数据分析和共享，多用于单个业务领域的处理，面向应用，服务对接，公众信息平台	新 3S 技术：IaaS-SaaS-PaaS，用智慧技术取代人工判别和多方案选择，实现信息采集和动态监控分析、网络协同、智慧开发、决策预测，时空信息云平台

资料来源：张元好，曾珍香 . 城市信息化文献综述——从信息港、数字城市到智慧城市 ［J］. 情报科学，2015（6）.

2.3.2.2　智慧城市是一项复杂的系统工程

智慧城市建设是一项复杂的系统工程，系统结构复杂，包括基于传感器技术的信息基础设施建设，基于下一代通信网络、物联网、三网融合等的网络体

---

① 张永民 .“智慧城市”高于“数字城市”［J］. 中国信息界，2011（10）.

系建设，涵盖城市规划、建设、管理和服务的各类业务应用系统建设，以及标准规范、运维、安全体系等信息化支撑体系建设。通常来讲，智慧城市的总体框架包括"六层六体系"（见图 2 - 3）：①基础层主要包括物联网基础设施、通信网络和云计算基础设施三个部分。物联网基础设施主要用于识别物体、感知信息，包括 RFID 标签和读写器、摄像头、GPS、传感器等感知设备；通信网络包括无线网络、宽带网络、广电网络等，实现信息的传输与接收；云计算基础设施通过对服务器、存储、网络的虚拟化，为智慧城市提供按需获得、即

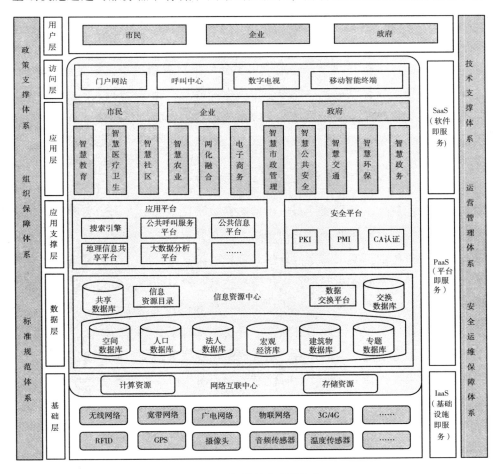

图 2 - 3　智慧城市总体框架

资料来源："智慧绵阳"建设总体规划（征求意见稿）［EB/OL］. 2014 - 11 - 02. https：//wenku. baidu. com/view/1f66472bdd3383c4bb4cd28f. html.

时可取的计算、存储、网络、操作系统及基础应用软件等资源。②数据层主要包括五大公共基础数据库、专题数据库和数据共享交换平台，实现各部门信息汇聚、资源整合。③应用支撑层为各类面向需求的应用提供统一的功能支持，包括应用支撑和安全支撑能力，提供呼叫、大数据分析、视频、搜索等多方面的功能平台。④应用层是构建在智慧城市公共平台之上的应用服务系统，连接政府、企业和公众三大应用源，为他们提供城市环境宜居、安全防控、生活保障、公共服务、产业优化等领域的应用服务。⑤访问层为市民、企业、政府等各类用户对象提供访问的窗口，向用户提供智慧城市的各种服务信息，并接受用户信息的提供和反馈。访问窗口包括门户网站、显示大屏、计算机、移动电脑、电话和智能手机终端等。⑥用户层主要服务对象包括市民、企业和政府。⑦保障支撑体系包括政策支撑体系、组织保障体系、技术支撑体系、标准规范体系、运营管理体系、安全运维保障体系，这六大保障体系贯穿于整个智慧城市建设的各个方面，确保智慧城市的安全、高效运行和健康稳定的发展。

2.3.2.3　智慧城市的建设应"以人为本"

新一代信息技术的发展使得城市形态在数字化基础上进一步实现智能化成为现实。依托物联网可实现智能化感知、识别、定位、跟踪和监管；借助云计算及智能分析技术可实现海量信息的处理和决策支持。同时，伴随知识社会环境下创新2.0形态的逐步展现，现代信息技术在对工业时代各类产业完成面向效率提升的数字化改造之后，逐步衍生出一些新的产业业态、组织形态[①]，使人们对信息技术引领的创新形态演变、社会变革有了更真切的体会，对科技创新、以人为本有了更深入的理解，对现代科技发展下的城市形态演化也有了新的认识。如果说创新1.0是工业时代沿袭的面向生产、以生产者为中心、以技术为出发点的相对封闭的创新形态，创新2.0则是与信息时代、知识社会相适应的面向服务、以用户为中心、以人为本的开放的创新形态，它是以复杂性科学视角对ICT融合背景下科技创新的重新审视，也是一种适应知识社会的，以用户为中心、以社会实践为舞台，以大众创新、共同创新、开放创新为特点的

---

① 宋刚，孟庆国. 政府2.0：创新2.0视野下的政府创新［J］. 电子政务，2012（2）.

用户参与的创新形态；从更宏观的视角来看，它更是知识社会条件下的创新民主化展现。知识社会环境下的科学 2.0、技术 2.0、管理 2.0 共同塑造了面向知识社会的创新 2.0，重新定义了创新中用户的角色、应用的价值、协同的内涵和大众的力量。具体如表 2-2 所示。

表 2-2　　　　　　　　工业时代和信息时代对应的各类形态

工业时代的创新 1.0	信息时代的创新 2.0
传统电信业	ICT 服务商
门户网站	微博等社交媒体
传统工业自动化	物联网智能化
科层制封闭组织	灵活外包开放协作组织
以生产者为中心的生产范式	以用户为中心的服务范式
政府 1.0	政府 2.0
数字城市	智慧城市

资料来源：宋刚，邬伦. 创新 2.0 视野下的智慧城市 [J]. 北京邮电大学学报（社会科学版），2012（8）.

创新 2.0 正将城市重塑为一个开放的创新空间[①]。显然，智慧城市是以人为本、协同、开放、用户参与的知识社会的下一代创新，是充分体现了现代科技以人为本的基本内涵，也是重新诠释了用户在创新中的角色定位，突出用户不是被动的等待使用者，而是积极的争取创造者，彰显了应用的价值、协同的内涵和民众的力量。因此，智慧城市的建设尤其注重以人为本、居民参与、社会协同，注重开放创新空间的打造和公共价值与独特价值的创造，从居民需求出发，引导用户参与，汇聚公众智慧，不断推动创新，通过开放创新、大众创新、协同创新，实现经济、社会、环境的可持续发展。

2.3.3　智慧城市的定义

2.3.3.1　多重视角下的智慧城市

从科学的视角看，智慧城市是通过各种新型技术对城市环境系统、经济系

---

① 宋刚，邬伦. 创新 2.0 视野下的智慧城市 [J]. 北京邮电大学学报（社会科学版），2012（8）.

统、社会系统等进行感知、监测、分析、预警和控制等，以实现城市系统的科学管理与高效运转，使经济、社会、文化等各个领域之间实现深度整合与协调运作，为各行各业创造价值①。

从技术发展的视角看，智慧城市是通过物联网技术（新型射频识别技术、读写器技术、电子射频技术、FCS 技术等）进行信息标识与感知，以接入网（如无线接入、以太网接入、光纤接入等）和传输网（如互联网、广电网、电力通信网等）进行信息交换与传输，以各种典型技术（云计算处理技术、中间件技术等业务平台处理技术）对感知信息进行处理和控制，实现物联网技术与应用领域的专业技术（如环境监测技术、远程医疗技术、智能家居技术等）的深度融合，最终形成一整套相互关联的城市智慧系统。

从应用的视角看，智慧城市是通过将智慧的技术（主要包括物联网技术、云计算技术、射频识别、数据融合技术等）应用到城市的经济、社会、环境等各个要素当中，通过对智慧交通、智慧医疗、智慧物流、智慧社区等的建设实现城市的全面感知、全面互联，使政府、企业、市民的行为更加方便快捷。

从社会发展的视角看，智慧城市要求通过维基、社交网络、Fab Lab、Living Lab、综合集成法等工具和方法的应用，营造有利于创新涌现的制度环境与生态，实现以用户创新、开放创新、大众创新、协同创新为特征的知识社会环境下的可持续创新，强调通过价值创造，以人为本，实现经济、社会、环境的全面可持续发展②。

从阶段论的视角看，智慧城市是人类城市发展过程中的高级阶段，信息技术不断推动着人类文明的发展，不断改善着人类的生活与生产活动，智慧城市是在信息技术推动下人类文明发展的一个新的阶段。在这个阶段，如何利用信息技术实现人类生活的"智慧化"是全人类共同关注的发展之道。现阶段，人类正处于智慧地球建设的初级阶段，人类在逐步实现数字化和电子化，持续

---

① 张明柱. 基于智慧城市发展指数的我国智慧城市分类评价模型研究［D］. 太原：太原科技大学，2014.

② 宋刚，邬伦. 创新 2.0 视野下的智慧城市［J］. 北京邮电大学学报（社会科学版），2012（8）.

推进网络化和信息化，推进信息化与工业化的深度融合，并逐步实现智能化，这都是迈向智慧地球所要经历的一个个阶段。①

从资源观念的视角看，智慧城市关注的是信息化创造的综合效益，是对广义的信息资源的合理利用。传统技术主要集中于物质与能量的有效利用，信息技术则集中于信息资源的开发利用，资源观念体现了技术发展的水平，数字城市代表了信息资源，智能城市代表了智能资源，而智慧城市则代表的是组织资源，不同发展阶段的城市类型反映了不同的技术倾向性。智慧城市理念下的信息资源是广义的，这些智慧资源可以包括软件智能资源、信息资料资源、社会组织资源等，甚至是人类的聪明才智都是可以被列入其中的，因此，智慧城市理念所展示的是超 IT 的大信息战略。②

2.3.3.2 广义智慧城市

广义智慧城市是一种新兴的社会形态，代表人类对城市发展未来的梦想和一种理念，是人类信息化发展的高级阶段，它给人展示的是一种集约的、绿色的、智能的、可持续的、和谐的一种生产方式和生活方式，它要求城市的管理者和运营者把城市本身看成一个生命体，因此，它在智慧的路上是永无止境的，是城市发展的最终形态。我国著名的经济学家、中国智慧城市论坛主席成思危 2010 年提出广义智慧城市的核心理念为"怎样智慧地管理与发展好城市"，他认为，广义智慧城市是以人为基础、以土地为载体、以信息技术为先导、以资本为后盾，对城市的核心要素进行合理优化。广义智慧城市的四个原则为"以人为基础、以土地为载体、以信息技术为先导和以资本为后盾"。2012 年成思危提出广义智慧城市的指导方针为量力而行、尽力而为、突出重点、讲求实效。2013 年他又提出广义智慧城市的八个重要内容，即善治政府、和谐社区、精明增长、绿色经济、智能交通、多彩文化、终身学习和全民保健③。

从广义智慧城市的核心理念可以看出，广义智慧城市是比城市信息化更高

---

① 赵刚. 关于智慧城市的理论思考 [J]. 中国信息界, 2012 (5).
② 胡小明. 从数字城市到智慧城市资源观念的发展 [J]. 电子政务, 2011 (8).
③ 成思危. 建设广义智慧城市的八项主要任务 [J]. 中国信息界, 2013 (3).

层次的智慧城市，广义智慧城市强调的是城市发展的系统工程，需要城市的政策、法规和制度的不断改进和完善，广义智慧城市的目标，不是仅仅依靠大数据、云计算和物联网等先进信息技术就能达成的，还要很多方面要素的优化和统筹。

2.3.3.3 狭义智慧城市

狭义智慧城市是指以互联网、物联网、电信网、广电网、无线宽带网等网络的多样化组合为基础，更加广泛深入地推进基础性与应用型信息系统开发建设和各类信息资源开发利用，把已有的各种生产要素优化组合，从而以更加精细和动态的方式管理生产和生活，形成技术集成、综合应用、高端发展的现代化、网络化、信息化、智能化城市。它具有更全面灵活的物与物、物与人、人与人的互联互通和相互感知能力，更高效安全的信息处理和信息资源整合能力，更科学的监测、预警、分析、预测和决策能力，更高水平的远距离控制执行和智能化执行能力，更协调的跨部门、多层级、异地点合作能力，以及更强的创新发展能力，是以智慧技术、智慧产业、智慧人文、智慧服务、智慧管理、智慧生活等为主要建设内容，以实现经济社会活动最优化的城市发展新模式和新形态。

笔者认为，智慧城市指充分利用无所不在的信息技术和网络，实现城市基础设施、社会管理和公共服务等领域的全面感知、互联互通、资源共享、系统协作，促进城市核心要素的融合创新和转型升级，全面提升城市运行效率，推动城市经济发展方式转变，提高居民生活水平和现代文明素质，形成城市新的发展模式，构建新的发展形态，实现城市绿色、智能和可持续发展。显然，智慧城市的背景是城市经济社会发展难题亟待破解、居民物质文化需求不断增加、资源环境压力日益加大以及全球信息通信技术、知识经济和信息社会加速发展；智慧城市的基础是城市设施物品充分感知、信息网络互联互通、信息资源深度整合以及知识管理普及深入；智慧城市的根本是要以人为本，以现代信息通信技术为支撑，让人汇聚智慧，让物具有智能，让汇集智慧的人和具备智能的物互存互动、互补互促，实现经济社会活动最优化。智慧城市的核心是充分运用现代信息通信技术，最大限度地开发利用信息和知识资源；智慧城市的关键是城市管理服务流程的重塑优化，决策运行的智能化、协同化、精准化和高效化，产业的智能化和智能产业的集聚化，居民信息、知识获取利用能力建设的普及深入化和常态化，以及资源环境的智能化和低耗化；智慧城市的目的是实现经济社会科学管理、民生服务高品优质，实现现代产业又大又强，实现人文素质先进优秀以及实现资源环境绿色友好。

第3章 智慧城市建设模式逻辑框架

　　智慧城市的建设实践中虽然形成了以资金来源为标准的投资模式、以发展动力为标准的路径模式和以运营管理为标准的商业模式，但这些建设模式缺乏内在的逻辑架构，构成要素和维度的解释力有待提高。为了分析"建设模式有哪些？"这一关键问题，本章在定义模式及城市建设模式的基础上，分析了智慧城市建设模式的要素，从纵横两个维度，一是按照区域层次大小，构建由区域、国家、地域和市域的纵向发展模式；二是按照建设成什么样的智慧城市、建设思路是什么、建设的驱动力是什么、谁来建设以及怎样建设智慧城市的逻辑思路，构建基于目标要素、理念要素、驱动要素、主体要素、路径要素的横向智慧城市建设模式，以此形成一个综合性的智慧城市发展模式的逻辑架构。

3.1 智慧城市建设模式研究

3.1.1 城市建设模式含义

3.1.1.1 模式

　　模式，英文为 model 或 pattern，指的是"事物的标准形式或标准样式"，也被称为"某种事物的标准形式或使人可以照着做的标准样式"，是对隐藏在事物之间客观规律的归纳，是对蕴含在前人实践之中成功经验的概括，是人类把握和认识外界的关键①。哈佛大学博士克里斯托弗·亚历山大（Christopher Alexander）曾给出的经典定义是：每个模式都描述了一个在我们的环境中不断出现的问题，然后描述了该问题的解决方案的核心，通过这种方式，你可以无数次地使用那些已有的解决方案，无须在重复相同的工作②。因此，模式是一种认识论意义上的确定思维方式，把解决某类问题的方法总结归纳到理论高度，也是人们在生产生活实践中经过积累的经验的抽象和升华。模式作为一种参照性指导方略，在一个良好方略的指导下，有助于高效完成任务，有助于按照既定思路快速做出一个优良的设计方案，达到事半功倍的效果，而且会得到解决问题的最佳办法，其所指的范围甚广，它标志了物件之间隐藏的规律关系，而这些物件并不必然是图像、图案，也可以是数字、抽象的关系甚至思维的方式。

模式可以分为规范性的标准模式和参照性的标准模式两种③，其中规范性的标准模式，更多地具有 pattern 的内涵，其实质是一种被广泛使用的解决问题的方法，是对被证实可有效解决某些具体问题的方法的理论归纳，这样，人们就可以通过这种标准模式，无数次地面对相同的工作而使用已有的解决问题的方法，规范性的标准模式在自然科学领域得到广泛的应用；参照性的标准模式，更多地具有 model 的内涵，实质上是一种被广泛提倡的解决问题的方法，是对被证实有用的解决某些具体事件方案的理论归纳。这样，人们就可以通过这种标准模式，有选择地运用现存的解决事件的方案而避免重复的尝试，参照性的标准模式，在社会科学领域得到广泛的应用。

3.1.1.2　城市建设模式

从不同的角度，可以对城市建设进行不同的定义。从建设过程角度看，城市建设是城市功能形成与发展所需物质条件的创造、改造过程；从活动行为角度看，城市建设是人类为形成和发展城市而进行的具有高度创造性的建造活

---

① 姜大源. 职业教育：模式与范式辨析［J］. 中国职业技术教育，2008（11）.

② 徐春燕. 智慧城市的建设模式及对"智慧武汉"建设的构想［D］. 武汉：华中师范大学，2012.

③ 刘晓华. 采购模式分类与整理［J］. 物流工程与管理，2010（8）.

动；从社会分工角度看，城市建设和工业生产、农业生产、商业服务一样，专指从事城市各种设施建造和管理活动的系统或部门。传统的城市建设主要包括了城市供水、供气、供电、供热、公共交通、基础通信等城市公用事业，道路、排水、排污、防洪、照明等市政工程业，市容景观、环境保洁、垃圾粪便清理、公共厕所和园林绿化等公共环境卫生事业。

为了研究和论述的方便，本书的城市建设特指以城市规划为依据，围绕城市的功能目标的体现，通过工程建设对城市的市民居住生活环境进行建设和改造，对城市整体系统内各种物质基础设施进行建设，其内容既包括城市系统内各个物质设施的实物形态，也包括建成后投入运行并发挥作用，持续为居民提供服务，保障居民的正常生活，服务于城市经济社会的发展，即城市建设特指城市物质形态的建设，城市精神文明建设问题不在本书的讨论范围。

结合模式和城市建设的内涵，城市建设模式可以从广义和狭义两个方面来理解[①]：一是从广义上的理解，城市建设模式是指城市建设的类型，它是在一定空间和时代背景下城市发展建设的不同路径、方法。其实际意义就是建设思路和途径。二是从狭义上的理解，城市建设模式是对某一特定结构的抽象和描述，是指影响一个城市经济社会发展战略的各种要素组合成的特定结构，是城市建设发展目标和现实条件、资源禀赋结合的产物，是对发展思路、发展方式、发展路径、发展动力的集成。

3.1.2　智慧城市建设模式

国外很多城市、地区或国家展开了智慧城市建设的探索，产生了1200多个智慧的解决方案。总的来看，由于各城市建设目标、建设动力、建设路径和资源利用方式的不同，具体的建设模式也不同，智慧城市建设模式是对自身发展路径、方式等的合理选择，而非最优选择，是对体现自身特色与优势的发展道路、方式的总体把握。梳理目前智慧城市建设模式的实践，已经形成了以资

---

① 徐春燕. 智慧城市的建设模式及对"智慧武汉"建设的构想 [D]. 武汉：华中师范大学，2012.

金来源为标准的投资模式、以发展动力为标准的路径模式和以运营管理为标准的商业模式三大类。

3.1.2.1　智慧城市建设的投资模式

智慧城市建设包括智慧基础设施、智慧管理和服务体系等，只有建立合适的投资模式，才能理清权、责、利的关系，才能让政府、企业、用户及其他机构等共同参与，才能保证其安全、高效的运营。从智慧城市建设资金的投入角度看，智慧城市建设的投资模式包括以下五种①②③④⑤。

（1）政府独资建设模式。政府独资建设模式是较为普遍应用的一种智慧城市运营模式，该种模式下，政府不借助于运营商，而是利用自己的资金、凭借自己所掌握的技术手段对整个智慧化建设进行整体计划、独立投资和后期运维工作，建设用途主要是为市政机关、单位和公众提供服务。

（2）政府投资运营企业参与建设模式。对于涉及国家安全与公共利益的领域，要采取政府主导型的运营模式，即政府出资建设、运营管理等，以确保其安全、可持续的发展，如智慧政府、智慧安全系统、数据库、基础网络建设等方面。

（3）政府与企业合资建设模式。对于智慧城市建设中不涉及国家安全、公共利益的领域，可以采取政府与企业合资建设与管理模式，充分利用社会资本参与建设，采取市场化的运营模式，如智慧医疗、智慧教育等方面。

（4）政府统筹规划企业投资建设模式。对于智慧城市建设中不涉及国家安全、公共利益的领域，可以采取政府统筹规划、企业投资建设的运营模式，政府起统筹规划作用，完全利用社会资本建设运营，如通信网络、智慧社区服务等方面。

（5）企业建设运营，政府、公众购买服务模式。对于智慧城市建设中的云计算服务、公共服务、医疗卫生领域，可采取企业建设运营，政府、公众购

① 国脉互联智慧城市研究中心. 2012 中国智慧城市发展现状和趋势预测研究报告［R］. 2012.
② 王根祥，李宁，王建会. 国内外智慧城市发展模式研究［J］. 软件产业与工程，2012（4）.
③ 常洁，赵勇. 可持续的智慧城市发展模式［J］. 通信企业管理，2013（10）.
④ 杨会华，樊耀东. 智慧城市典型商业模式分析和选择［J］. 移动通信，2013（3）.
⑤ 徐小敏，周洪成. 智慧城市建设和运营模式分析［J］. 通信与信息技术，2014（1）.

买服务的运营模式，企业独自投资建设、维护运营，政府、公众可购买相关服务，可以有效节约政府资源，如云计算租赁服务、智慧民生服务等方面。

3.1.2.2 智慧城市建设路径驱动模式

智慧城市建设不仅仅是信息基础设施的发展与完善，更多是通过智慧城市建设推动着新兴产业体系的形成与发展，以及社会应用示范项目为重点的城市智能服务。从智慧城市建设切入的路径看，智慧城市建设的路径驱动模式主要有以下三类[①]。

（1）以信息基础设施建设为重点。这种建设模式是以建设城市信息基础设施为重点，如铺设光纤、网络入户；增加无线网络覆盖面积，提高网络带宽；部署无线信息采集设施，建设随时随地互联的网络城市。以城市信息基础设施建设为重点进行智慧城市建设的城市有上海、福州、南京、江门、扬州、温州、厦门。

（2）以物联网产业发展为基础。这种建设模式是通过感知城市的建设，着重发展物联网的相关产业，在物联网产业支持政策平台上，大规模地建设物联网产业园区，培育高科技人才，在一些企业开展试点，通过示范项目，来进行城市感知的建设。以物联网产业发展为基础的智慧城市建设模式的主要城市有杭州、天津、合肥、佛山、无锡。

（3）以城市智能服务为目的。这种建设模式是在建设智慧城市时，以社会应用示范项目为重点建设项目，在城市安全、城市生态环境、城市交通、城市管理、城市物流供应链等领域开展示范应用工程，建设应用基地，以一个一个的点带动整个面、逐步地开展智慧城市建设。以城市智能服务为目的进行智慧城市建设的城市有北京、昆明、宁波、深圳、郑州、武汉。

3.1.2.3 智慧城市建设的商业模式

智慧城市建设需要形成良好的盈利方式和商业模式，智慧城市建设的商业模式需要智慧城市建设项目管理者和运维方共同打造新的盈利平台，从运营管

---

① 郭小华．智慧城市投资模式研究——以太原市为例［D］．太原：太原理工大学，2015．

理的视角看，常见的智慧城市建设商业模式主要有以下三种[①]。

（1）以"公益性智慧服务平台"为主导的商业模式。这种商业模式主要是在政府主导下进行基础设施和平台建设，通过为公众提供食、医、住、行等生活层面的信息，推动整个城市的智慧应用和发展，通过植入式广告收入、基础信息服务、对服务性企业的专业化信息服务收入等途径可以适当获利。此类商业模式具有公益性、补偿性、广泛性等特点，可在智慧交通、智慧安居、智慧健康、智慧政务等领域加以应用。

（2）以"行业协会+联盟"为主导的商业模式。这种商业模式以联盟的方式对各行业内各相关企业进行资源整合，提供既综合又专业的产品和产业信息服务，通过行业技术基础服务、信息推广服务、广告发布服务、行业咨询服务、供求商机信息服务等获利。此类商业模式具有内容专业化、服务集中化、用户精准化等特点，可在智慧物流、智慧电网、智慧港航等领域加以应用。

（3）以"服务外包智慧平台"为主导的商业模式。这种商业模式主要是通过承接一些服务性外包业务获得营业收入，承接来自于政府部门、行业协会和相关企业的智慧建设任务获得营业收入，通过服务外包资金、行业补贴等获利，可在智慧监测、智慧水务等领域加以应用。

3.1.3　智慧城市建设模式层次

智慧城市建设模式是在建设智慧城市的过程中形成的，对智慧城市诸要素进行智慧化建设的基本特征和先进经验的集中反映和高度概括。从纵向层次来看，智慧城市发展模式具有地域属性，可分为区域、国家、地域和市域四个层次。

3.1.3.1　区域层面的建设模式

区域智慧城市建设模式，就是指某一地区智慧城市发展过程中所形成的，具有一定鲜明特色的智慧城市管理和运行机制。目前，世界上形成了三大区域

---

① 阮重晖，李明超，朱文晶. 智慧城市建设的商业模式创新研究［J］. 浙江学刊，2015（11）.

智慧城市建设模式：以日本、韩国、新加坡等国为代表的亚洲模式；以瑞典、荷兰、英国、法国、丹麦等国为代表的欧洲模式；以美国为代表的美洲模式①②。

（1）亚洲模式：产业、技术、应用三驾马车齐头并进。在亚洲，日本、韩国、新加坡、马来西亚等东亚和东南亚国家注重通过智慧城市建设拉动信息产业发展，带动经济增长，产业、技术和应用受到同等重视，并驾齐驱。如 2001 年开始日本就认识到信息化社会建设的重要性，通过制定 e-Japan 战略，2006 年的 u-Japan 战略和 2009 年的 i-Japan 战略，日本在信息基础设施比较完善的条件下以新一代信息技术革命为契机提出智慧城市建设的计划，该计划的核心就是推行电子政务、医疗保健、教育人才三大措施，努力使城市变得更加"智慧"③④。新加坡分阶段梯次推进，从实现办公自动化、政府与企业的电子数据交换、"IT2000 – 智慧岛计划"、"21 世纪信息通讯技术计划"、"互联新加坡计划"，再到 2006 年启动的"智慧国 2015"，充分按照新加坡的国情进行分阶段梯次推进，意图将新加坡建设成为经济、社会发展一流的国际化城市⑤。韩国 2004 年提出的 U – City 计划，建设泛在网服务的智慧城市，并与 2009 年出台的国家战略层面的 U – City 综合发展计划结合，将 U – City 建设纳入国家预算，大力支持核心技术国产化⑥。马来西亚的多媒体超级走廊（Multimedia Super Corridor，MSC）计划，覆盖 750 千米的狭长区域，并在其中建设 12 个智慧城市，通过大力发展高科技产业，给区域和世界市场提供多媒体产品和服务⑦。2012 年 3 月，泰国信息和通信技术部提出了《泰国信息通讯技术政策框架（2010 ~ 2020）》（以下简称 ICT2020），"智慧泰国"作为 ICT2020 国家 ICT 发展框架下的组成部分，包括构建泛在安全的信息通信基础设施，发展 ICT 产业，开发信息和通信人力资源，构筑智能化的电子政府服务，从而通过信息通信技术推动社会公平、促进泰国经

---

① 陈才. 2012 ~ 2013 年智慧城市发展回顾与展望［J］. 现代电信科技，2013（2）.
② 侯远志，焦黎帆. 国内外智慧城市建设研究综述［J］. 产业与科技论坛，2014（12）.
③ 冯浩，汪江平. 日本智慧城市建设的现状与挑战［J］. 建筑与文化，2014（12）.
④ 李彬，魏红江，邓美薇. 日本智慧城市的构想、发展进程与启示［J］. 日本研究，2015（2）.
⑤ 李林. 新加坡"智慧岛"建设经验与启示［J］. 中国信息界，2013（6）.
⑥ 王根祥，李宁，王建会. 国内外智慧城市发展模式研究［J］. 软件产业与工程，2012（4）.
⑦ 谢圣赞. 马来西亚建设"多媒体超级走廊"的经验与启示［J］. 中国科技产业，2006（11）.

济增长、实现可持续发展的环境①。

（2）欧洲模式：突出绿色低碳主题，注重公民参与治理。相比于亚洲地区智慧城市相对理论化、体系化的规划与建设，欧洲各国信息化建设较早，信息技术、信息基础设施比较完善，信息法规比较完整，欧洲在建设理念和发展主题上更具有特色，更加关注信息通讯技术在城市环境、医疗、建筑、交通、资源等与民生相关的领域，目标是借助智慧技术实现节能减排、绿色低碳、知识共享的智慧型经济和生态型经济共存的可持续性发展城市②。比如瑞典的斯德哥尔摩是世界旅游名城，为改善该市交通拥挤的状况，从 2006 年开始利用智能交通系统，仅三年时间就达到交通堵塞降低 25%，城市污染下降 15%，排队时间降低 25% 的效果，成为全球智慧交通的典范③。荷兰的阿姆斯特丹是欧洲智慧城市建设中较早的城市，通过实施四个可持续智慧节能技术项目，可持续生活、可持续工作、可持续交通、可持续公共空间以及五 "R" 原则来改善当地环境问题，实现节约能源，降低二氧化碳排放量。丹麦首都哥本哈根素有 "自行车之城" 的称号，已经建成两条高速自行车道，旨在到 2025 年成为全球第一个二氧化碳零排放之都。英国最大的低碳、绿色、可持续发展社区——伦敦的 "贝丁顿零化石能源发展" 生态区建设引人注目，南安普顿智能卡的广泛应用普及也对英国其他城市的智慧建设产生影响。2012 年，法国巴黎在全球十大智慧城市评比中以智慧型广告牌、电动汽车共享、智能巴士亭等项目名列第三。此外，欧洲的智慧建设注重培养公民的信息素质，尤其是对于信息无产者转变为信息有产者的弱势信息群体的培训，也比较注重公民参与治理④。

（3）美洲模式：企业推动为主，政府引导促进。美洲模式以美国为代表，很少提出系统的发展规划，多采用以大型企业为主体，同时政府比较重视信息化建设，也更关心信息化技术的应用所带来的经济效益⑤。如美国政府在 2009 年将智慧城市建设提升到国家战略的高度，并将其作为保持其全

① 邬明罡. 亚太地区典型智慧城市发展经验或可借鉴 [J]. 世界电信, 2013 (3).
② 侯远志, 焦黎帆. 国内外智慧城市建设研究综述 [J]. 产业与科技论坛, 2014 (12).
③ 彭继东. 国内外智慧城市建设模式研究 [D]. 长春: 吉林大学, 2012.
④ 王根祥, 李宁, 王建会. 国内外智慧城市发展模式研究 [J]. 软件产业与工程, 2012 (4).
⑤ 侯远志, 焦黎帆. 国内外智慧城市建设研究综述 [J]. 产业与科技论坛, 2014 (12).

球竞争力优势的重要手段。2009 年初美国政府发布《经济复兴计划进度报告》，开始建设现代化的城市电网，总投资达 40 多亿美元，其中，博尔德市是智能电网工程建设较早的城市，预计会成为智能电网城市，同年，加利福尼亚州的圣何塞启动了智能道路照明工程。2009 年 9 月，美国的迪比克市通过与 IBM 公司合作，利用物联网技术进行数据监测、分析、整合，以公共资源智能化为重点，建设成为美国第一个智慧型宜居城市。2012 年 12 月，哥伦布市通过无线网络部署第一阶段方案实现了网络速度从 70Mbps 到 117Mbps 的跨越。2013 年 5 月，哥伦布市完成了多阶段无线网络铺设计划的第二步，中央商务区移动设备的下载速度得以超过 150Mbps，为北美最快的无线网络，哥伦布市的建设具有信息基础设施部署完善、绿色可持续发展和开放创新的特点，因此，哥伦布市在 2013 年被全球智慧论坛列入 "全球 7 大智慧城市" 之一。2013 年美国第一个大规模智能电网在佛罗里达投入运行，由佛罗里达电力照明公司负责实施，该智能电网系统使用了 450 万个智能电力仪表及 1 万多个其他仪器设备，实现了这些仪器仪表的联网，提高了电网的灵活性和恢复力。

3.1.3.2 国家层面的建设模式

国家层面的智慧城市建设行动计划是智慧城市建设战略规划的初步实施和社会实践，是智慧城市建设详细规划明确、细化智慧城市建设的可操作性制度框架，它包括智慧城市建设的管理体制（比如行政体制、决策机制、实施机制、参与机制和监督、评价机制等）、政策法律法规等（吴标兵等，2013）[①]。如英国在 2009 年 6 月发布了《数字英国》计划；德国在 2009 年 5 月推行 "T – City" 实验；日本在 2009 年 7 月推出 "i – Japan" 战略；2004 年 3 月，韩国政府推出 "u – Korea" 发展战略；新加坡早在 2006 年就启动 "智慧国家 2015 计划"（见表 3 – 1），这些国家分别制定出具体战略规划和分阶段行动方案，获得了较大突破[②]。

---

① 吴标兵，林承亮，许为民. 智慧城市发展模式：一个综合逻辑架构 [J]. 科技进步与对策，2013（5）.

② 王根祥，李宁，王建会. 国内外智慧城市发展模式研究 [J]. 软件产业与工程，2012（4）.

表 3 - 1　　　　　　　　　　不同国家层面的建设模式

国家	战略计划	主要方面
日本	i - Japan	电子市场：抢占电子技术市场先机 医疗保健：推动远程医疗 教育人才：数字化教育
德国	T - City 计划	All-in-one：智能水表、电表、燃气表和太阳能电力表
韩国	u - Korea 发展战略	电子政务：推动 IPTV 的服务方式 行政服务：多层次开展，方便市民办理业务 未来走向：松岛模式（信息系统下的节能与方便）
新加坡	智慧国家 2015 计划	电子政务：以市民为中心的网络平台 网络建设：无线服务热点全覆盖 智能交通系统：提供实时准确的交通信息

资料来源：王根祥，李宁，王建会. 国内外智慧城市发展模式研究 [J]. 软件产业与工程，2012 (4).

（1）日本：智慧城市国家计划。日本是亚洲建设智慧城市较早的国家之一，其智慧城市建设既是对建设未来先进舒适城市的一种思考和探索，又是在新形势下解决环境与能源等问题，提出的一种新方法。2001 年，日本实施 e - Japan 战略，主要是信息化基础设施建设和相关技术的研发，为信息化建设打下了坚实的物质基础。2004 年，日本实施 u - Japan 战略，通过创造新商业模式及新服务，开发区域咨询平台，强化电子政务服务，以及建立促进用户使用网络的软条件，为日本创造了良好的上网条件。2009 年，日本实施 i-Japan 战略，主要是三大领域（电子政府和电子自治体、医疗保健、教育人才）建设，其目的在于构建人性化、智能化的城市，将科技和信息技术应用到城市的每个角落，带动整个经济社会的革新，最终实现自主创新。日本从 e - Japan 到 u - Japan 再到 i - Japan 实现三级跳，将新一代信息技术应用到城市的建设中，从而带动智慧城市的发展。

（2）新加坡：智慧城市国家计划。20 世纪 80 年代新加坡政府开始寻找国家未来发展的主要动力点，最终将国家未来发展点确定在"信息通信技术"方面，并制定了一系列长远规划，开始了长达 30 年的"智慧国家"建设。新加坡智慧国家建设共经历了四个主要阶段：1992 年"IT2000—智慧岛计划"；2000 年"信息通信 21 世纪计划"；2006 年"智慧国家 2015 计划"；2014 年

"智慧国家 2025 计划"。其智慧城市主要依托"智慧国家 2015 计划",其中有四个关键内容:建设新一代信息通信基础设施,包括建设超高速且具有普适性的有线和无线两种宽带网络;发展具有全球竞争力的资讯通信产业;开发精通资讯通信并具有国际竞争力的资讯通信人力资源;开拓主要经济领域、政府和社会的产业改造。

(3)韩国:智慧城市国家计划。早在 2004 年,韩国政府就推出了 u – Korea 战略,加快韩国信息化进程,以网络为基础打造绿色、数字化、无缝移动连接的生态、智慧型城市,通过智能技术刺激可持续发展力和竞争力。在 u – Korea 战略中,u-City 是一个重要单元,它以市民为中心,将环境与技术集成,从而组建一个新的城市发展模式。目前,韩国 u – City 建设已涉及 22 个城市,包括首尔、釜山、仁川等重要职能城市。韩国的 u – City 包含两种发展模式:一种是新城市建设,主要针对新城市进行智慧化建设;另一种是针对既有城市的特征,加入各项智慧应用元素与应用。

3.1.3.3 地域层面的建设模式

推进智慧城市建设不仅表现在单个城市层面上,而且还出现了以城市群为特征的更大范围的智慧化建设。因此,地域层面的智慧城市建设,也称为智慧城市群建设,是指在一定地域范围内有内在联系的,依托现代化交通设施和发达的信息网络,借助信息技术创新与应用驱动,共同开展智慧城市建设的城市组群。地域层面的智慧城市突出城市资源共享建设,从更宏观、更系统的层面推进智慧城市建设战略的实施,为区域智慧一体化和单个城市的智慧化建设指明了方向。

(1)国外地域层面的建设模式。

①日本智慧能源合作。2009 年,日本在智慧城市群建设方面提出了一个关于家庭、社区和汽车的能源使用智能化四城协同建设试点计划,计划包括丰田、北九州、横滨、关西四个日本城市,通过信息交换与控制系统,协调电力、热能与运输方面的能源使用①。四座城市具体项目的细节有所不同,通过

---

① 徐振强.中外智慧城市联盟发展:对比·启示·建议〔J〕.建设科技,2015(5).

四市间的协同规划和智慧化连接，达到网络综合控制系统的普及，降低碳排放量，并提高对可再生能源的使用。

②美国智慧大都市。基于成熟的技术和雄厚的资金支持，美国率先在全球提出了国家信息基础设施计划，使得智慧城市项目不仅仅局限于单一城市中，而是带动了整个国家的信息化和智慧化。在已形成的美国东北部大西洋沿岸城市群的基础上，纽约于 2009 年创建了业务分析解决方案中心，进而优化纽约与其他城市间的电子政府的合作流程，华盛顿也作为智慧政府建设的优先试点地区，在波士华城市群逐渐形成了以政府智能化为核心的智慧城市群。

③韩国智慧产业集群。韩国确立了"u-IT"产业集群计划，以产业分工确定地方的特色发展方向，带动当地的经济发展，这一方案将在新松岛城、首尔上岩区、原州、大田、大邱、光州、釜山、济州八大地区实行试点，形成了一个以发展高科技为方向的智慧城市群。重点发展项目包括新松岛城的 u-IT 运营中心，首尔上岩区的数字多媒体内容发展，原州的生物科技发展，大田的信息技术研发，大邱的嵌入式系统软件设计，光州的通信技术研发，釜山重点发展智能物流，济州普及车用通信技术。

（2）国内地域层面的建设模式。国内部分省区提出智慧城市群设想，从全省层面统筹或跨流域协同开展智慧城市的整体布局，在旅游、信息网络、工程建设和产业发展等领域进行跨城市智慧城市协同建设，正成为我国智慧城市建设的一个新模式①。

①赣鄂湘皖智慧城市群智慧旅游模式。赣鄂湘皖四个省区域经济发展迅速，城市之间的人口流动更为便利，极大地引爆了各类旅游资源的开发，同时，也逐渐向二、三线城市扩散。一日游、短线游火爆。因此，四个省不断完善智慧旅游，通过智能异地汽车租赁网络，探索异地租赁连锁企业；智能导航辅助自驾游，在交通、景点、住宿等项目上加深智慧化，助力中部"智慧城市群"的建设。

②长三角地区信息网络提升模式。工业和信息化部公布的《长江三角洲地区通信发展"十二五"专项规划》提出，长三角地区信息基础设施实现新

①　乔冠宇，徐筱越，陈伟清. 国内外智慧城市群研究与建设评述［J］. 工业技术经济，2016（8）.

跨越，信息网络实现宽带化升级，超高速、大容量、高智能干线传输网络基本形成，互联网应用基础设施实现统筹布局和全面优化，下一代互联网规模部署，新一代移动通信网络基本建成。按照规划要求，长三角地区将开展先导应用示范，建成国家级物联网产业基地，开展三网融合、物联网、云计算等应用示范工程，将智慧城市群建立在超高速、大容量、高智能干线传输网络基本形成基础之上，打造成为"网络无处不在，信息普惠全民"的智慧城市群[1]。

③苏南地区多网互联模式。江苏省发改委、省经信委、省测绘局联合出台《关于加快智慧城市建设的实施意见》，提出建设"苏南智慧城市群"[2]。苏南智慧城市群的定位是在全国率先实现新一代移动通信网络在全省的覆盖，包括了无限热点、电信网、互联网和广播电视网的多种方式的联通，苏南智慧城市群的雏形需要达到城市宽带接入能力100M，居民地和商务场所接入能力到1000M，并建成省、市、县三级政务信息资源共享交换平台，打破部门间数据交流壁垒，通过各单位网络的互联逐步完善区域内地理信息系统的数据收集和规划利用。

④鄱阳湖生态经济区产业辐射式模式。产业生态化既是一种产业发展模式，也是一种技术范式。鄱阳湖智慧工程是根据国家战略《鄱阳湖生态经济区规划》要求进行的基础性工程，工程包括四大智能体系和六大重点领域建设，为鄱阳湖生态经济区的可持续发展提供强大的动力和信息支撑。鄱阳湖生态经济区智慧工程包括四大智能体系和六大重点领域建设，具体规划体现在：努力推进环境、交通、绿色产业、社会治理四大智能化体系建设，在环保、物流、智能电网、创意园区、电子城管、智慧旅游六大重点领域实施40项智能化应用，以感知化、物联化、智能化的方式，辐射带动江西省11个区市和共青城展示区共计12个"智慧城市群"[3]。

3.1.3.4 市域层面的建设模式

由于城市的资源禀赋、产业基础与所在国家、地区的发展战略不同，不同

---

① 黄鑫.2015年长三角基本建成智慧城市群［N］.经济日报，2012－05－14.
② 沉风.2015年初步建成"苏南智慧城市群"［N］.人民邮报，2015－09－30.
③ 何宝庆，李冬明.我省加快构建"智慧城市群"［N］.江西日报，2010－10－21.

的城市也选择了各式各样的智慧城市建设模式。

（1）国外市域层面的建设模式。世界各国城市智慧城市建设的重点不尽相同，如有的将城市的水、电、油、气、交通、公共服务等联网并通过完全数字化，侦测、分析和整合各种数据，智能化地服务市民需求；有的以开发智能电网、智慧建筑、智能教改、实施自行车共享计划等降低碳排放为特色，助推城市可持续发展。有的以车联网、建立防灾系统、治理交通拥堵、推动移动智能等智慧应用为重点，突出以人为本的公共服务；有的以创建电厂电动汽车、创新清洁技术、推广智能卡、扩展光伏产业链等依靠科技，培育新兴产业为特色①②③④⑤。

①以智能响应服务市民需求。美国迪比克向每户人家、每个店铺安装数控水电计量器，其中使用了低流量传感器技术，防止公共设施和民宅水电泄漏；圣何西启动了智能道路照明工程，有效地为各种户外和室内照明市场带来节能、降低运行成本、实施远程监控以及提高服务质量等好处；霍布斯的小城市实验智能电网，提升电力系统智能化、交互和自我修复的能力。

西班牙巴塞罗那智能灌溉系统通过地面传感器提供湿度、温度、风速、阳光和气压等实时数据，园丁们能够根据基础数据调整植物灌溉时间表，更加科学地灌溉。

澳大利亚纽卡斯尔采用智能电表，实现自动记录时间点电量、远程查表、及时查找并解决断电问题等。

英国在格洛斯特建立了"智能屋"试点，将传感器安装在房子周围，传感器传回的信息使中央电脑能够控制各种家庭设备。

法国的拉罗谢尔市使用新型智能垃圾桶，采用电子芯片实时采集以及传送数据，能够减少垃圾二氧化碳排放量，防止垃圾乱扔导致的污染现象。

巴西的库里蒂巴给公交车与交通指示灯安装传感器，通过公交车传感器改变交通指示灯提升公交系统效率。

① 陈桂香. 国外"智慧城市"建设概览 [J]. 中国安防, 2011 (10).
② 王根祥, 李宁, 王建会. 国内外智慧城市发展模式研究 [J]. 软件产业与工程, 2012 (4).
③ 侯远志, 焦黎帆. 国内外智慧城市建设研究综述 [J]. 产业与科技论坛, 2014 (12).
④ 徐振强. 中美智慧城市领域合作现状研究 [J]. 建设科技, 2015 (12).
⑤ 王宁, 王业强. 智慧城市研究述评与对新型城镇化的启示 [J]. 城市观察, 2015 (8).

②以低碳环保助推城市可持续发展。美国芝加哥市积极推行绿色城市计划，通过降低建筑物、交通运输工具的碳排放量，达到建设绿色芝加哥的目的。

日本东京推行"绿色东京大学计划"，利用信息技术以智能和智慧的方式降低电能消耗，减少碳排放量，改善城市环境。

瑞典斯德哥尔摩市将信息技术广泛应用于城市管理的各个方面，为寻找减少二氧化碳排放量的可靠途径，实现绿色交通，通过建立"智能交通系统"收集并分析运输系统、交通流量传感器、污染检测和天气等数据信息。

荷兰阿姆斯特丹实施了 Energy Dock 项目，该项目通过在阿姆斯特丹港口的 73 个靠岸电站中配备 154 个电源接入口，便于游船与货船充电，利用清洁能源发电取代原先污染较大的柴油发动机。

丹麦哥本哈根开始推广一种智慧型自行车，这种自行车的车轮装有可以存储能量的电池，并在车把手上安装射频识别技术或是全球定位系统，汇聚成"自行车流"，通过信号系统保障出行畅通。

英国伦敦的水晶宫利用光能供热，回收利用工艺水，实时监控大厦数据，可充分利用可再生资源，提高能源使用效率。

法国里昂建立实时全程拼车信息服务平台，减少私家车使用量，降低尾气排放量，提升环境质量。

③以智慧应用实现公共服务便捷化。美国纽约在谷歌地图内标注出曾发生犯罪的位置，帮助市民和旅游人员规避风险，帮助政府相关机构打击犯罪；底特律将云计算聚合到汽车硬件中，实现汽车实时数据上传至交通安全管理云平台，提高了司机驾驶安全性，相关机构也可以通过车流信息数据库提高交通规划的效率；克利夫兰对居民开展在线会诊并进行医疗技能培训，从短期和长期两方面提升医院对疾病的诊疗能力，解决优质医疗资源短缺问题。

日本东京让教职人员通过网络平台向全球各地学员教授 MBA 课程，这打破了学位教育的地域局限性，为人们增加了学位教育机会。

韩国首尔使用手机的方式扩展行政服务，到 2014 年，市民可使用智能手机、平板电脑实现 81 项首尔市行政服务。

④突出科技创新培育新兴产业。德国柏林在与 Vattenfall 公司、宝马和其他公司的合作下，测试了车辆电网（V2G）技术，并希望创建一个虚拟的电厂电动汽车。

丹麦哥本哈根承诺到 2025 年二氧化碳将低于 40%，最近阐明了通过清洁技术创新，以刺激经济增长的引擎和城市潜在的作用。

日本东京在与松下、埃森哲、东京煤气合作，将建成一个包含所有连接智能电网的太阳能电池板、蓄电池，高效节能家电集成的家园。

西班牙巴塞罗那世界上第一个在十年前引进太阳能热条例，最近又推出了 liveev 计划，为了推动电动汽车和充电基础设施被采用，近日巴塞罗那宣布了一个关于发展智能城市创新实验室项的重大合作，以扩展光伏产业链。

（2）国内市域层面的建设模式。与国外智慧城市建设模式不同，国内部分城市围绕各自城市发展的资源禀赋、产业基础，选择相应的突破重点，提出了"智慧上海""数字南昌""生态沈阳"等建设模式，国内城市围绕智慧技术、智慧产业、智慧管理、智慧服务、智慧人文、智慧生活，形成了独具特色的建设模式[1][2]。

①以发展智慧技术为路径。上海市推进智慧城市建设行动计划，指出新一代信息技术产业成为智慧城市发展的有力支撑，上海将以企业为主，重点实施云计算、物联网、TD-LTE、高端软件、集成电路、下一代网络、车联网、信息服务八个专项。

南昌提出把打造"数字南昌"作为智慧城市建设的突破重点，通过实施数字南昌综合指挥调度平台、智能交通系统、市政府应急系统、"数字城运"、"数字城管"等重大工程，提升城市运行监测和城市公共信息服务水平，从而率先在中部地区建成具有区域竞争力"数字城市"的战略目标。

②以发展智慧产业为核心。武汉市与 IBM 合作，利用 IBM 全球领先的软件工程技术、平台、管理经验等，完善软件与信息服务发展环境，加快信息服务业、服务外包、物联网、云计算等智慧产业的发展，推进信息化建设，从而实现加快构建武汉两型社会的战略目标。

① 张永民，杜忠潮．我国智慧城市建设的现状和思考［J］．中国信息界，2011（12）．
② 计世资讯．中国智慧城市建设的四大模式［R］．2014．

昆山高新技术产业发达，生产了全球 1/2 的笔记本电脑和 1/8 的数码相机，以此为基础提出了要大力发展物联网、电子信息、智能装备等智慧产业，支撑智慧城市建设。

宁波将以建设六大智慧产业基地为重点，加快推进智慧产业发展。六大基地分别为：网络数据基地、软件研发推广产业基地、智慧装备和产品研发与制造基地、智慧服务业示范推广基地、智慧农业示范推广基地、智慧企业总部基地等。

③以发展智慧管理为重点。天津规划将城市报警与监控系统列为该市智慧城市建设的重要组成部分，在"十二五"期间，该市社会面视频探头将增加30 万个，累计达到 60 万个；互联互通的视频探头新建 1.6 万个，整合 10 万个；电子卡口前端点新建 300 处，累计达 400 处。

昆山与 IBM 公司合作，通过实施"城市管理监控指挥中心""政府并联审批""城市节能减碳"三大"智慧城市"软件解决方案，解决城市管理的现实问题。

银川新成立的行政审批服务局，使政府各部门的"信息孤岛"被打通，形成数据共享，建立了有效的大数据应用平台。数据共享产生了崭新的服务模式。

④以发展智慧服务为途径。南通着力建设微信公众服务系统，主要由动态新闻、近期热点事件、政务服务、生活服务、微官网、微社区等版块组成，给市民提供公安、民政、教育、交通、住房、公用事业查询缴费等一站式全方位的服务。

宁波市自提出智慧城市的建设目标以来，在"智慧教育""智慧健康""智慧环保""智慧社区"等多个领域全方位开展。

兰州市借助现代信息技术，使老人享受送餐服务、生活照料、家电维修、卫生医疗、保健康复等十一大类 230 多项居家养老服务。

⑤以发展智慧人文为手段。成都提出要提高城市居民素质，完善创新人才的培养、引进和使用机制，以智慧的人文为构建智慧城市提供坚实的智慧源泉。

上海借助现代信息通讯技术，打造出智慧城市的新样板，向全球展示了未来智慧人文和智慧生活的新方向。

南京以建设"四个城市"为抓手，坚持以人为本、产城融合、科学发展、改革创新，建设富有活力、生态宜居、智慧人文的特大城市，全面提升城市综合竞争力和国际影响力。

⑥以发展智慧生活为目标。北京市东城区以东华门街道和东四街道的"互联社区"综合服务平台，开辟了"网上居委会"；和平里街道的"1510"便民生活服务圈、"181"智能菜篮子便民服务平台；东直门街道的"服务零距离、幸福每一天"政民互动交流平台，在"为民、便民、惠民、安民"方面构建了具有东城特色的智慧社区项目。

杭州通过市目录交换平台，共享了市民卡系统、医保系统的部门数据，与杭州市产时信息系统、市级计免系统、基层医疗机构区域信息系统业务应用系统进行了无缝连接，实现了"全院通"智慧结算、"全城通"智慧应用、"全自助"智慧服务、"全人群"项目覆盖的"智慧医疗"体系。

3.2　智慧城市建设模式的要素

由于智慧城市建设模式是由一定的城市主体，在一定的资源条件下，基于特定的驱动因素所形成的智慧城市发展理念、发展目标、发展路径、制度规范、评价体系等方面整体性的认识和规律性的把握，因此，智慧城市建设的逻辑思路是建设成什么样的智慧城市、建设思路是什么、建设的驱动力是什么、谁来建设、怎样建设，所以智慧城市建设模式的逻辑架构应该包括下列五个要素：目标要素、理念要素、驱动要素、主体要素、路径要素。因此，根据智慧城市建设的逻辑思路可构建一个智慧城市建设模式的逻辑框架（吴标兵等，2013）① 具体见图 3 -1。

---

① 吴标兵，林承亮，许为民. 智慧城市发展模式：一个综合逻辑架构［J］. 科技进步与对策，2013（5）.

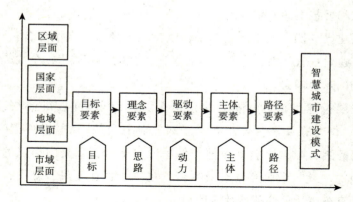

图 3 - 1　智慧城市建设模式逻辑框架

3.2.1　目标要素

目标要素是指智慧城市建设模式实践的出发点和落脚点，是智慧城市理念指导下智慧城市所期望达到的理想规格和总体要求。目标要素体现了智慧城市发展目标。智慧城市的目标因地理、资源、环境等不同而不同，因此，确立鲜明的智慧城市目标是智慧城市实践所要迈出的实质性的一步。

3.2.1.1　民生服务

智慧城市的最终落脚点还是服务民生，以人为本是智慧城市建设的核心目标，其内涵是以城市生态系统中的人为焦点，最大限度地为城市中的人提供医、食、住、行、游、教等方面全面细致的智慧民生服务，使城市居民享受到安全、高效、便捷、绿色的城市生活。智慧民生服务包括智慧交通、智慧医疗、智慧家居、智慧社区、智慧旅游、智慧商务等应用系统的建设。

3.2.1.2　社会治理

传统社会城市治理模式以政府作为唯一管理主体、以行政管控作为治理基本方式，政府对城市社会的管控在模式上具有封闭性特征，在治理手段上因过于依托行政资源的支持作用而陷入粗放型特点。这种传统的城市社会治理效果无法满足多元社会成员的利益诉求。智慧城市建设聚焦城市政务、交通、流动人口、应急管理、信用体系等城市建设管理中的重点和薄弱环节，以智慧技术引领城市变革，构建更加高效的城市管理体系。

3.2.1.3　城市功能

智慧城市的推进，要落实到城市功能的完善上，要落实到解决相应城市发展的关键问题上，这主要是由于智慧城市建设是一项具有很强开创性、探索性的工作，在人才、资金、技术、体制等基础和条件上还不足以有效支撑智慧城市全面建设的情况下，针对智慧城市建设框架体系的重点领域选取基本符合本地的现实情形，能够满足城市运营发展在某一方面或几个方面城市功能的需要，通过示范和试点带动智慧城市建设整体工作。

3.2.1.4　可持续发展

城市发展日益受到土地、空间、能源和清洁水等资源短缺的约束，城市人口膨胀、环境保护等问题面临的压力也越来越大，智慧城市建设为城市可持续发展提供新的动力，可以提升社会服务效率，促进绿色生态、低碳经济发展，依托智慧城市的创新技术支撑系统，提高城市基础设施和社会服务的智能化水平，有利于提高城市基础设施的管理水平、降低能源资源消耗、改善生态环境质量，有利于提高社会的整体服务质量、效率，通过效率提升来节约能源，引导城市更加低碳发展、保护生态文明①。

3.2.2　理念要素

城市发展理念是智慧城市建设模式所尊崇的观念和原则，规定着智慧城市的性质和方向，具有统筹作用。理念要素包括人才理念、定位理念、价值理念、创新理念等，其中，价值理念是智慧城市建设模式的核心。理念决定智慧城市的顶层设计、任务书、路线图、进度表等②。智慧城市理念是智慧城市的

---

① 席广亮，甄峰．基于可持续发展目标的智慧城市空间组织和规划思考［J］．城市发展研究，2014（5）．
② 吴标兵，林承亮，许为民．智慧城市发展模式：一个综合逻辑架构［J］．科技进步与对策，2013（5）．

灵魂，是城市文化的硬核，是一种深层次的社会意识形态；智慧城市理念决定智慧城市建设模式的合理性、沿承性和凝聚性。

3.2.2.1　顶层设计

智慧城市顶层设计是指以城市经济社会发展规划纲要和信息化发展规划为基础，围绕社会服务、城市运行和执政管理等城市运行要素建设，以智慧城市发展需求为依据，以当地发展特色为重点，设计城市业务、应用系统、数据资源和基础设施等技术架构，建立符合该地区实际情况的规范标准体系和评价指标体系，按照统筹规划、分步实施的原则，积极推进智慧城市各工作任务的有序开展，最终实现各种智慧应用的目标。总之，智慧城市的顶层设计不仅包括公共信息平台建设的设计，还包括城市产业支撑、运行维护以及投资、融资等方面的设计，是一个系统的工程。

3.2.2.2　政策标准

智慧城市建设模式得以稳定存在并持续开展的行为规范和指导纲领，是智慧城市建设模式实践取得成效的必要保障。需要建设统一、多类的符合智慧城市需要的标准和法规予以规范，为智慧城市建设、管理、运行提供规范的依据以及为集体业务交互提供衔接的标准。同时，为保障智慧城市有序建设和可持续运行，需建立信息安全保障的政策和标准体系，包括安保的标准、制度、规范、规程、认证、技术、监控、灾备等。

3.2.3　驱动要素

驱动要素是解决发展的动因问题。智慧城市建设是一个复杂的调适性过程，不同的智慧城市主体基于不同的利益诉求，利用不同的资源，进行错综复杂的实践交往。而且智慧城市建设存在时间、空间等方面的差异，所以智慧城市建设模式的驱动因素也呈现各种样式。智慧城市建设模式的驱动因素主要包括投资拉动型和技术驱动型两种。

3.2.3.1　投资拉动

智慧城市的建设分为前期基础设施建设、中期数据处理设施建设和后期的服务平台建设，通过政府投资拉动进行示范和深化应用，将全面融入产业、生活、社会和公共等各个领域，对经济发展将起到巨大的拉动作用。同时，统计已试点的国家智慧城市，可以发现"保障体系与基础设施"类项目的总投资额最高。显然，智慧城市信息基础设施及城市公共信息平台、云计算中心、数据中心的建设，可成为驱动产业转型升级以及经济发展新的增长点。

3.2.3.2　技术驱动

随着技术的迅猛发展，信息通信应用和服务已经成为构建有竞争力城市的基本要素。各种技术的糅合、演进和物联网技术的涌现催生，推动智慧城市的发展。从技术进步的视角来看，城市形态相继经历了信息化城市、数字城市、智能城市到智慧城市的发展阶段。新的城市形态将会对城市系统做出进一步的改造与优化，使城市系统的运行更加精细化、"投入—产出"的效率更高，使发展对于资源的消耗以及城市环境的负荷持续降低，显然，智慧城市的发展需要技术进步的持续驱动。

3.2.4　主体要素

主体要素是指在智慧城市建设过程中追求自我利益的个人、法人和从事社会管理的组织机构，它分为政府组织、运营商、提供商和市民。

3.2.4.1　政府组织

政府组织是智慧城市发展的主导者，同时，政府组织担负着城市规划、建设、经营、管理的责任，是基础设施的主要投资者之一，是城市发展的领导者，是智慧城市的牵头组织者。政府可为智慧城市整体项目设置愿景目标、优先举措与战略方案，协调有关部门、配置财政与人力资源，并与其他利益相关者开展合作等，因此，智慧城市建设需要政府在引导和应用信息技术、系统整合、信息共享与促进问题解决等方面发挥关键作用①。

3.2.4.2 运营商

运营商是整个产业链的重要组成环节，在其中扮演的角色将不再仅仅是管道提供商，更应该是数据提供商。运营商手握丰富的通信基础设施资源，将担当起智慧城市的通信和信息基础设施服务提供者的角色，建设覆盖好、质量高的智能网络，提供随时随地、多种多样的接入，为智慧城市打下基础。除了基础设施之外，运营商在平台和应用方面也为智慧城市建设发挥重要的作用。在平台方面，运营商可以为各个行业搭建公共服务平台，把通信能力和信息处理结合起来，提供通信接口能力、计费能力、客户管理能力、服务能力等，其中，服务能力包括开通、切断、报修、投诉等。在应用和内容方面，运营商可以针对一些公众型的应用和行业应用，利用自己的网络和用户优势，与提供专业服务的研发者合作，共同推进用户的信息化发展。

3.2.4.3 提供商

提供商包括服务提供商、内容提供商和设备提供商。其中，服务提供商是面向用户服务内容的直接提供者，是智慧城市价值的最终实现者，包含平台提供、软件与应用开发、信息服务提供三种功能；内容提供商是产业链的支撑，主要为服务提供商提供大量丰富且实用的应用信息；设备提供商是智慧城市产业链的基础，为整个智慧城市平台提供最底层的信息采集与处理设备，是"智慧"的"神经末梢"，对智慧城市应用起到支撑辅助作用，并结合自身硬件优势，以云管端服务为切入点在国内展开广泛布局。

3.2.4.4 市民

市民作为是城市的主体，是城市建设中最核心的要素。智慧城市建设和发展离不开市民的积极参与和全方位多层次的工作、学习和生活的融入。同时，

---

① 于文轩，许成委．中国智慧城市建设的技术理性与政治理性——基于 147 个城市的实证分析 [J]．公共管理学报，2016（4）．

市民素质的提升也为智慧城市建设提供人才的源泉和支撑。因此，智慧城市建设要求把科技手段和市民的幸福感充分结合起来，坚持需求牵引、效果为先，注重用户体验，把市民的满意度作为智慧城市建设的出发点和落脚点。

3.2.5　路径要素

智慧城市发展路径是对智慧城市建设模式的具体践行，是对智慧城市顶层设计方案、任务书、路线、进度表的贯彻落实。发展路径实施涉及智慧城市建设的环节、步骤、方式、方法、措施、进程等多方面内容，是智慧城市建设取得实效的必经之路。智慧城市发展路径的选择蕴含着价值判断因素。在实施过程中，智慧城市要立足理念，瞄准目标，倡导个性，尊重差异，努力探索有特色的智慧城市之路。从实践来看，智慧城市发展常见切入路径有基础设施建设、核心技术发展、智慧技术应用、智慧产业先导四种。

3.2.5.1　基础设施建设

智慧基础设施是智慧城市建设的根基，是城市实现智慧化、信息化发展的必要条件，是决定智慧城市建设成功与否的关键因素，这决定了智慧城市的建设重点是建设完善的智慧基础设施。因此，在推进智慧城市建设过程中，需要大力建设城市信息基础设施，包括智能视频监控、信息传感设备等信息采集端；宽带网络、城域高速光纤网、电信网、广电网、无线宽带网、物联网等信息传输设施；云计算平台、信息资源共享与开发平台等公共服务平台，打造互联互通的城市信息网络，基础设施建设正成为智慧城市建设路径的切入点之一。

3.2.5.2　核心技术发展

技术创新是建设智慧城市的基石。智慧城市建设离不开物联网、互联网、云计算等技术支撑，而每种技术又是一个庞大的体系，涉及众多学科和领域。就物联网而言，它涉及的技术就非常多，感知层包括 RFID 信息编码标准、数据采集、传感器中间件、中高速短距离信息传递等关键技术；网络层涉及有线网络、互联网、无线网络等在内的各种网络信息传输技术；应用层涉及的技术非常广泛，与不同行业的应用结合需要不同的技术，数量非常庞大。信息技术的发展不仅为智慧城市的发展提供了技术基础，而且内在地驱动着智慧城市建设步伐的加快。

3.2.5.3 智慧应用创新

通过智慧应用的建设和推广，可以使智慧城市达到公共服务便捷化、城市管理精细化、产业发展高端化、领导决策智能化以及资源集约共享化。智慧城市建设过程中，智慧应用包括社会服务、决策应急、城市运行、行政管理等方面，如面向社会自然群体和个人，提供医疗卫生、文化教育等方面的社会服务；以业务为核心，提高协同管理能力，实现领导决策手段信息化、智能化和可视化，使领导决策更科学的决策应急；通过完善人口、安全、交通、资源与生态环境方面的功能提升，实现城乡人口精准管理，城乡安全监控覆盖，区域交通智能管控，资源与环境的全面监管的城市运行；通过行政办公、协同审批等信息化的深度融合，打造高效智能型政府。

3.2.5.4 智慧产业先导

发展智慧产业有利于促进区域经济发展，有利于加快转变经济发展方式。因此，智慧城市建设过程中应统筹规划、集中资源、营造环境、加强服务，推进物联网技术、云计算技术、大数据技术等新一代信息技术在重点行业、龙头企业的集成应用和融合创新；大力研发智能产品，使产品数字化、网络化、智能化，增强产品的性能和功能，提高产品附加值；发展智能装备，构建智慧企业，打造智慧园区等，推动产业向高端化、高质化、集群化、集约化方向发展。

3.3 智慧城市建设模式的分类

智慧城市建设模式是一个综合的、各种要素相互联系的统一体。在该模式中，通过智慧城市主体的利己或公益行为，利用通信基础设施、提供大量智能的关键技术以及各种有形、无形的资源，以经济增长和产业结构调整、城市治理、环境保护、增强居民幸福感和满意度的民生服务、技术进步为驱动要素，产生智慧城市发展路径、规范制度、发展目标等内容，从而衍生出智慧城市建设模式，所以智慧城市建设模式也会呈现复杂化特征，不同城市会有不同模式的不同组合。通过对相关文献的总结分析，基于具体的发展目标，按照一定的理念要素、驱动要素，在驱动要素的指引下，必然由不同的主体，形成不同的发展路径，由此产生智慧城市的建设模式（见表 3 - 2）。

表 3 - 2　　　　　　　　　　智慧城市建设模式

要素维度	智慧城市的建设模式			
目标要素	民生服务	社会治理	城市功能	绿色低碳
理念要素	自上而下	自下而上		
驱动要素	投资拉动	技术驱动		
主体要素	政府主导	市场主导	混合型	
路径要素	基础设施建设	核心技术发展	智慧技术应用	智慧产业先导

3.3.1　目标要素的视角

3.3.1.1　民生服务型

民生服务型就是以提升城市公共服务水平为重点，主要围绕改善和提高市民的基本生存生活状态来建设城市，着力解决市民的衣食住行、养老就医、子女教育等民生问题，提升市民居住和生活于城市中的安全性、便捷性、舒适性等，提升广大市民的智慧化城市的良好体验。因此，从智慧城市建设的角度讲，将着力围绕智慧医疗、智慧交通、智慧商业等，为城市居民提供舒适的生活和工作环境，推进社会多领域的资源整合和信息共享，推动基本公共服务在不同区域、不同层级和不同群体间的全覆盖、智能化和均等化，极大地满足城市居民物质和精神文化生活需求。

3.3.1.2　社会治理型

社会治理型就是以数据化思维创新社会治理理念，以大数据驱动的协同化创新城市治理决策机制，以及通过开放、交流、对话的技术交流平台，实现开放信息，促进治理主体和治理手段的多元化。如挖掘城市各类感知数据，提升城市运行监控预警能力、应急响应能力和跨领域协同能力；完善社会治安防控信息体系，建设健全安全生产监管信息化体系；构建统一的食品安全追溯和信用信息服务平台；借助大数据实现政府负面清单、权力清单和责任清单的透明化管理，促进政府简政放权、依法行政，推动政府管理由注重事前审批转向注重事中、事后监管；加强政府与公众互动交流，形成政府主导、社会参与、服务全局的新型社会治理体系，促进治理多元化等。

3.3.1.3　城市功能型

城市功能型就是围绕城市某一特定功能开展聚焦重点的建设，通过这一智慧城市具体应用领域的建设成果来牵引和带动智慧城市建设整体水平的提升。如"智慧物流"的物流中心建设、"智慧港口"的贸易港建设、"智慧园区"的园区产业发展等。城市功能型的智慧城市建设一般需要该城市本身具有相对较好的功能基础或者具有明显的区位优势或资源优势，其特点是对城市经济的发展和提高就业率具有明显的促进作用，但由于对城市的区位、资源及产业基础具有特殊的要求，适合于具有某种资源禀赋的城市和区位优势明显的城市。

3.3.1.4　绿色低碳型

绿色低碳型就是以信息化为驱动，结合绿色环保技术的深入应用，推动城市生态转型和高效运转的建设运动，旨在通过先进适用技术应用和开发建设模式创新，建设信息发达、生态高效的新型现代化城市。2015年年底，中央城市工作会议明确提出，2020年建成一批特色鲜明的智慧城市①，其中绿色低碳型智慧城市成为目前智慧城市建设的主流，包括城市诊断与生态改造、智慧绿

---

① 张维. 智慧城市设计应聚焦"公共品"解决各种"城市病"［N］. 中国建设报，2016 – 10 – 10.

色交通、智慧水务、智慧能源、智慧绿色小城镇、空气污染智慧分析治理、"互联网＋"绿色建筑、绿色社区等多项内容。

3.3.2　理念要素的视角

3.3.2.1　自上而下型

自上而下型有更好的整体观，适合于政府的思维模式，就是先做好顶层设计，然后再从宏观到微观、从上到下、从粗到细，逐步向底层推进。其特点是有的放矢、循序渐进、协调有序，适用于信息化整体水平较高的城市。如由政府主导，政府独自建网，政府投资、委托运营商建网，政府指导、运营商建网运营等都是常见的自上而下的模式，自上而下型的建设模式相对缺乏市场调节和全社会参与，不能根据实际需求或环境变化做出快速响应和调整，可能导致与社会需求偏差较大。

3.3.2.2　自下而上型

与自上而下型城市建设模式正好相反，自下而上型首先在基层进行持续不断地"微创新"，积少成多、集腋成裘，逐级向上反馈和倒逼上一层级的城市建设。自下而上的设计模式容易看清具体应用环境，目标越具体越容易取得效益，自下而上的设计便于发挥各参与单位的积极性，建设的成功率更高。如电信运营企业和高新科技企业参与智慧城市的建设是常见的自下而上的模式，其凭借自身在网络、新的产品、体验或者服务方面的优势，全面深度整合应用，提供综合信息服务。

3.3.3　驱动要素的视角

3.3.3.1　投资拉动型

投资拉动型是指智慧城市的建设依赖大规模的投资，即以投资成为推动智慧城市建设的主导力量。智慧城市的建设分为前期基础设施建设、中期数据处理设施建设和后期的服务平台建设，相关的建设涉及电信设备制造企业、系统集成企业、数据采集分析企业、电信运营商和数据服务企业，对整个产业链将起到巨大的拉动作用，其中，政府投资主要是基础设施和公共管理领域，企业投资主要是智慧技术和智慧商业应用。前瞻产业研究院发布的《智慧城市建设发展前景与投资预测分析报告》显示，"十三五"期间，智慧城市产值将超过 4 万亿元，智慧城市建设将成为拉动经济增长的重要引擎①。

3.3.3.2　技术驱动型

技术驱动型就是摒弃城市经济增长的简单劳动力和资源环境低成本依赖，发挥技术创新不易模仿、附加值高的优势，把创新作为城市建设的推动力，实现城市发展动力机制的转换。该模式不仅有利于提高劳动生产率、推动城市产业结构的调整升级，从根本上增强城市的核心竞争力，而且有助于推动城市经济增长方式的转变，提高城市经济发展的质量和效益，其特点是技术含量高、环境友好、资源节约、持续性强，但前期投入相对较大，对创新人才及劳动力素质要求高。另外，技术驱动型有利于提高劳动生产率，推动城市产业结构调整与升级，增强城市核心竞争力，提高城市经济发展的质量。

3.3.4　主体要素的视角

3.3.4.1　政府主导型

政府主导型就是在智慧城市建设的过程中，政府制定明确的建设战略及相关政策，推动国际、国内的相关资源要素向城市集中，支持和鼓励政府、企业、市民等主体之间形成互动和网络关系，引导全社会参与智慧城市建设。政府主导型的优势是政府可以控制网络的使用方式和经营模式，不需要进行复杂的商务谈判和协商，战略前瞻性好，作用力集中而明显，能够集中资源办大事，还可以深入监管智慧城市的运营并且加强控制。这种模式的缺点也是非常明显，主要表现三个方面：一是政府需要承担投资建网的全部费用，这会给政

---

① 前瞻产业研究院. 智慧城市建设发展前景与投资预测分析报告 ［R］. 2015.

府造成巨大的经济负担，必须要有雄厚的资金实力作保证；二是政府必须承担投资风险，政府从财政中专门拨款投资建网，并且承担网络运营和维护的全部成本，这对于缺乏网络运营经验的市政府部门来说风险非常大；三是政府要凭一己之力负责网络的运营和维护，需要政府具备建设和运营能力，这对于政府部门来说也是非常困难的，往往需要投入专门的人力去负责此项工作。

3.3.4.2　市场主导型

市场主导型是在智慧城市建设过程中由市场来主导区域资源配置，建设主体在各自的利益需求和市场竞争压力下，不断寻求技术上的突破和科技创新，自发地在城市地区形成智慧产业集群和有利于创新的环境，通过价值规律在资源配置中发挥决定性作用。其特点是资源配置效率高、实施效果好，但存在市场失灵的现象。在这种建设模式下，政府虽然也可能作为市场主体直接参与融资活动，但更多地是出台政策营造良好的市场环境，引导企业及其他社会资本等市场主体出资投入城市建设。市场主导的智慧城市建设模式可分为运营商主导和厂商主导两种模式①。

（1）运营商主导模式。电子产品的逐步升级换代对信息传播提出了更高的要求，运营商在各国都呈现出垄断竞争的特点。在外部需求的诱导和寡头垄断竞争的压力之下，运营商要保持竞争优势就会争相推动信息基础设施相应的升级换代、加大研发力度争取竞争优势，甚至说服政府出台服务通信产业的政策等，因此，运营商主导的模式最好的优势是能很好地建设智慧城市的智能管道和智能平台，而其不足是由于受限于运营商业务的范围，在运营商业务无法覆盖的领域无法形成真正的智能化建设，就需要细分领域的专业服务提供商来作为补充。

（2）厂商主导模式。从智慧城市的产业链来看，结构上可以分为规划设计、产品提供、解决方案设计与实施（系统集成）、运营服务四个环节②，其中系统集成和产品提供主要由厂商负责，包括为客户提供定制化的系统解决方

---

① 应江勇．电信运营商"智慧城市"建设运营的博弈及评估研究［D］．北京：北京邮电大学，2014.

② 樊敏．基于系统集成服务商的智慧城市商业模式研究［D］．哈尔滨：哈尔滨工业大学，2015.

案的总包服务商，以及从事智慧城市解决方案、系统平台等软件产品相关设备和产品的研发设计、生产制造、销售与安装的智慧城市设备制造商，其最大的特点就是被落实为智慧医疗、智慧建筑、智慧电网、智能家居、智慧物流等行业应用。可以预见，随着信息基础设施建设投入的逐渐增大、信息技术在各应用领域运用的逐渐深入，需求会稳步增加，厂商主导模式将推动更多的企业参与智慧城市建设与发展。

3.3.4.3 混合型

混合型发展模式同时吸收政府与市场两种力量。在政府主导促进城市信息化基础设施完善的同时，智慧城市建设与发展尚需充分利用市场机制推动建设要素向城市集聚与流动。根据政府与市场两种手段分工情况，混合型发展模式又可以分为官办民营、官管民营和公私合作三种模式。

（1）官办民营模式。智慧城市的建设虽然对社会进行开放，吸引社会资源的参与，但还是应当由政府为主导来进行项目的推动。具体可由政府进行部分投资，政府为主成立信息化投资公司，同时注意要吸引社会相关的信息化企业参股到投资公司中。投资公司成立后按照公司化进行独立运作，进行智慧城市的建设与运营，但是政府的信息化主管部门还需要对投资公司进行监管。另外，投资公司还可根据不同的信息化需求和行业领域投资成立专业的信息化投资子公司。

（2）官管民营模式。在智慧城市的建设过程中，鼓励企业与政府进行合作，利用社会资源的产业化优势，通过政府与企业双方合作，共同开发、投资建设，并维护运营的合作模式。通常针对创新型产业工程，政府与生产企业、物联网、互联网、通信等信息产业企业和科研院所紧密合作，建设智慧应用的示范区，政府给予政策倾斜以及引导资金、研究经费上的扶持，由参与企业出资建设运营，拓展融资渠道，以示范工程带动产业发展。

（3）公私合作模式。政府负责智慧城市项目的规划、投资、管理，企业按照市场机制运作、经营智慧城市资产，政府主管部门进行监管。根据社会资源是否参与运营，又可分为两种模式：一是 BOT 模式。作为委托方政府会将智慧城市的建设特许权授予作为承包商的企业，由企业在特许期内负责工程的设计、融资、建设和运营，并回收成本、偿还债务、赚取利润，待特许期结束后再将工程的所有权移交给政府指定部门经营和管理，整个过程中的风险由政府和私人机构分担。二是 BT 模式。政府利用非政府资金进行属于政府的智慧城市的建设，吸引社会资本参与，在项目建设和移交后，政府按协议赎回相关设备和设施，政府向投资方支付项目总投资加上合理回报的过程，也是一种"交钥匙工程"。

3.3.5　路径要素的视角

3.3.5.1　基础设施建设型

信息基础设施建设是城市向智慧化发展的前提与条件。要不断完善信息基础设施，加快骨干光纤、无线宽带网络建设，实施三网融合等信息资源整合，以点到面推进传感器布局，实现城市基础设施向智慧化的转变。因此，基础设施建设型就是通过大规模的投资，不断完善信息化或智能化发展的基础设施和公共平台，让市民充分享受到有线宽带网、无线宽带网、移动网以及智能电网等带来的便利。

3.3.5.2　核心技术发展型

核心技术发展型是指以物联网技术、云计算技术、大数据技术以及相关的应用与服务技术等智慧城市建设的核心技术为突破口，通过大力培育和发展物联网、云计算产业来驱动智慧城市建设。因此，核心技术发展型就是要以加强产学研用结合为手段，在物联网、云计算、传感器、信息安全、核心芯片、智能处理技术等领域攻关突破一批核心技术，大力发展物联网设备制造业和服务业，培育一批具有核心竞争力的龙头骨干企业。

3.3.5.3　智慧技术应用型

智慧技术应用型是以信息技术推广应用为主线，以终端、软件、系统、内容的密切融合为模式，以信息产业与工业、农业、服务业的深度融合为趋势，以各地区、各行业、各领域的广泛融合为目的，从而实现信息技术手段在经济、社会、文化、环境中的无所不在和无所不包。因此,智慧技术应用型就是要积极开展智慧社区、智慧楼宇、智慧校园、智慧医院等建设示范,推广智能技术在城市交通、公共安全、社会民生、家庭生活等领域的应用,让广大居民都能体验城市智慧化带来的便民、利民、惠民。

3.3.5.4 智慧产业先导型

智慧产业先导型就是以城市原有产业为基础,以高新信息技术产业为导向,以形成智慧产业链和智慧产业集群为核心的建设途径。因此,智慧产业先导型就是要发展智慧制造产业,发展软件、信息技术服务及信息传输服务的智慧服务产业;发展智慧应用产业;发展智慧新兴产业;加大对制造业的升级改造,推动信息技术更好地融入产品设计研发、生产过程控制等环节,加快开发数字化、智能化装备和产品;争取国内外有影响力的龙头企业投资或落户本地,以推动产业升级和结构调整。

第4章 国内外智慧城市建设模式 典型案例分析

国外很多城市、地区或国家展开了智慧城市建设的探索，产生了1200多个智慧城市建设的解决方案。这些城市（地区或国家）的地理条件、资源状况、社会制度、经济水平各不相同，其智慧城市建设模式也各不相同。本章从目标要素、理念要素、驱动要素、主体要素、路径要素的视角，选择国内外智慧城市先行先试地区，全面梳理其智慧城市建设背景、建设内容及成效，并对其建设模式进行分析，探讨各种建设模式的共性与区别，构建智慧城市建设模式的选择原则。

4.1 国内外智慧城市建设模式典型案例

4.1.1 目标要素的视角案例分析

4.1.1.1 民生建设型——智慧桃园的建设

（1）建设背景。中国台湾的桃园县①从2002年起，分阶段规划数字桃园（Electrcity Taoyuan，"E桃园"）、移动桃园（Mobile Taoyuan，"M桃园"）及智慧桃园（Intelligent Taoyuan，"I桃园"）等各项信息化建设，通过信息技术改造城市，提升城市管理水平与运行效率。桃园市正是以民生建设为主要内

---

① 2014年12月5日，桃园县升格为桃园市。

容，改善民众生活质量，并取得了良好效果。桃园市 2009～2011 年连续 3 年被智慧城市论坛组织评为年度"全球 21 大智慧城市"（TOP 21）的称号，并于 2009 年获得 ICF 全球智慧城市创新奖之一，其城市建设模式成为智慧城市建设的典范，得到国际上的广泛认可①。

（2）建设内容及成效。桃园县从 2002 年起，分阶段规划 E 桃园、M 桃园及 I 桃园等各项重视民众生活的智慧应用，并积极践行各项智慧资讯规划，密切落实相关智慧生活项目，不断创新经济、社会、文化、环境发展的新模式，实现宽领域深层次相互交融的永续发展，使城市运营和民众生活更加电子化、智能化、物联化、便捷化和智慧化。

①"E 桃园"建设。2002 年，桃园县政府启动"E 桃园"计划。计划的主要目的是利用网络信息技术提升政府的效率及服务质量，方便民众通过电子化政府更快捷地获取政府资讯，建立更高效的政府与民众的交流渠道。桃园县通过整合由不同城市管理部门独立管理与运作的网络服务与咨询，为居民提供一站式服务，主要设置了劳工服务等 12 类县民生活资讯，同时在 E 化服务台也纳入县长信箱、服务部落、常见问答以及线上申办等资源，并提供法规查询、资讯便民系统查询等线上服务资源索引，让民众通过电子化的方式直接参与县政府运作，以增进民意互动。

②"M 桃园"建设。桃园县政府自 2005 年起积极规划"M 桃园"计划，实施行动宽频便利生活计划，主要是架设 30 座 Wi MAX 基站，并建设面积约为 37.5 平方公里的覆盖桃园核心都市区的 T 型 Wi MAX 行动走廊。其余区域则整合 Wi MAX、WI－FI、3G 等多元上网服务，使 Wi MAX 覆盖区域外的民众也可使用 M 化应用服务。在推动便利生活上，进一步扩大服务点，除了提供民众至桃园县各地户政事务所外，还通过与便利超商合作，为居民提供业务申办、缴费等业务，减少居民往返奔波之苦。同时，建设 MIP 移动桃园导航网站，让民众利用移动设备快速连接至 M－县政服务、M－宽频生活、M－工商应用、M－公共安全通报、M－观光浏览服务及大溪地行动导航六大服务单元，让居民通过手机或 PAD 技能方便获得桃园当地各类信息。

---

① 闫彬彬. 智慧城市建设经验及启示——以台湾桃园为例［J］. 当代经济，2013（11）.

③"I 桃园"建设。智慧桃园建设以构建优质网络示范城市（u – City）为目标，在"E 桃园"和"M 桃园"的基础上，将网络信息通信技术不断渗透至城市生活的各个层面，逐渐形成高效便捷的城市生活网络体系。"I 桃园"着重加快公共服务建设，打造一个集客运、货运、生产、观光、生活为一体的"智慧之城"，推动感知网络建设。"I 桃园"建设将整合食、医、住、行等生活各层面的关键应用，从宽带网络、政务应用、公共安全通报、企业工商推广服务，到安全监控、未来家庭、未来商务、多元观光、农渔配销、医疗服务等多元化的发展，使任何人在桃园县内的任何时间、任何地点，都可透过计算机、手机、电视、PDA、游戏机及新的通信设备，享受经济、方便、安全及贴心的优质 U 化（Ubiquitous，无所不在）生活服务。

（3）建设模式分析。"以人为本"是智慧城市建设的核心理念。民生建设型以"人"为焦点，最大限度地为"人"提供医、食、住、行、游、教等各方面细致的服务，最终达到使城市居民都享受到安全、高效、便捷、绿色的城市生活，真正实现了"城市，使生活更美好"的智慧城市建设的初衷。智慧桃园选择民生建设型模式，以民生建设为主要内容，改善民众生活质量，并取得了良好效果，其成功的经验主要体现在有序规划、以人为本和多维建设三个方面。

一是有序规划，分段实现。桃园推动智慧城市发展主要分为三个阶段。第一阶段（2002～2005 年），以信息化改造为重点，计划了"县民资源"，为民众提供全年无休的公共服务。第二阶段（2005～2009 年），以建立便捷的信息沟通渠道为目标，实施了"行动宽频便利生活"计划，为民众提供多元的网络接口，提升民众数字生活应用。第三阶段（2009 年至今），以落实智慧台湾为愿景，推动优质网络示范城市的建设，逐渐形成覆盖医、食、住、行等生活各个方面的信息网络系统。

二是以人为本，拓宽智慧城市内涵。智慧城市建设的初衷，是为了缓解城市发展压力，提升城市管理效率，改善城市居民生活。智慧桃园的建设主要体现为两方面：一方面，智慧城市所致力解决的问题，应贴合居民，为居民最想解决的问题；另一方面，县容查报、多媒体简讯线上申办、交通违规通知、Web Call 便民 E 点通等服务均可利用移动设备通过网络即时获知并向政府反馈，拓展了政府与民众参与渠道，便于将民众纳入决策端。

三是多维建设，提高民生福祉。智慧桃园不断拓展信息通信技术的应用范围，逐渐形成覆盖衣、食、住、行等生活各个方面的信息网络系统，提升了民众的生活品质。如在饮食方面，将所生产的米、茶叶、蔬菜等农特产品通过 RFID 的食品生产履历应用，让民众了解日常所吃的食物的整个生产环节，保障食材的质量与安全。在医疗照护方面，相关医院已提供远程照护功能，民众在家通过健康照医照护盒，可将量测的生理信号数据传送至远程之医院系统，充分掌握病人健康状况。在智能型住宅方面，提供智能化的生活应用，具备 24 小时长时间监看功能。在出行方面，提供"聪明公车服务"，民众可随时通过计算机、手机上网获得公交车实时资讯（最新位置、到站时间），省去许多等待公交车的时间。在智慧观光方面，提供影音导览资讯等。总之，通过多维民生的智慧化生活服务建设，为居民提供经济、方便、安全及贴心的优质服务。①

4.1.1.2 城市治理型——智慧银川城市运营指挥中心

（1）建设背景。2013 年，银川市被列入全国智慧城市试点城市，智慧银川以创新为突破口，以美好银川建设为总需求，以示范引领为目标，以打造全时全域聚合平台为载体，推进"五大创新"，打造"三大板块"，使智慧城市进入群众的生产生活，成为城市和产业转型升级、发展新经济的新动力，成为全球智慧城市建设的标杆和标准，短短几年时间，已累计完成投资 7.1 亿元，8000G 全光网络、500 平方公里全景真三维地图、智慧银川大数据中心 10 万组服务器建成投运获批国家绿色数据中心试点单位，成功举办了两届全球（银川）电信论坛（TeleManagement Forum，TMF）智慧城市峰会，先后荣获"TOP100 智慧城市——商业模式创新奖"、"中国领军智慧城市"、第五届中国智慧城市"应用创新奖"、"TMF 总裁特别奖"等十几项国际国内大奖。TMF 以银川为蓝本的智慧城市成熟度模型作为智慧城市评估基准，被美国白宫采纳，并在美国亚特兰大等 5 个城市推广（王玉平，2016）。

---

① 吴幼丽. 我国智慧城市建设推进策略研究——基于台湾做法的经验启示 [J]. 海峡科学，2017 (5).

（2）建设内容及成效。依托"智慧银川"建设及数据云平台、智慧网络、城市空间地理信息（一云一网一图）实现城市不同部门异构系统间的资源共享和业务协同，以智慧度、惠民度为核心目标，以资源整合、服务融合为理念，以"提升社会管理、社会治理、社会服务"为出发点，成立了智慧银川城市运营指挥中心暨"12345 一号通"便民服务中心，集合智慧城市日常运营、应急指挥、城市综合管理三大功能于一体，肩负着城市指挥中心、应急指挥中心、城市管理副中心三大职责。

①应急指挥。负责全市重、特大突发应急事件的协调、指挥、调度、处置和信息报送，收集、整理、整合全市应急基础数据，做到统一平台、一图呈现、资源共享。依托智慧银川大数据平台实现重、特大突发事件的预警、预测和预防，做到预防为主、平战结合。实现指挥平台与应急委各成员单位应急系统的对接、联动，提升城市应急快速反应能力和突发事件处理效率，做到突发事件全程留痕、复盘分析、结果汇集，并据此不断完善修订应急预案。

②社会治理。依托市、县（区）、乡镇（街道）、村（社区）、网格五级组织架构，连通市级监督指挥部门、政府相关职能部门、各社会服务管理部门，实现"人、地、事、物、情、组织"的社会治理信息化。推进城市社会治理和服务应用向乡镇（街道）、村（社区）延伸，提高村、社区的管理和服务功能，完善城乡网格划分、管理联动、跨部门的信息共享和业务协同，通过全市社会重点要素的动态管控、基层民情形势的分析研判、民间矛盾纠纷的联合调处，使社会综合治理由事后处理为主转变为事前预防为主。

③便民服务。将全市 12315 消费者投诉举报、12319 数字城管、96666 供水服务等 55 部各类热线，分三大类整合到"12345 一号通"平台，负责公共管理、公共服务事项的诉求受理交办，并引入市场化机制，为市民提供衣食住行等方面的家庭服务；同时与 110、119、122、120 等警务紧急类热线互联互通，三方通话，实现非警务紧急类事项的有效分流。按照"集中受理、分类交办、限时回复、统一回访、督查督办、考核问责"的工作流程，为市民提供全方位、全天候、一体化的贴心服务，并最终实现"民有所呼，我有所应；民有所求，我有所为"的目标。

（3）建设模式分析。智慧银川城市运营指挥中心创新城市治理模式，打造了集"应急指挥、社会治理、便民服务"于一体的"12345 一号通"智慧城市管理指挥服务平台，创新城市治理模式，并连接了市、县（市区）、乡镇（街道）、村（社区）的四级工作平台，为群众提供了"生活生产"全方位、"24 小时"全天候、"上下联动"一体化的贴心服务。通过对全市 3 大类 55 个指挥、服务和管理平台进行整合，建立应急指挥中心暨便民服务平台，有效提高了现代化管理能力，实现了智能融合应用，更好的"智"于管理，变"被动式、救火式、善后式"为"主动式、前瞻式、预防式"管理，达到了防患于未然、解决问题于萌芽状态的作用。

智慧银川成为全球标杆，主要体现在"五大创新"[1][2]。一是商业模式新。银川市与中兴通讯合资共建，成立国有控股的中兴（银川）智慧产业有限公司，采取"PPP + 资本市场"的模式，巧借社会资本建设智慧城市。二是管理模式新，成立书记、市长挂帅的智慧城市建设领导小组，加强顶层设计，强力打通各行业信息壁垒，实现数据共享和业务协同。三是技术架构新，搭建"一图一网一云"技术架构：一图，即利用真三维地图，对城市各要素进行空间节点定位；一网，即建设骨干容量 8000G 的光纤有线专用网络将城市空间各节点进行网络连接；一云，将各节点要素产生的数据通过一网传到大数据中心，进行数据存储挖掘、分析应用，专门成立智慧城市研究院，搭建当期可应用支撑、未来可持续的智慧城市生态系统。四是专业监管新，成立大数据管理服务局，制定大数据产业发展规划、大数据安全规范和大数据标准，推进智慧城市精准监管和优化服务。五是立法保障新。自治区人大常委会颁布《银川市智慧城市建设促进条例》，在全国率先实现智慧城市建设和大数据开放共享有法可依。

4.1.1.3 城市功能型——大连"智慧港口"的建设

（1）建设背景。大连港作为辽宁最大的港口、环渤海的圈首，自然是辽宁沿海经济发展的桥头堡，是对外贸易发展的主窗口。早在 2000 年，大连港就启动了智慧港口建设工作，由大连港集团和大连市建设投资集团有限公司联

①　中国领导决策案例研究中心. 智慧银川城市标杆［R］. 2016.
②　王玉平. 智慧城市"银川模式"启示录［N］. 宁夏日报，2016 – 04 – 15.

合投资的大连口岸物流网有限公司（DPN），负责大连口岸公共信息平台的建设和运营，成为国家交通运输部"交通电子口岸"分中心和大连口岸公共信息平台。近年来，DPN 整合港口、口岸、东北及环渤海区域关键物流节点综合信息资源，优化物流及供应链运作流程，成为"智慧港口"建设的主力军。目前，DPN 已经为物流以及工贸企业、监管机构提供众多"智慧服务"。其中，包括打造了大连口岸公共信息平台，"港到门"的多式联运协同服务平台、"一站式"海运中转服务平台；建立了检验检疫的"智能监管"系统；在物流金融、跨境电商等领域推出了"悦支付"、电子船票等多项电子商务服务等①。目前，智慧港口围绕大连口岸"大通关"工程建设，积极探索口岸大数据技术开发和综合应用，支持和推进面向"大通关"服务的应用系统集成与整合，加强口岸信息互联互通，计划到 2020 年，基本完成智慧口岸信息资源整合工作，建成口岸大数据中心，实现口岸物流数据的挖掘利用。

（2）建设内容及成效。搭建统一的港口物联网信息平台是提升核心港区的港口物流信息化技术水平，达到港口真正智能化操作，以及全面化的港口物流管理与服务的关键②。

①港内生产运作智能平台。港内生产运作智能平台是物联网与港口实际日常工作的进一步结合，通过集成各个子系统，结合港口物流信息化的需求，使大连港在生产运作层面达到真正的"智慧"。

a. 电子车牌电子驾照识别。智能电子车牌系统是一个检查、监控与管理的多功能综合系统，可实现大连港物联网智慧港区内车辆信息的数字化、车辆识别的自动化和车辆管理的智能化。

b. 岸边垂直装卸系统。垂直装卸作业系统是指集装箱起重机利用读写器，在安装有特定无源电子标签的集装箱接近时，触发岸桥工作，自动装卸。

c. 智能闸口系统。智能闸口系统应用多种成熟的技术，包括传感技术、无线射频识别技术、光学字符识别技术、视频监控技术、自动称重技术等，与码头业务系统有机结合，完成对车号、箱号、代码、箱重、残损等相关信息的采集，并自动进行业务信息比对，实现闸口的自动化控制。

---

① 于海青. 大连港抢占"智慧港口"建设制高点［N］. 中国水运报，2016 – 09 – 14.
② 杜明军. 大连港建设第五代物联网智慧港口发展模式研究［D］. 大连：大连海事大学，2014.

d. 智能堆场系统。智能堆场管理系统不但扩展了综合管理性软件，增加了场地管理、制冷等设备管理、费用管理、堆场库存管理、租借集装箱管理、堆场分配管理、集装箱状态检测、海量数据分析的报表管理等，还包括基于集装箱号码识别、进出车辆自动识别、数字化视频监控、自动排定叉车作业、报文发送和接收等功能。

e. 水平运输系统。物联网智慧港口的一个核心环节是对船舶、车辆的运输进行监督与调度，该系统主要是集成智能监控与传感监测功能，通过融合GPS、GIS、GSM/GPRS 等技术的分布式软件系统，实现对车辆、船舶等移动目标的定位、跟踪及控制，并对货物进行实时监控。

f. 智能监控系统。智能监控系统是智能化监控在港口物流作业机械以及进出车辆等的应用，即利用智能监控服务器、集成智能行为识别算法，利用互联网技术、远程监控技术、数字视频技术、PCL 技术、OPC 技术、. NET Remoting 技术、传感技术以及移动监控技术等对港口物流作业进行识别、判断，并在适当的条件下，产生报警提示，以达到监控的目的。

②港内综合管理平台。大连港港口物联网信息平台的建设会产生大量的港口物流信息，在智能的管理控制港内生产运作的同时，还需要对大量信息进行管理，所以应该设计港内综合管理信息平台，有效运转需要依靠这些可靠、有效、标准化的物流信息。

a. 港口运营管理。港口运营管理的信息包括物流组织机构信息、物流信息系统开发与应用信息、物流网站信息、物流科教、法规、标准及情报信息、物流行政管理信息、物流统计信息、物流规划与设计信息、国际与国内物流综合信息等。

b. 港口运输管理。港口运输管理的信息包括物流机械作业信息、道路运输作业信息、水路运输作业信息、仓储作业信息、集装箱场站作业信息、多式联运作业信息等。

c. 港口资源管理。港口资源管理包括岸线资源、航道资源、环境资源、管理资源、信息资源、资金资源、市场资源、技术资源、引航资源、拖轮资源、人才资源、法律服务资源等。

d. 物流业务管理。物流业务管理的信息包括物品信息、运输业务信息、仓储业务信息、流通加工业务信息、报关与其他监管信息、物流单证信息等。

e. 应链服务管理。客户关系管理、客户服务管理、港口需求管理、订单配送管理、供应商关系管理。供应链服务管理则是港口全面规划供应链中的对商流、物流、信息流、资金流等的管理。

（3）建设模式分析。城市功能型智慧城市建设模式一般是借助城市本身具有相对较好的功能基础或者具有明显的区位优势或资源优势，通过某一具体应用领域的建设成果来牵引和带动智慧城市建设整体水平的提升。大连"智慧港口"选择城市功能建设模式，其主要原因是依赖其优越的地理位置和得天独厚的自然条件、不断扩大的经济腹地和临港产业以及快速发展的信息化建设。

一是优越的地理位置和得天独厚的自然条件。大连港港口海域宽阔而水深，港口常年不冻，是船舶将货物运往俄罗斯、日韩、东南亚、北美、欧洲最便捷的港口。此外，"国际航运中心"国家发展战略落户大连，促使大连港调整自身结构，寻求新的发展。这些自然和人工双重属性的不可再生资源，是建设智慧港口重要的战略资源。

二是不断扩大的经济腹地和临港产业。大连港初步形成了以大连为核心，沿渤海拓展至旅顺（开发双岛湾综合港区）、长兴岛（建设原油码头）、锦州（参与煤码头项目和建设娘娘宫新港区项目）、葫芦岛（组建了缓中煤炭码头公）、秦皇岛、曹妃甸（建设两个 25 万吨级码头泊位），沿黄海东延至庄河、丹东（建设海洋红港口岸线）的区域化发展。大连港集团依托于大连口岸和大连市的综合服务功能，可以为东北腹地和临港产业企业提供全方位、多功能的物流综合服务[①]。

三是快速发展的信息化建设。目前，大连口岸公共信息平台已成为国家交通运输部"交通电子口岸"分中心，2015 年 11 月"壹港通"港航社区系统上线，大连港信息化建设不断地发展与创新，并于 2011 年与野村综研（上海）咨询有限公司、NEC（中国）有限公司、大连市政府签署合作协议，共同研发物联网技术。目前，大连港铁路集装箱中心站实现了智能化的无人港区；基于

---

① 赵昌平，郑米雪，贺雪敏. 大连港口与临港产业协同发展的对策［J］. 大连海事大学学报（社会科学版），2016（2）.

公共信息平台的海铁联运为客户提供了全程跟踪物流电子商务的服务等利用物联网、云服务等现代信息技术，大连港信息化建设已经为智慧港口的建设奠定了坚实的基础。

4.1.1.4 绿色低碳型——斯德哥尔摩"智慧交通"建设

（1）建设背景。斯德哥尔摩是一座由岛屿组成的城市，14个城镇大小的岛屿由各式桥梁相连，居民们的交通出行工具有车和船。随着汽车数量的增加，每天都有超过50万辆汽车涌入城市，交通堵塞问题不断加剧。斯德哥尔摩地区的人口正以每年2万人的速度增长，车流量增加使城市道路承受的负荷越来越大，依靠传统管理手段根本无法解决。为此，瑞典国家公路管理局和斯德哥尔摩市政厅寻求高新技术以找到既能缓解城市交通堵塞又能减少空气污染的解决方案。智能交通是斯德哥尔摩智慧城市建设最重要的应用领域，其主要目标是提高交通信息透明度，实现对交通基础设施的高效利用和便捷的交通收费支付系统。同时还提出智能交通建设的基本策略：基于用户需求，聚焦气候、安全的交通解决方案，推动合作，基于地区的创新能力，充分借鉴其他地区的经验[①]。为此，斯德哥尔摩采用了IBM的技术方案，在通往斯德哥尔摩城区的主要出入口处设置18个路边控制站，通过采用RFID、激光、照相、图像识别（OCR）技术和先进的自由车流路边系统，自动连贯地对进入城区车辆进行探测、识别和收费。斯德哥尔摩作为全球智能交通的典范城市，是2009年"年度智慧城市"奖获得者，2010年2月斯德哥尔摩又被欧盟委员会评为首个"欧洲绿色首都"。

（2）建设内容及成效。斯德哥尔摩已经建成的智慧交通系统包括以下几个部分：多种方式的交通信息采集整合系统，如浮动车数据采集技术；综合的交通信息管理中心；隧道智能交通信息系统，如隧道安全系统等；基于污染物排放和天气条件的速度、交通流量控制；基于网站、手机短信的交通信息实时发布系统；基于多式联运的路线规划；基于绿色驾驶的智慧速度适应系统；流量管理系统；智能公共交通系统，包括流量和事故管理、公交优先系统、交通

---

① 杜渐.全球物联网应用若干案例［J］.机电一体化，2013（12）.

信息发布系统、路线规划、交通安全系统、智能卡系统[1][2]。

其中，收费系统是智慧交通的核心，它直接向高峰时间在市中心道路行驶的车辆驾驶者收费，以此鼓励更多的人放弃自驾出行，转而乘坐公共交通工具，在减少交通流量的同时，改善空气质量。在整个斯德哥尔摩分布于城区出入口的 18 个路边控制站将识别每天过往的车辆，并根据不同时段进行收费。系统的具体工作流程如下[3]：

①驾驶者在车上安装简单的应答器标签，该标签将与控制站的收发器进行通信，且自动征收道路使用费；

②在指定的拥堵时段，车辆通过路边控制站，收发器就会通过传感器识别该车辆；

③经过控制站的车辆会被摄像，车牌号码将用于识别未安装标签的车辆，并作为强制执行收费的证据；

④车辆信息将输入计算机系统，以便与车辆登记数据进行匹配，并直接向车主收费；

⑤驾驶者可以通过当地的银行、互联网、社区便利商店来支付账单。

另外，通过在路边设立控制点的方式，对车辆进行识别和收费，同时高峰时段实行差别定价，通过收取"交通拥堵税"减少了车流，城区的车流量降低了近 25%，交通拥堵降低了 20%～25%，交通排队时间下降 30%～50%，中心城区道路交通废气排放量减少了 14%，整个斯德哥尔摩地区废气排放减少 2.5%，每天乘坐轨道交通工具或公共汽车的人数增加了 4 万人。此外，斯德哥尔摩城区因车流量减少而降低的废气排放量达 8%～14%，CO_2 等温室气体排放量降低了 40%[4]。

（3）建设模式分析。斯德哥尔摩以智慧交通作为手段，以减排为核心建设"气候智慧型城市"，在智慧交通的建设过程中采取了许多措施和手段，目前越来越多的居民搭乘公共交通出行，在高峰期 78% 的出行是公共交通，约

———————————

① 吕鹏飞. 斯德哥尔摩智能交通案例 [J]. 道路交通与安全，2009（8）.

② 徐春燕. 智慧城市的建设模式及对"智慧武汉"建设的构想 [D]. 武汉：华中师范大学，2012.

③ 张飞舟、杨东凯、张弛编. 智慧城市及其解决方案 [M]. 北京：电子工业出版社，2015.

④ 陈才君. 智慧交通 [M]. 北京：清华大学出版社，2011.

90%的居民在离家300米以内的范围内就能到达公共交通站点，在市中心68%的出行是徒步或骑自行车。斯德哥尔摩以智慧交通作为手段，以减排为核心建设"气候智慧型城市"，其成功的主要原因离不开政府政策的倾力支持、高科技的智能应用、强大的人才储备以及良好的基础设施建设。

一是政府政策的倾力支持。瑞典国家公路管理局和斯德哥尔摩市政厅在2006年初宣布试征"道路堵塞税"，对所有在工作日（周一至周五）6：30到18：29进出市中心的瑞典牌照车辆征收，交通拥堵单次的税金为10、15或20瑞典克朗，收费最高的是7：30到18：29和16：00到17：29的高峰时段，单车日缴费额最高为60瑞典克朗。

二是高科技的智能应用。斯德哥尔摩智慧交通由IBM进行设计，运用了激光、摄像、系统工程技术，自动连贯地对车辆进行探测、识别和收费，从而实现了一个无须停车的路边收费系统，如激光和摄像等系统技术能够使车辆无须停靠就可流畅地完成智能识别、收取费用等工作。

三是拥有强大的人才储备。智慧城市的建设是新一代信息技术的进一步应用，其成功运营离不开高端人才的支撑，瑞典不仅有着强大的工业科技，每年将大量的资金用于研究与开发，同时也有着世界顶尖的知名学府，强大的人才储备不仅能使瑞典在智慧城市建设过程中受益，更能够在未来为瑞典提供强劲的发展动力。

四是体系良好的基础设施建设。斯德哥尔摩的立体交通网无疑为智慧交通的建设打下了很好的基础，从市中心的巴士站到北部的阿兰达国际机场约40千米，"X-2000"型机场快速列车的最高时速超过200千米/小时，12分钟即可到达。市中心几乎所有公交车站都有电子时刻表，实时更新车辆到达时间。

4.1.2　理念要素的视角案例分析

4.1.2.1　由上至下的建设模式——新加坡"智慧国2015计划"

（1）建设背景。新加坡是一个城市国家，其发展引领了世界城市的发展，在智慧城市的建设方面，其规划层次清晰，分段目标明确。1992年，新加坡提出IT2000—智慧岛计划，计划在10年内建设覆盖全国的高速宽带多媒体网络，普及信息技术，在地区和全球范围内建立联系更为密切的电子社会，将新加坡建成智慧岛和全球性 IT 中心。2000 年，新加坡提出"信息通信 21 世纪计划"，计划到 2005 年成为网络时代的"一流经济体"。2006 年 6 月，新加坡公布"智慧国 2015（iN2015）"计划。这是一个为期十年的信息通信产业发展蓝图，旨在通过对基础设施、产业发展与人才培养，以及利用信息通信产业进行经济部门转型等多方面的战略规划，实现新加坡智慧国家与全球都市的未来愿景。如今在"智慧国 2015 计划"的推动下，新加坡资讯通信产业取得了长足的发展，在亚洲排名首位并在全球排名前 10 位，凭借其信息产业的迅速发展，新加坡多次被 ICF 评为全球年度最佳智慧城市和全球智慧城市创新奖。

（2）建设内容及成效。为了确保顺利实现"智慧国 2015 计划"计划各项目标，新加坡政府专门确定了四项关键战略：建设新一代信息通信基础设施；发展具有全球竞争力的信息通信产业；开发精通信息通信并具有国际竞争力的信息通信人力资源；实现关键经济领域、政府和社会的转型①。

①建设新一代信息通信基础设施。"智慧国 2015 计划"的要点战略之一就是发展完善的基础设施，目标是 2012 年建成新一代全国信息通信基础设施，包括超高速且具有普适性的有线和无线两种宽带网络。同时，新加坡政府还推出相应的平台和新服务，进一步加强新一代信息通信基础设施建设，为经济增长和社会发展打好基础。

②发展具有全球竞争力的信息通信产业。新加坡政府通过吸引国外领先企业，刺激信息通信创新和促进本地企业的国际化发展，全力发展具有国际竞争力的信息通信产业，希望充满活力的信息通信产业促进其他经济活动的增长。

③开发精通信息通信、具有国际竞争力的人力资源。人才无疑是推动产业发展的关键因素。新加坡政府设立了到 2015 年再创造 8 万个工作机会的目标。同时，通过提供培训和奖学金等多种方式，培养和开发优秀信息通信人才。推出帮助专业从业人员获取在金融服务、医疗保健、食宿招待和零售等多领域混合技能的技术策略家项目。培训和发展信息通信专业人员在一些新兴领域如云计算、绿色科技、信息通信技术安全和网络工程等的能力，而推出了信息通信

---

① 杨红艳."智慧城市"的建设策略：对全球优秀实践的分析与思考［J］. 电子政务，2012（1）.

领导力和发展项目等。

④实现关键经济领域、政府和社会的转型。发展信息通信技术的最终目的，是借此促进其他关键经济领域的发展，提升国家和信息通信产业的经济竞争力，惠及更多的国民。新加坡在全球范围内引领电子政府发展，最初制定的"整合政府 2010"（IGov2010）的目标是通过信息通信系统与公民建立良好联系。2011 年 6 月，新加坡发布下一阶段电子政府总体规划"电子政府 2015"，指导政府机构在未来五年实施新的信息通信项目。该计划旨在将系统、流程和服务的整合由政府内部扩展到政府外部；愿景是建立一个与国民互动、共同创新的合作型政府。

此外，新加坡已在"智慧国 2015 计划"中确定实现 9 个部门的行业转型，它们分别为数字娱乐媒体、教育、医疗卫生、中小企业发展、交通、金融、旅游、酒店和零售、贸易和物流产业。新加坡政府通过提供辅助资金、技术支持、合作征求计划等方式，推出了多个项目以促进信息通信技术在这些行业的应用，进而帮助提高行业的服务质量，实现整体经济发展。

（3）建设模式分析。新加坡"智慧国 2015 计划"选择由上至下的建设模式，将智慧城市上升为一种国家战略，成为一种国家行为①。在实施自上而下型的模式上，新加坡主要采取了以下四个方面的策略。

一是政府牵头成立 iN2015 推进委员会，该委员会由 IDA 担任主席，下辖 10 个专业委员会，涵盖了教育、医疗、娱乐、旅游、基础设施、制造、物流、运输、政府服务以及家庭应用等传统行业，专门负责规划的具体制定工作，在统筹规划的基础上，严格按照规划内容组织实施。

二是通过设立数据和应用标准，奠定跨部门数据和系统共享的基础，实施操作环境标准化，每个公职人员在同样的桌面、同样的网络和同样的信息环境下工作，使系统操作和运行维护都更容易，成立了共享服务 VITAL. org 中心，开发了一个公共应用平台，促进政府内部应用共享。

三是通过整合政府计划，充分强化政府作用，增加电子服务的广度与深度，增强民众电子接触的意识，增强政府的能力与协作，增强国家竞争优势，

---

① 朱晓宛. 如何打造全球首个"智慧国"［N］. 第一财经日报，2014－11－27.

确保"多个部门，一个政府"的发展方向，通过实施 SOEasy 等整合政府项目，统一所有政府部门（国防部除外）的资讯通信操作环境，在机构内部和各机构之间无缝协作。通过电子政府到整合政府飞跃，实施中先流程化，再电子化，强调客户的中心导向，把政务从电子方式的途径向信息、流程和系统整合过渡。

四是行业和规章制度改革，以实现长期蓬勃发展的竞争力。"智慧国 2015"的一个战略要点就是发展完善的基础设施，新加坡建设下一代全国性宽带网络（NBN），包括建设超高速且普及的有线和无线两种宽带网络。新加坡将下一代 NBN 的无源基础设施的建筑商（NetCo）、有源设备的运营产业层（OpCo）和零售服务提供商产业层（RSP）相互分离，以避免自然垄断或不公平竞争的局面，如规定价格和通用服务义务，建立一个公平、高效的平台让所有有竞争力的服务提供商能够有效公开使用，让他们以合理的价格获得下一代 NBN 的接入权，使他们可以在服务和应用领域上去投资创新[①]。

4.1.2.2　由下至上的建设模式——美国克利夫兰社区计划

（1）建设背景。美国克利夫兰市社区计划（One Community）是通过提供普通社区家庭能够负担得起的强大宽带技术以及能够促进信息技术利用的相关程序，来改善社区的卫生、教育、人力资源和政府方面的状况，并以此促进经济的发展[②]。克利夫兰市正是通过实施 One Community 计划，在 2006 年、2008 年和 2011 年入选 ICF 全球智慧城市 TOP21 名单。One Community 计划为基层地方政府提供先进的基础设施，这项举措能够协调和控制网络连接提供的服务，同时能吸引发展态势良好的企业。

（2）建设内容及成效。

①凯霍加县（Cuyahoga County）。凯霍加县选择 One Community 计划来执行一个 1500 万美元的项目，为这个县所有社区的宽带网络提供主动升级的服务，并且解决社区网络连接的保密性、安全性以及全县能够共享市政服务的需

---

① 孙杰贤. 新加坡"iN2015"计划完全解读［J］. 通讯世界，2007（7）.
② 徐春燕. 智慧城市的建设模式及对"智慧武汉"建设的构想［D］. 武汉：华中师范大学，2012.

求。One Community 通过和大量的"同类最佳"技术与宽带供应商建立合作伙伴关系，更方便地提供一系列高质量的宽带性能和服务，使社区服务效率提高10倍。该项目为60多个县级办事处和公共场合提供高宽带连接和高安全性的视频会议，还将为社区员工配备移动无线连接。这个项目不仅提高了凯霍加县的整体城市功能，而且将为这个县在5年时间里节省1000万美元的运行成本。

②梅菲尔德村的光纤环建设。One Community 正在沿着梅菲尔德村建设光纤环，这里是办公工业区，是重要的经济资源。光纤环由村庄自己操作和拥有，它将在数据连接上给企业提供高宽带连接服务，满足企业扩展和增强操作的需要。光纤环的另一个重要作用就是对业务的吸引。梅菲尔德村现在可以放心地扩大、搬迁或开办公司，并且以低廉的价格实现高容量的上网，这将是一个重要的经济发展资产。

③梅迪纳郡（Medina County）。了解到宽带接入是吸引企业和保留就业机会的关键，梅迪纳郡招募 One Community 为它建设光纤网络，这项举措将会把这个城市建设成俄亥俄州东北部贸易的首选地点，这个网络将贯穿全县，并为政府和企业提供高宽带的连接。梅迪纳郡港务局将会拥有这个回路，企业能够租用并且访问它的公共资源。由于网络是公共平台，其他宽带服务供应商也可以租赁宽带，这为居民和企业获得网络连接提供了更多机会，同时，正在建立一个宽带网络来连接农村和城市的卫生保健设施，这样能够促进研究、共享医疗记录、扩大公共卫生服务信息访问量。

（3）建设模式分析。克利夫兰市实施了 One Community 计划，这种非营利的高速有线和无线网络能够为该市以及俄亥俄州东北部的很多其他教育、政府、研究、艺术和文化、医疗以及市政组织提供服务。One Community 不但能提供新型的公民体验，还能提高政府对公民需求的反应能力。克利夫兰市成为全球智慧城市名单上的常客，其主要经验包括以下三个方面。

一是非营利性组织参与网络基础设施建设。One Community 是一个非营利性组织，其区域资助者包括克利夫兰基金会、克利夫兰诊所亚米纽斯基金会、凯斯西保留地大学等，致力于加快通过信息技术带动经济发展俄亥俄州北部。另外，也组织工程与公共和私营部门合作伙伴，促使创新方案医疗保健、教育、劳动力、政府和经济发展。One Community 通过其区域的光纤宽带网络连接 1000 多名市民和非营利性网站，其中有世界上发展最快的开放式网络。

二是致力于向客户提供有竞争力的服务。One Community 致力于扩大高速宽带接入，如远程医疗，将允许更多的农村地区医生共享城市医院的外科医生的新技术。One Community 也将光纤网络提供给该地区的运营商、有线电视运营商和专用网络，由于 One Community 资助者所提供的极具竞争力的利率，因而这些实体也能够向利润较低的企业和住宅客户提供高速连接服务。

三是自下至上推进网络信息化建设。One Community 作为致力于促进经济发展的非营利组织，One Community 建设高性能、低拥有成本的网络基础设施，One Community 通过村庄和县城的宽带建设，实现了克利夫兰市整个经济水平的发展。

4.1.3　驱动要素的视角案例分析

4.1.3.1　投资拉动型——智慧宁波建设

（1）建设背景。宁波市委市政府高度重视智慧城市建设工作，确立"一把手"工程。2010 年，市委市政府发布《关于建设智慧城市的决定》①，将智慧城市建设确立为"十二五"期间"六个加快"重大战略之一，并成立了以市长为组长的宁波市智慧城市建设工作领导小组。2010 年，研究制定了《宁波市智慧城市发展总体规划》，总体谋划布局智慧城市建设；2011 年出台《加快创建智慧城市推进计划（2011～2015）》，规划智慧城市建设路径，同时每年印发建设行动计划，保障切实推进智慧城市建设。2016 年，出台《宁波智慧城市发展"十三五"规划》②，明确新型智慧城市建设目标和路径。宁波积极举办中国智慧城市技术与应用产品博览会，打造展示、交流、合作的大平台。宁波已成功举办 6 届智博会，累计签约大型合作项目近 150 个，签约金额超 620 亿元，有力推动了宁波智慧城市建设和两化深度融合在更宽领域、更广

---

① 王敏旋. 九议宁波智慧城市建设［J］. 宁波经济（三江论坛），2011（2）.

② 宁波市发展和改革委员会. 宁波智慧城市发展"十三五"规划［EB/OL］. 2016－11－14. http://www. nbeic. gov. cn/art/2016/11/14/art_1013_985997. html.

范围的合作与交流，先后获得中欧绿色和智慧城市"卓越奖"、中国智慧城市推进"十佳城市"、"领军城市"、"中国信息化50强"等荣誉，"智慧宁波"成为了宁波新的城市品牌和城市名片①②。

（2）建设内容及成效。根据《宁波市加快创建智慧城市行动纲要（2011～2015）》③，智慧城市建设主要着力于31项工程87个项目，总投资407亿元，其中，智慧应用体系建设共有10项工程28个项目，投资总额75亿元；智慧产业基地建设共有6项工程18个项目，投资总额254亿元；智慧基础设施建设共有5项工程17个项目，投资总额73亿元；居民信息应用能力建设共有3项工程5个项目，投资总额4亿元；组织保障机制建设共有7项工程13个项目，投资总额1亿元。部分重点项目工程如下④。

①智慧物流项目。宁波市设立智慧物流引导资金2.5亿元，着力培育智慧物流软件技术创新基地和智慧物流产业装备创新基地，大力推进镇海大宗货物海铁联运物流园区、北仑国际集装箱海铁联运物流园区、梅山保税港区、宁波空港物流园区、贸易市场基地等示范智慧物流园区基地建设，提高物流园区基地的智能化、网络化和自动化水平。

②智慧能源应用体系建设工程。智慧能源应用体系建设工程总投入30亿元用于智能电网项目，主要在电网发、输、变、配、用等各个环节进行智能化配套建设、电动企业充电站（桩）建设、电力光纤到户、智能配网等，建设智能电网的研发基地和智能电网工程实施的示范基地等。

③智慧公共服务体系建设工程。智慧公共服务体系建设工程总投入3.08亿元，包括市公共服务信息平台建设0.2亿元，社会保障综合信息系统项目2.07亿元，住房保障信息系统0.15亿元，市公共服务信息平台0.1亿元，市科技信息服务平台项目0.56亿元。

① 邹佳佳. 智慧城市建设的途径与方法研究——以浙江宁波为例 [D]. 金华：浙江师范大学，2013.
② 杨正华. 城市信息化背景下提升政府公共信息服务研究——以宁波市"智慧城市"建设为例 [D]. 金华：浙江师范大学，2015.
③ 宁波市经济和信息化委员会. 宁波市加快创建智慧城市行动纲要（2011～2015）[EB/OL]. 2012-05-08. http://old.nbeic.gov.cn/News_view.aspx? CategoryId=157&ContentId=16622.
④ 徐春燕. 智慧城市的建设模式及对"智慧武汉"建设的构想 [D]. 武汉：华中师范大学，2012.

④智慧社会管理体系建设工程。智慧社会管理体系建设工程总投资 7.6 亿元。其中，社会管理综合信息系统项目 0.3 亿元，城市应急指挥平台项目 2.5 亿元，网上行政审批服务中心暨电子监察系统项目 0.7 亿元，数字城管项目 1.2 亿元，信用宁波信息系统项目 0.27 亿元，智慧工商项目 0.53 亿元，智慧海洋项目 1.1 亿元。

⑤智慧交通体系建设工程。智慧交通体系建设工程预计总投资 11 亿元。其中，智慧交通项目 5 亿元，交通基础设施智能化项目 4.3 亿元，机动车、非机动车电子车牌项目 2.2 亿元。

⑥智慧健康保障体系建设工程。智慧健康保障项目预计总投资 8.9 亿元，建立全市区域医疗卫生信息数据中心和信息交换平台，推进公共卫生信息系统、数字化医院和数字化社区卫生服务中心建设，推行电子病历和健康档案，实施就诊一卡通，推行区域协同医疗、远程医疗，提高医疗卫生的服务保障水平。

⑦网络数据基地建设工程。网络数据基地建设工程预计总投资 15 亿元。其中，杭州湾新区网络数据基地项目 5 亿元，宁波电信云计算网络数据基地项目 10 亿元。

⑧软件研发推广产业基地建设工程。软件研发推广产业基地建设工程预计总投资 49 亿元。其中，宁波软件园项目 2 亿元，高新区软件研发示范推广产业基地项目 30 亿元，宁波理工监测智能电网产业园建设项目 7 亿元，鄞州科技信息产业园项目 5 亿元，浙大网新慈溪创新园项目 5 亿元。

（3）建设模式分析。建设信息基础设施体系、信息感知和智能体系、新一代信息技术产业体系以及可靠的保障体系，通过政府投资拉动进行示范和深化应用，智慧城市建设将全面融入产业、生活、社会和公共等各个领域，能够培育新产业、新生态，拉动经济的增长。宁波实施投资拉动型建设智慧城市，其成功的经验有四个方面。

一是突出建设重点。智慧宁波的建设选择以基础设施建设为先导，新兴产业为支撑，民生建设为落脚。其中，智慧宁波城市基础设施建设包括，泛在化的信息网络、三网融合和信息安全基础建设三个方面；产业发展考虑自身原有的产业基础结合产业优势，选择软件产业、先进制造业、信息服务业三大核心领域，进行重点突破；管理服务途径从公共服务应用体系建设和公共管理应用体系建设三方面着手。

二是实施项目整合。在项目整合方面，为避免项目过于分散、资源共享不够等问题，其加强沟通协调、统筹规划，对分属不同部门的项目进行了整合。坚持把培育智慧产业作为智慧城市建设的立足点，使智慧产业基地建设在四大主要任务的投资总额中位列第一。智慧基础设施建设是智慧应用体系、智慧产业基地、居民信息应用能力建设的基础，在项目编排中，更加关注基础性项目。

三是加强资金统筹。为避免智慧城市项目建设各自为政、重复建设和资金浪费，必须进一步加强智慧城市建设资金统筹。宁波市及各县（市）区政府应统筹安排各类扶持资金用于智慧城市建设，确保全市每年不少于 10 亿元，其中，市政府每年安排扶持资金不少于 5 亿元，主要用于对智慧项目合作引进、智慧城市基础设施建设、综合应用项目建设、智慧产业基地创建、智慧城市示范项目及智慧城市建设推进工作等方面的政策支持，如《宁波市智慧城市专项资金管理办法（暂行）》，对资金的扶持原则、支持对象和方式、申报评审、项目确定等方面都进行了详细规定。

四是组建专业化运营公司。加快组建智慧城市专业化投资运营公司，对重大基础设施和功能性项目、政府电子政务工程及对社会管理和经济发展具有公益性的、基础性或垄断性的信息应用系统，通过政府出资、社会融资、引入战略投资等方式，建设并实施运行。

4.1.3.2 技术驱动型——智慧深圳的建设

（1）建设背景。深圳早在 2010 年第五次党代会上就提出加快建设"智慧深圳"，并将其作为《国民经济和社会发展第十二个五年规划》的战略部署之一。深圳坚定不移地把自主创新作为城市发展的主导战略，努力推进国家创新型城市建设，而在《智慧深圳规划纲要（2011～2020 年）》中，也明确提出智慧深圳以提升城市核心竞争力为目标、以技术创新为动力、以抢占技术标准高地为突破口，实现经济发展从要素驱动向创新驱动转变[①]。计划到 2020 年，

---

① 深圳市人民政府办公厅. 智慧深圳规划纲要（2011～2020 年）［EB/OL］. 2012 – 05 – 18. http：//www. szns. gov. cn/jcj/xxgk70/ghjh7268/fzgh57/676078/index. html.

"在传感网络、信息传输、平台管理、智慧应用等重要环节突破一批重大、核心技术，形成以高端信息设备制造业、现代信息服务业为主体，以技术、标准、方案、服务模式为主要产品的智慧产业体系，以及覆盖各行业、各领域、各区域的城市运营服务体系"，初步建成国际领先的智慧城市。

（2）建设内容及成效。针对"智慧深圳"建设的实际需求，推动在核心关键技术及产业领域的重点实验室、工程实验室、工程中心、技术中心、公共技术服务平台和企业孵化器的建设和发展，形成智慧技术创新体系，支撑智慧深圳的技术研发、应用和产业发展。根据《智慧深圳建设实施方案（2013～2015 年）》[①]，智慧深圳以技术创新为动力，以发展优势关键技术、重点突破薄弱环节、结合需求引导转型、加强协作跨越发展为突破口，实现经济发展从要素驱动向创新驱动转变。

①发展优势关键技术。保持深圳在通信技术、传感器硬件、云平台技术、光通信和光网络平台技术（如 MSTP、ASON、OTN 和 EPON 等技术）、物联网技术（M2M 和 RFID 等）等领域的优势，加大对传感器和芯片级封装技术的研发投入，在无线传感器、光纤传感器以及传感器硬件的高密度储能、长距离大功率无线供电等基础技术，以及传感器微机电系统（MEMS）芯片封装、物联网 Mote 芯片集成、RFID 芯片及天线封装、卫星导航芯片等技术上取得新进展。

②重点突破薄弱环节。加强自主研发与横向合作相结合，在智慧应用和智慧平台、分析优化、云管理、分布式存储、应用及平台领域的服务生命周期管理技术、服务打包和计费技术、共享运营服务、数据有效性评估、复杂系统建模、风险评估及预测预警、网络化系统在线仿真、多系统联动决策支持与全局优化、大范围分布式分析优化等技术领域等实现重点突破。加强对云平台可运营、可管理及云安全等基础技术的研发。

③结合需求引导转型。对传感网关和应用网关等有一定产业基础，但力量不强大的技术领域，结合产业发展新需求，积极引导快速转型取得优势。在传感网关技术领域，重点开发远程部署技术和异构传感器支持，研究分布式边缘

---

① 深圳市人民政府办公厅. 智慧深圳建设实施方案（2013～2015 年）［EB/OL］. 2013 - 09 - 29. http：//zwgk. gd. gov. cn/007543382/201310/t20131025_429290. html.

计算和参加传感器寻址技术。在应用网关技术领域，研究开发可靠数据传输、安全网络管理技术及消息格式转换、消息分发和应用网关等云计算服务支持技术。

④加强协作跨越发展。在传感器软件领域，着重解决能耗资源管理、容错技术、编程模型、安全与隐私保护、分布式协作等技术难点。在传感网络领域，突破频谱感知、传感网络的大规模组网、无线传感器网络路由、传感器节点的硬件设计以及网络调度协议设计等关键技术，研究开发承载物联网业务的网络技术体系。

（3）建设模式分析。技术进步驱动型有利于抓住世界信息和通信产业发展趋势，利用城市转型升级、功能提升带来的巨大市场需求，以信息服务业带动信息制造业向高端发展，形成低能耗、高附加值的智慧产业体系，推动经济发展从要素驱动向创新驱动转变，实现产业与城市共繁荣。深圳作为一座具备科技和互联网基因，且富有创新精神的城市，选择技术进步驱动型模式，在于其实施自主创新战略、创新平台云集以及电子信息产业发达。

一是自主创新战略。深圳坚定不移地把自主创新作为城市发展的主导战略，努力推进国家创新型城市建设，成为全国自主创新的先锋城市。根据《深圳国家自主创新示范区建设实施方案》[1]，到 2020 年，深圳国家自主创新示范区全社会研发投入占 GDP 比重达到 4.5%，科技进步贡献率达到 70% 以上；高新技术产业增加值占全市生产总值的比重达到 35%，高新技术产业产值达到 2.5 万亿元，战略性新兴产业增加值占全市生产总值比重达到 45%。

二是创新平台云集。深圳 IT 业中共有 3335 家国家级高新技术企业，深圳共有开放制造空间、创客工场等各类创客机构 107 家，创客人员超过 1 万人，形成以企业为主体，各类公共技术平台蓬勃发展的技术创新体系，现已建立 122 家公共技术服务平台，222 家国家级工程实验室、重点实验室、工程中心和企业技术中心，创新能力大大增强。[2]

三是电子信息产业发达。深圳营造了从基础研究、应用研发到产业化的完

① 深圳市人民政府办公厅. 深圳国家自主创新示范区建设实施方案 ［EB/OL］. 2015－07－22. http：//www. szsti. gov. cn/info/policy/sz/114.
② 深圳工厂产业发展报告. 2016－03.

整链条和优越生态，以腾讯、华为、中兴等深圳电子信息企业为主体的技术创新体系进一步优化，新一代信息技术产业年均增速超过 20% 。2015 年，深圳以电子信息为主的 PCT 国际专利申请量达到 1.33 万件，连续 12 年居全国各大中城市的首位，占国内申请总量的 46.9% 。软件业务收入超过 4500 亿元，占全国比重约 10% ，产业规模居全国大中城市第二位，成功获授"中国软件名城"。电子信息制造业实现总产值 1.49 万亿元，规模约占全国的 1/7，占全市规模以上工业产值比重近 6 成，支柱产业地位进一步巩固。

4.1.4　主体要素视角的案例分析

4.1.4.1　政府投资建设模式——纽约"智能停车系统"

（1）建设背景。纽约是世界上汽车保有量最大的城市，汽车保有量达到了 800 万辆，每天在路上跑的机动车超过 200 万辆，特别是在曼哈顿 CBD 这个只有 23 平方公里的区域，岗位密度达到 78941 人/平方千米，每天早高峰有大约 138.9 万人次的客流量。数量庞大的通勤者，加上访问、购物、学习和游玩的人群数量以及通勤至纽约其他地方上班的人群数量，造成了曼哈顿 CBD 的严重交通堵塞。在传统交通措施，如增加公共运力、私车征税等手段的疏导效果愈发触及"天花板"，效用递减的情况下，为进一步解决 CBD 的交通拥堵状况，纽约交通局探寻了一系列的智慧解决方案，如启用移动中城（midtown in motion）系统，管控停车场，改变上班族的交通出行方式等。这个系统已经获得美国智能交通协会（ITS America）的认可，并被授予"国家交通奖"。

（2）建设内容及成效。移动中城系统旨在采用新技术开发智能停车系统，以便掌握纽约各大停车场的即时车位图像信息，支持停车付费表充值报警和手机等移动设备自助缴费功能，从而减轻纽约市的交通压力以及减少二氧化碳的排放[1][2]。

---

① R Rausch. Midtown in Motion New York Applies Advanced Technology to Improve Traffic Mobility Overview [J]. Electroindustry，2012（6）.

② 袁慎勋，冯雪菲. 曼哈顿 CBD：交通堵塞的智慧解决方案 [J]. 环球市场信息导报，2013（12）.

①智能交通运输系统。移动中城系统核心优势是可以实现对交通信号实时远程控制。为提高交通运行效率，纽约市和曼哈顿首先在每辆公交汽车上安装了 GPS 全球定位系统，方便随时掌握公交车的运行情况。根据实时的路况信息和公交车运行信息，晚点的公共汽车会向道路交叉口的信号机发出信号优先请求，道路交叉口的信号灯会判断是否需要对晚点的公共汽车提前给予绿灯，同时对正在交叉口内行驶的晚点公共汽车延长绿灯时间使其有足够的时间通过交叉口。而一般情况下，对于准点的公共汽车就不必给予信号优先。以交叉口信号处理为代表的曼哈顿智能交通系统的使用提高了公共交通的准点率，大大改进了公共交通出行的效率。与驾驶私人小车相比，高峰时段的公共交通可以在道路信号通行上得到更优先的通行，从而使公共交通的便利性高于私人小车。该系统还使公共交通减少了由于道路拥堵带来的班车晚点，保证公共交通运行时间准确。随着人们候车时间更短、公共交通通行速度更快、使用更便捷，人们乘坐公共交通的意愿大大提高。曼哈顿的智能公共交通系统通过改变公共交通的效率从而改变了居民的出行方式，越来越多的居民选择乘坐公共交通进出曼哈顿。

②智慧公交系统。高效的智慧公交系统成为提高交通效率、缓解交通拥堵的突破口。曼哈顿公交网的高覆盖率及智能公交系统的高时间可靠性大大推动了出行方式的转变。智能交通系统将先进的信息技术、数据通信传输技术、电子传感技术、电子控制技术以及计算机处理技术等有效地集成运用于整个交通运输管理体系，而建立起一种在大范围内、全方位发挥作用的实时、准确、高效的综合运输和管理系统。该系统提高了公共汽车运行速度，使公共汽车更加准时并提高其运行效率。

③电子收费系统。纽约在全市范围内广泛推行电子收费系统，在纽约各市区，广泛推行了美国最著名的联网运行电子不停车收费系统——E-Zpass 系统，这种收费系统每车收费耗时不到两秒，其收费通道的通行能力是人工收费通道的 5 ~ 10 倍，该收费方式每分钟平均可处理 30 辆车，根据运营报表统计数据，人工收费车道（MIC）的平均通行能力为 200 辆/小时，电子收费车道的平均通行能力为 1500 辆/小时，1 条 ETC 车道的通行能力是 MIC 车道通行能力的 7 倍。在纽约，电子不停车收费方式有效解决了因人工缴费导致的拥堵环节。

（3）建设模式分析。政府投资建设模式是一种较为普遍应用的智慧城市投资模式，该种模式下，政府不借助于运营商，而是利用自己的资金、凭借自己所掌握的技术手段对整个的智慧化建设进行整体计划、独立投资和后期运维工作。纽约市政府之所以选择政府投资建设模式，其主要原因在于以下三个方面。

一是智慧城市建设是关系整个国民经济发展的重要战略决策，必须由政府承担全部责任和风险以保证智慧城市的顺利实施。纽约市交通部门对停车者展开大范围调查，发现只有 15% 的人居住在曼哈顿地区，85% 的人不住在曼哈顿，曼哈顿的区域外居民流动比例较高。其中，45% 的未居住在曼哈顿地区的居民表示在过去一个月移动到曼哈顿核心区的次数都超过 20 次以上，这就表明曼哈顿核心区公共停车场的主要使用者为通勤者，而通勤者是造成交通拥堵的最主要原因。

二是纽约市交通部门具备较强的运营管理能力，能够承担起建设智慧城市的使命。城市交通供给与需求之间的矛盾是引发城市交通拥挤和堵塞的症结所在，纽约市交通部门在决策之前，先对曼哈顿区域内的停车者进行调查和分析，以便在决策之前掌握交通供需矛盾的所在，对症下药。通过调查，明确从对停车位的供给管理转为对停车位的需求管理的思路，制订行之有效的市民交通方式诱导方案。

三是纽约市交通部门不再关注传统硬件设施改善，而转向对于信息、运行形态的关注从而整合与提高整体效率。在寸土寸金、空间土地资源严重紧缺的 CBD，以传统的扩张道路面积、增加公共交通运力的硬件改善方式已经不具有现实可操作性。现代大型城市的交通解决方案从"量"的解决方式，转向"效率"的解决思路，移动中城的智慧交通系统正是对这一思路的探索。

4.1.4.2　运营商独资建设运营——韩国"U – City"建设

（1）建设背景。韩国在 2004 年 3 月推出韩国政府发布的《数字时代的人本主义：IT839 战略》，即"IT 839 战略"，该计划的主要内容包括 8 项服务、3 个基础设施、9 项技术创新产品，主要目标是提升韩国现有的资讯科技框架，期望在 2007 年达成韩国的全方位资讯社会愿景。随后，韩国政府推出了

U – Korea 发展战略，希望使韩国提前进入智能社会，"U"是英文 ubiquitous 的缩写，意为"无所不在"，旨在以无线传感器网络为基础，实现资源的数字化、网络化、可视化和智能化，以此促进国家经济社会发展。建设 U – City 是 U – Korea 发展战略在韩国城市的具体实施。U – City 是一个可以把市民及其周围环境与无所不在的技术集成起来的新的城市发展模式。U – City 把 IT 包含在所有的城市元素中，使市民可以在任何时间、任何地点、从任何设备访问和应用城市元素。2007 年 6 月 7 日，为顺利开展 U – City 工作，韩国信息通信部专门成立了 U – City 支持中心，并确定首尔、釜山、仁川等六个地区为 U – City 示范区①。

（2）建设内容及成效。U – City 的建设不仅得到了韩国中央与地方政府的大力推动，韩国的系统集成企业三星数据系统（SDS）、乐金系统集成有限公司（LG CNS）、浦项爱希谛公司（Posco ICT）与韩国 SK 株式会社（SK）、韩国电信公司（KT）等电信运营商也对其具有较高兴趣，纷纷认为 U – City 建设是对未来新业务而进行的前瞻性投资。同时，韩国政府期望 U – City 建设不局限于国内，计划未来主要面向新兴国家出口 U – City 建设的技术与经验②。

①SDS：系统集成企业。

目标：融合 U – City + IT + Green 的模式设想，打造 U – 生态城。

理念：强调 3P（People、Planet、Profit，以人为本、智能、利益）。

业务：2006 年开始使 U – City 业务团队专业化，参与京畿道光教地域 U – City 建设。

②LG CNS：系统集成企业。

目标：希望在 U – City 等业务融合市场上的份额排名第一。

理念：提出提升城市的健康、安全、便捷、舒适、可持续等未来宜居城市的开发方针。

业务：积极挖掘中国与中东的 U – City 业务；2005 年 12 月制定 U – 首尔的整体规划、新老城市的 U – City 信息化战略规划以及多种设计业务，承担恩平新城、板桥新城等大型建设项目；计划重点推进 U – 安全与 U – 自行车等地

---

① 杨红艳."智慧城市"的建设策略：对全球优秀实践的分析与思考［J］. 电子政务，2012（1）.
② 王喜文. 聚焦韩国智能城市建设［J］. 物联网技术，2011（4）.

方政府的通用服务

③Posco ICT：系统集成企业。

目标：提出针对每个城市的自定义 U – City 建设。

理念：希望提供 U – City 的咨询、建设、运营等综合服务。

业务：与 Posco 建设公司合作参与 U – City 建设；与门户网站、安防、医疗、教育、综合管控等专业企业合作，规划 U – City 业务平台的建设。

④SK：电信运营商。

目标与理念：与 SK 建设、SK 能源、SK 天然气等 SK 集团下属公司合作参与 U – City 建设；

业务：将中国市场设为重点对象（2009 年与思科公司签署谅解备忘录）将共同开发商业运营模式；参与松岛 U – City 建设（U – City 宣传体验馆、多功能换乘中心等）。

⑤KT：电信运营商。

目标与理念：实现实用型、可带来降低城市运营成本效果的 U – City。

业务：参与仁川经济自由贸易区的 U – City 项目、釜山 U – City 信息化战略规划、华城东滩的 U – City 建设；积极开拓中东、非洲等市场。

（3）建设模式分析。运营商独资建设运营模式是由运营商承担从建设到运维的全部任务，并负担全部所需费用的建设模式。由于整个项目的经营权完全掌握在运营商手中，因此能够极大地调动运营商建设与运营的积极性，另外对于政府来讲，政府在网络建设与运营的过程中不承担任何责任，不进行任何投资，同时也没有任何风险。韩国首尔、釜山、仁川等"U – City"示范区建设是运营商独自投资建网的运营模式典范，其成功离不开优越的政治环境、信息化战略支持以及良好的信息化条件。

一是优越的政治环境。首尔作为韩国的首都，在全国智慧城市的建设中起着重要的示范作用，政府对首尔的智慧城市建设投入了较大的精力与支持力度，因此，政治环境优越。

二是韩国信息化战略支持。韩国政府的国土海洋部负责 U – City 建设规划与管理，并制定了相关规则制度。此外，国土海洋部还制定了 U – City 的目标：让 U – City 成为韩国经济增长新引擎，培育 U – City 新型产业以及将 U –

City 建设模式向国外推广。

三是良好的信息化条件。首尔在信息化建设方面具备一定的基础条件，它曾连续四次在"世界城市电子政府评价"中位居第一，并且举办了"世界城市电子政府组织成立大会"，因此，相比于其他地区，首尔的技术条件更为成熟。

4.1.4.3 政府牵头运营商建设的 BOT 模式——"无线台北"的建设

（1）建设背景。中国台北为适应信息化、数字化的全球发展趋势，于1999 年拟订了《台北市无线宽带网络建设执行计划》。希望结合民间资本建构全市的公众无线局域网络，并推动市民无线上网及便民配套应用服务，全面提升台北市的具体建设成果与经验，以期成为全世界第一个无线城市，达成"无线台北，台北无限"的政策目标。此计划是在"政府不出钱，市产无移转"的前提下，由市政府提供公共设施（灯杆、交通号志、公有建筑物），2004 年 9 月安源信息公司中标，出资建设台北市无线网络基础设施，并获得该网络的 9 年经营权。考虑到应用示范与产业发展相结合的目的，台北着手基于全球微波互联接入（WiMAX）技术的无线城市网络建设，并以此推动台湾地区 WiMAX 产业的发展。相较于世界其他城市仍只是刚起步布建无线网络，台北的无线网络建设速度相当快，无线网络接入点（AP）数目已达 4200 个、覆盖面积 133 平方千米，人口覆盖率 90%，成为全球最大无线城市网络之一。

（2）建设内容及成效。具体的网络建设和运营上，台北采用 BOT 模式，先期通过市场化方式引入企业资金投资基础设施建设，许诺投资方在建成后的一段时期内拥有该项目的经营权，到期后再由当地行政部门收回管理经营权。项目网络建设费用主要由安源信息公司负责投入或垫付，总计 40 多亿新台币，公司获得 9 年的网络运营权，而运营收费中的 1% ~3% 将上缴行政部门①。

安源信息公司采用北电（Nortel）公司 WI – FI MESH 解决方案，基于

---

① 张晋."无线城市"分类存弊端 创新盈利模式备受关注［N］. 通信信息报，2008 – 12 –11.

IEEE802.11a/b/g 标准，工作在 2.4/5.8GHz ISM 开放频段。项目计划部署 1 万个以上 WI - FI AP。其网络建设包括以下三个阶段，累计部署 WI - FI AP 4000 多个（其中室内 1000 多个，室外 3000 多个）。

第一阶段（2004 年 9 月~2005 年 1 月），WI - FI MESH 网络覆盖台北市 30 个捷运站以及地下街，人口覆盖率为 20%，约 50 万人。

第二阶段（2005 年 2 月~2006 年 1 月），WI - FI MESH 网络覆盖台北市主轴带。除覆盖剩余的捷运站外，并包含台北市的重点商圈及主要道路。人口覆盖率为 50%，约 130 万人，面积约 28.2 平方千米。

第三阶段（2006 年 1 月~2006 年 7 月），以 7 - 11 便利店为主向外扩展，WI - FI MESH 网络覆盖台北市住宅密度区，人口覆盖率为 90%，约 230 万人，面积约 133.9 平方千米。

（3）建设模式分析。政府牵头运营商建设的 BOT 模式是指智慧城市建设过程中政府通过某种协议的方式将智慧城市建设项目授予某个运营商或国内外某个企业对某个项目拥有特许经营权，并且共同约定在一定时间内所产生的效益归政府以外的第三方运营商或企业所有，特许经营期满之后归政府所有的一种经营模式。从政府的角度来看，BOT 建设模式的优点在于智慧城市建设过程中的某个项目的整体建设过程都是由某个企业来实施、建设和运行，政府将项目的规划、建设和实施权力完全委托给建设方，政府所承担的风险较少，只需要承担一些基本的工作，为建设方提供必要的服务。BOT 建设模式的缺点，从建设企业的角度来看，由于政府将建设项目完全委托给建设企业，建设方需要接受几乎所有的风险，承担建设过程中所有的压力，还要克服来自内部环境和外部环境的影响。此外，在双方共同约定的期限内，是否能够按时收回成本，并且是否能够产生一定的收益和获得一定的盈利都不确定。"无线台北"采用政府牵头运营商建设的 BOT 模式，其主要经验包括以下几个方面。

一是由安源信息公司投资，政府很少参与具体事务，因此政府承担的投资和风险都非常小，几乎全部的资金压力和投资风险都由运营商来承担。

二是该项目为收费服务，盈利方式是以前向计时收费为主，安源信息公司拥有 9 年运营权，公司向用户提供资费标准为：包月 399 新台币/月；预付费分别是 30 新台币/1 小时、50 新台币/2 小时，100 新台币/24 小时，500 新台币/1 月，至于预付卡销售方式，将通过星巴克咖啡店进行销售。对于语音业务，99 元新台币包月，通过大规模发展用户以取得盈利。

三是由于营运的不确定性，在实际经营中，至 2009 年 9 月，3 年来累计收费用户仅 60.24 万人，有效收费账号仅 4.7 万人，与 2006 年开始收费时所宣称的当年年底 110 万用户规划有巨大落差，仅为原先目标的 4.24%。同时这也相当于流失了 55 万收费用户，流失率达 92.25%，显然这很难保证安源信息公司顺利收回投资并实现盈利。

4.1.4.4 政府指导运营商投资建设运营模式——智慧广州的建设

（1）建设背景。近年来，广州市委市政府高度重视"智慧广州"建设，提出了"低碳经济、智慧城市、幸福生活"三位一体的城市发展理念，出台了推进新型城市化发展的"1+15"政策文件体系，提出了构建以智慧新设施为"树根"、智慧新技术为"树干"、智慧新产业为"树枝"、智慧新应用新生活为"树叶"的智慧城市"树型"框架要求①。2009 年年底，广州市开通我国首个"由政府主导，牵手运营商"的无线城市官方门户网站——"智慧广州"，该网站分智慧声音、智慧民生、智慧生活、智慧兴业、智慧亚运五个板块，使市民、企业以及社会各界能够获得更加高效便捷的无线宽带网络接入和公共信息服务。2012 年，广州市被评为全国智慧城市领军城市，智慧城市发展水平位列全国第二。另外，"智慧广州战略与实践"荣获 2012 年巴塞罗那世界智慧城市奖。

（2）建设内容及成效。信息基础设施建设是"智慧广州"优先建设的重点，主要围绕构建枢纽型国际信息港和推进城市基础设施智能化两个方面展开，其中，构建枢纽型国际信息港按照"政府主导，社会参与"的思路推进，重点推进光纤到户、无线城市、宽带移动通信网、城市感知网、国际云计算中心和大数据信息资源库建设，构建无所不在的世界级宽带信息网络，夯实智慧城市基础；城市基础设施智能化按照"政府推动、企业主导"的思路推进，重点是加快 4G 通信网络、光纤到户、无线城市等新一代信息基础设施建设。

---

① 姚华松，罗萍. 新型城市化的建构过程与广州实践——兼论建设"智慧广州"[J]. 城市观察，2012（6）.

①宽带网络工程。加快推进光纤到户、"无线城市"宽带网络、宽带移动通信网和双向数字有线电视网络等新一代宽带网络建设，推进城乡无线移动宽带网络全覆盖、城区"千兆进企、百兆到户"、乡村"光纤进村、宽带到户"。不断提高国家电信网、国际互联网枢纽的服务水平和处理能力。

②国际云计算中心。实施"天云计划"，加快建设广州超级计算中心和电子政务云计算平台。推进中国电信沙溪云计算中心、中国移动南方基地、中国联通数据中心、中金华南数据中心和亚洲脉络等一批云计算中心建设。

③中新广州知识城智慧城市示范区。构建基于新一代宽带网络的光网城区，搭建出口带宽达 100 吉位（G）的新加坡—知识城国际通信光缆通道，推进智能电网、电子政府、智慧社区、智慧教育、智慧医疗、智能交通等示范应用，推进智慧产业发展。

（3）建设模式分析。政府指导运营商投资建设运营模式优点在于：一是政府节约了投资建网的资金，仅需支付部分资金用于购买公共服务，财政压力较小；二是网络的投资建设和运营全部由运营商一手负责，政府仅提供支持，对政府来说风险较小；三是运营商能通过灵活配置投资和收益模式来达到政府监管和企业运营的平衡，既保证公共服务的需要，又能实现项目盈利；四是运营商对于整个设施和网络有很大的操控权，从而会积极参与项目流程，努力增加客户保有量，提高忠诚度。

智慧广州选择以政府指导运营商投资建设运营模式，通信运营商从网络建设、聚合平台构建、深度参与应用开发三个层面循序渐进，参与智慧广州的建设。

一是做好网络建设与服务。智慧城市信息采集、传输的多样性、复杂性，对运营商网络基础设施的建设提出了更高要求，需要运营商做好网络建设与服务。根据电信、移动、联通等与广州市政府签订的合作协议，5 年内三大运营商将在信息基础设施方面投入 400 亿元，助力智慧广州建设。如广东联通"十二五"期间在广州市网络建设以及信息化项目投资超过 80 亿元的基础上，继续规划投资 100 亿元，进一步打造优势网络及固网宽带高速网络，加快物联网、云计算的研发和示范应用。

二是打造行业性聚合平台。智慧广州建设涉及的范围非常广泛，如智慧医疗、平安城市、智慧教育、智慧家居、智慧交通、智慧环保等。通信运营商有着良好的品牌知名度，综合实力和技术能力在国内 ICT 领域都位居前列，同时也是智慧城市基础设施的提供商、运营商、服务商，在智慧城市建设领域具备一定的建设与运营经验，是智慧城市行业聚合平台构建与运营的最佳选择。如中国移动广州分公司与广州珠江数码集团有限公司共同搭建的"智慧广州"无线城市门户网站，是中国首个由政府与运营商共同搭建的无线城市门户网站，它整合了政府信息、便民服务、影视资讯、商家优惠、移动增值业务等资源，基于"智慧声音、智慧民生、智慧生活、智慧兴业、智慧亚运"五大板块，为市民提供一站式的全方位资讯服务。

三是深度参与内容和应用开发。运营商在各类应用开发与推广方面，有着其他应用供应商所不具备的优势。一方面，运营商是智慧城市基础网络设施的服务商，在网络资源利用与技术方面具有绝对优势；另一方面，通信运营商具备规模庞大的用户群，从传统上与产业链上各个环节均保持广泛和深入的合作，非常了解用户的消费偏好与行为特征，为各类应用服务的研发与推广提供了有力的支撑。如广州联通就形成沃 10010、沃·行讯通、幸福广州 3 个百万级用户产品，以及沃·警民通、沃风铃、沃·掌上家缘、沃游通、沃·掌上医生 5 个 10 万级用户产品。

4.1.5 路径要素视角的案例分析

4.1.5.1 基础设施建设型——智慧上海的建设

（1）建设背景。作为国际大都市，上海市敏锐地抓住信息化革命浪潮带来的机遇，在全国率先提出建设"智慧城市"战略，以更高、更宽的视野系统规划"智慧上海"建设。2011 年 9 月，上海发布了《上海市推进智慧城市建设 2011～2013 年行动计划》，正式提出"智慧城市"，明确提出推进"大力实施信息化领先发展和带动战略"，智慧城市基础设施能级跃升，最终达到光纤到户、无线宽带覆盖城镇化地区，实现百兆接入能力全覆盖，家庭平均接入带宽达到 20Mbps，构建起多层次、广覆盖、多热点的无线宽带网络，互联网国际和国内出口带宽分别达到 1Tbps 和 5Tbps，国家三网融合试点任务全面完成，提供随时随地按需接入的宽带服务，成为国内通信质量、网络带宽和综合服务最具竞争力的地区之一。目前已实现了上海市光纤到户覆盖能力和用户规模、WLAN 覆盖密度、城域网出口带宽和高清电视、高清 IPTV 用户数"四个国内第一"。

（2）建设内容及成效。围绕构建国际水平的信息基础设施体系，通过政府规划引导，推动相关企业重点实施宽带城市、无线城市、通信枢纽、三网融合、功能设施五个专项，全面提升上海信息基础设施服务能级[①]。

①宽带城市建设。加快城市光纤宽带网和下一代广播电视网（NGB）建设，实现城镇化地区全覆盖，显著提升网络基础设施能级，建成全国规模最大的光纤宽带、NGB 城市网络，基本建成宽带城市。

一是光纤宽带网。对新建住宅小区和楼宇按光纤到户标准进行建设，对已建住宅小区和楼宇加快光纤到户改造，光纤到户能力覆盖 650 万户以上家庭。扩容、优化城域网络，提高用户接入和业务承载能力。

二是下一代广播电视网（NGB）。完成 490 万有线电视用户 NGB 网络改造，具备提供高清电视、高速数据接入和语音等三网融合业务的能力。完成郊区 180 万有线电视用户数字电视整体转换。

②无线城市建设。构建起多层次、广覆盖、多热点的全市无线宽带网络。无线局域网（WLAN）热点基本覆盖城市重要公共场所，移动通信网络实现城乡全覆盖，时分同步码分多址长期演进技术（TD – LTE）率先在国内投入试商用，基本建成无线城市。

一是无线局域网（WLAN）热点。大力推进全市公共场所、服务场所的 WLAN 建设，全市 WLAN 总量超过 2.2 万处。实现公共交通、行政办公、文化体育、公园绿地、旅游景点、宾馆酒店、教育卫生、商业金融等设施的重点场所覆盖率超过 80%，接入能力达 20Mbps，覆盖密度和质量国内领先。

二是移动通信网络。开展网络优化、技术升级和提高深度覆盖，增加宏基站和室内覆盖系统建设，提升无线宽带数据业务承载能力。

三是 TD – LTE 规模技术试验网。完成国家 TD – LTE 规模技术试验网建

---

① 上海市经济和信息化委员会．上海市推进智慧城市建设 2011～2013 年行动计划 ［EB/OL］．2011 – 09 – 08. http：//www. sheitc. gov. cn/szfgh/652766. htm.

设，力争在此基础上实现中心城区和部分郊区城镇的网络覆盖，率先在国内城市中开展 TD－LTE 试商用。

③通信枢纽建设。继续保持城域网出口容量国内最大，海光缆通信总容量占全国 50% 以上，进一步提高通信转接能力，增强服务全国及周边国家和地区的能力，积极创建亚太通信枢纽。

一是海光缆系统。完成新亚太海光缆（APG）在本市的登陆建设并投入运行，推进跨太平洋直达（TPE）、亚太二号（APCN2）等已建海光缆扩容建设，力争在本市登陆的海光缆通信总容量达 10Tbps。

二是国际、国内互联网出口扩容和互联互通。加强国际、国内通信系统建设，大幅提高城市网络出口能力，互联网国际和国内出口带宽分别达到 1Tbps 和 5Tbps；支持基础电信运营商通过各自在上海的国际通信节点实现与亚太地区主要电信运营商的网络直连，增强上海通信枢纽能力；鼓励基础电信运营商加强网间直联，增强与其他网络运营商的互联互通能力。

④三网融合试点。全面完成国家三网融合试点任务，在基础设施能级、试点业务规模、运营管理模式、应用服务水平和重点产业发展方面实现全国领先，广大市民充分享受三网融合的成果。

一是管理平台。基本建成 IPTV、手机电视等集成播控平台及网络信息安全技术管控平台、信息网络视听节目监管平台，完善相关业务功能，做好与国家有关平台的对接，加强与本市网络信息安全综合监测体系的衔接。

二是试点业务。深化拓展 IPTV、手机电视和基于有线电视网络的互联网接入等试点业务，推进基于有线电视网络的国内 IP 电话等试点业务开展，促进多屏互动、高清视频、互动娱乐、智能家居等融合业务应用，探索创新管理机制和商业模式。

三是业务基地。加快中国电信视讯运营中心手机、电脑、电视等多屏互动平台建设，实现多终端设备交互应用。推进中国移动视频产品创新基地建设，发展手机视频新业务，开发客户端新产品，促进视频业务整合。推进中国联通手机应用商店运营基地建设，完善业务管理平台和开发多种应用功能，整合内容资源，拓展应用领域，发展新型业务运营模式。

⑤功能设施建设。建设国内领先、国际一流的功能服务型信息基础设施，

在国内率先部署规模化商用云计算数据中心，部署运算速度居国际前列的超级计算主机系统，为大力拓展存储、灾备、高性能计算、高精度位置服务等网络增值业务做好基础支撑，满足服务本市及周边地区经济社会发展的需求。

一是互联网数据中心（IDC）。多方参与、增大投入，整合资源、合理布局，注重节能环保和服务创新，实现集中式和规模化部署 IDC，增强云计算、虚拟存储等高端业务服务能力，全市 IDC 总机架数力争突破 2 万架。

二是超级计算中心四期。加强部市合作，推进技术和应用研究创新发展，参与研制并引进位居国际前列的超级计算主机系统，完成超级计算中心四期的规划选址，建设与之相适应的运营基地和附属设施，面向科技研发、经济建设和社会发展，不断提升应用服务能级，拓展应用服务领域。

三是高精度位置服务平台。以上海 GPS 综合信息网为基础，完成多站点兼容北斗导航卫星、GPS 卫星、GLONASS 卫星的建设和改造，建成上海地区连续运行参考站系统（CROS）无线广播平台和高精度位置服务平台，开展多种位置服务应用。

（3）建设模式分析。智慧基础设施主要包括信息网络设施、信息共享基础设施以及经过智能化改造的传统基础设施三个方面内容，其中信息网络设施包括有线宽带、无线宽带、城市物联网及三网融合等，这是智慧城市的信息传输系统；信息共享基础设施包括云计算平台、信息安全服务平台及测试中心等，这是智慧城市的公共数据存储、信息交换及运营支撑平台；经过智能化改造的传统基础设施主要是对水、电、气、热管网，以及道路、桥梁、车站、机场等设施的感知化与智能化建设。基础设施驱动型是指把信息技术设施的建设和完善作为智慧城市建设的切入点和突破口，是智慧城市建设模式的载体驱动要素。上海选择基础设施驱动型作为智慧城市建设的突破口，其主要经验包括以下五个方面。

一是系统规划、有序推进全市信息化建设。系统地制定"智慧城市"建设规划，以及各类信息化发展专项规划，全面推动上海市信息化建设。

二是研究国家产业政策，做好对接工作。积极研究国家支持软件业、信息服务业等方面的政策，做好对接，并适时出台相应的落地措施，帮助企业发展。

三是大力发展园区和基地。通过建立信息化专门园区和基地，吸收散落在外的企业入驻，提供政策咨询和辅导服务。

四是政府资金持续支持，培育新一代信息技术产业。上海市财政每年安排10亿元支持软件和集成电路企业发展。同时，对属于战略性新兴产业的企业，尽可能将各类专项资金导向扶持它们，促进企业发展。

五是实施人才战略，吸引高层次人才到沪创业。为到上海创业的信息化人才解决户口、子女入学等方面的问题。对有特殊才能的人才，专门开设绿色通道，引进到上海。

4.1.5.2 核心技术发展型——智慧无锡的建设

（1）建设背景。2009年8月，时任国务院总理温家宝在无锡视察时指出："要在激烈的国际竞争中，迅速建立中国的传感信息中心，或者说'感知中国'中心。如果无锡具备各种条件的话，就让其自然形成，定在无锡。"至此，无锡作为"感知中国"的中心，开启了智慧城市建设之路。目前，无锡是国家唯一的传感网创新示范区、唯一的国家云计算创新服务地级试点城市，同时，又是云计算服务安全审查国家标准应用试点城市、首批国家智慧城市建设试点城市、首批国家智慧旅游试点城市、TD-LTE试点城市、下一代互联网试点城市、三网融合试点城市、电子商务试点示范城市、信息惠民试点城市、国际电气和电子工程师协会（IEEE）倡议实施的智慧城市试点计划中国唯一的试点城市、软件名城创建试点城市、国家金卡工程试点城市等近20个国家级试点城市。2015年11月在北京召开的中国智慧城市发展年会上，无锡再获全国智慧城市发展水平评估第一名，已经连续四年获全国智慧城市发展第一名。

（2）建设内容及成效。无锡以国家传感网创新示范区建设为契机，出台了《无锡国家传感网创新示范区发展规划纲要》，不断加强云计算、物联网、移动互联网、大数据、高端软件、智能终端、智能处理、地理信息等领域的核心技术攻关[1]。

①加强物联网技术创新。无锡聚集了多家国字头的物联网、传感网的技术

---

① 工业和信息化部. 无锡国家传感网创新示范区发展规划纲要 [EB/OL]. 2012 - 08 - 20. http：//govfile. beijing. gov. cn/Govfile/ShowNewPageServlet？ id = 5978.

研发中心，国内外众多物联网研发机构也纷纷落户无锡。国家微纳传感网工程技术研究中心、中国（无锡）国际数据中心、无锡建设国家传感网创新示范区（国家传感信息中心）、国家（无锡）传感网国际科技合作基地、"感知中国"物联网技术联盟等相继落户无锡。无锡把物联网技术创新上升到了全市战略的高度。无锡物联网技术创新的重点领域包括：一是重点加强智能和微型传感器、超高频和微波 RFID、地理位置感知与导航终端、智能仪表等感知技术的研发与应用；二是重点加强大数据存储、实时数据库、智能分析和决策、物联网应用中间件、高性能系统集成等处理技术的研发与应用；三是重点加强物联网体系架构、标识与寻址、频谱与干扰分析、信息与网络安全、产品标准测试等共性技术的研发与应用。

②联动核心关键技术。2008 年 5 月 10 日，IBM 无锡云计算中心正式投入运营，这是全球第一个实现商业运营的云计算中心。2009 年物联网产业在无锡异军突起后，随着物联网与云计算的逐步融合，无锡将强大的物联网产业优势与云计算产业实现联动发展，进一步推动了云计算产业的发展，2011 年云海创想和曙光信息两大国内云计算产业巨头先后进驻无锡，使无锡成为全国云计算领域的领头城市之一。无锡全面跟踪、重点突破、前瞻布局，瞄准一批关键技术领域，争取国家重大专项支持，组织联合攻关，突破一批国际领先的关键技术；以虚拟化技术、云计算平台核心中间件、大型网络安全、大型系统性能评测、分布式海量数据存储与管理等自主研发为重点突破口，研发安全可靠的软硬件解决方案，形成一批具有国际领先水平的自主知识产权技术和产品。支持企业自主创新，大力推进云计算技术与新兴技术融合创新，积极发展云集成、云管理平台和云应用软件等技术。

③重点发展细分行业。重点发展物联网硬件、软件和信息服务、系统集成及运营服务等核心产业，着力加强传感器、芯片以及相关仪器仪表和智能终端的设计制造能力，提高嵌入式系统、中间件、应用软件及各类安全软件的研发和产业化水平，发展设计咨询、系统集成、运维服务、网络服务、内容服务等物联网应用服务产业，建设物联网关键装备和应用服务产业集群。加快发展微纳电子器件、网络基础软件和应用软件、集成电路、计算机、通信设备、微能源、新材料等支撑产业，完善物联网产业配套支撑体系。

（3）建设模式分析。物联网是战略性新兴产业的增长点，是信息化和工业化的切入点，是制造业和生产性服务业的融合点，对于促进经济社会持续健康发展具有十分重要的意义。智慧无锡选择核心技术发展型建设模式，把物联网作为新兴产业发展的战略重点、作为撬动产业转型升级的重要战略支点，积极抢抓新一轮物联网发展机遇，推动产业结构迈向中高端，在组织体系、资金投入和发展环境等方面，为加快打造"智慧名城"提供有力支撑。

一是健全组织体系。无锡市成立物联网产业发展领导小组，负责物联网产业发展规划制定、组织实施和重大项目推进工作。建立无锡物联网产业发展统计监测体系、目标责任考核体系和激励机制，细化目标任务，落实考核内容，加强督查检查。研究制定推动物联网产业发展的相关配套政策和工作推进方案，加大持续推进力度。

二是加强政策支持。加大财政资金对物联网产业发展的引导支持，每年筹集和整合包括省、市、区（县）在内的物联网专项资金，用于支持无锡国家传感网创新示范区建设。引导各类金融机构推出符合物联网企业融资需求的信贷创新产品，引导社会资金进入物联网产业，建立若干物联网产业基金。

三是优化发展环境。在资金、土地、人才等方面加大对物联网领域企业和项目的供给力度。发挥好无锡国家传感网创新示范区网站及微信平台、世界物联网博览会网站及微信平台的作用，加强与 IEEE 等国际组织在物联网及相关领域的交流合作，进一步提升无锡示范区影响力。

4.1.5.3 智慧技术应用型——智慧北京的建设

（1）建设背景。北京市在发展过程中面临着诸多城市发展难题，如膨胀过快，而且人口老龄化加剧，交通拥堵问题十分严峻，这些问题严重地制约北京市经济社会的发展，迫切需要通过智慧城市建设来破解难题、转变发展方式，逐步形成首都持续发展的强大动力。为了解决城市发展难题、实现发展方式转变，依托新一代信息技术，北京市政府适时提出了"智慧北京"发展战略，印发了《智慧北京行动纲要》[①]，提出从政府主导领域和市场主导领域分

---

① 北京市人民政府．智慧北京行动纲要［EB/OL］．2012 – 03 – 07．http：//govfile．beijing．gov．cn/Govfile/ShowNewPageServlet？id = 5978.

类推进智慧北京建设。计划到 2015 年普及四类智慧应用，建成四类智慧支撑，实现四大智慧提升。智慧北京的要旨是：全力建设人人享有信息化成果的智慧城市，以普及城市运行、市民生活、企业运营和政府服务等领域的智慧应用为突破点，明确主题、聚焦重点，通过政府引导、多方参与的方式，全面提升经济社会信息化应用水平，推动北京加快迈向信息社会①。

（2）建设内容及成效。

①城市智能运行。北京市建成了领域信息系统和主题数据库，实现人口信息资源的统筹管理和共享；完成了交通行业数据中心、交通运输动态分析平台、交通应急指挥系统、交通拥堵指数发布系统等一批重点工程建设，为全市 65% 的公交车辆安装了卫星定位设备，促进交通服务的智慧提升；建成了食品安全追溯平台和食品安全信用信息系统，有力地保障了首都的食品安全；完成了细颗粒物等重点大气污染物监测体系的建设，提高空气质量监测水平。

②市民数字生活。北京市推进网格化社会服务管理模式，初步实现了对区域的人、地、事、物、组织的动态服务管理，并形成了西城"全响应"、朝阳"全模式"等一批创新模式；北京市启动了养老服务与管理信息系统建设工作，推进老龄工作的科学合理化管理，实现老龄业务管理的粗放化向精细化的转变；积极推广电子病历、健康档案和预约挂号服务；搭建了房屋全生命周期管理信息平台，基本完成了实现保障性住房资格审核的网上办理，提高住房服务信息化水平；建成了高校毕业生就业管理信息系统，面向就业主管部门、院校、毕业生三个层面用户提供服务，加强网上教育和就业服务；充分利用移动互联网、物联网等新技术，建成数字旅游信息服务平台、景区智能导览系统等，大力发展智慧旅游。

③企业网络运营。全力支持电子商务企业的发展，出台了电子商务相关政策和办法，设立鼓励电子商务发展的相关资金，形成了一大批电子商务试点示范。例如西城区出台了电子商务发展指导意见，形成了联动优势电子商务有限公司、联通、奇虎等一批支付、物流、咨询服务的典型企业，其中广安产业园被评为中国电子商务最具创新活力示范区；海淀区针对电子商务企业给予相应

---

① 童腾飞. 物联网在智慧北京中的应用［J］. 城市管理与科技，2012（6）.

的扶持，区电子商务企业集聚效应明显，清华科技园启明大厦被评为 2012 年北京市电子商务主题楼宇。

④政府整合服务。北京市启动了"智慧北京"顶层设计工作，按照重点领域、部门和区县分层开展，全面推动信息化向统筹集约和互联互通方向发展。市级领域顶层设计围绕重点跨部门协同需求划分为 18 个领域分别开展，形成了初步的系统及资源架构设计；区县方面，东城、海淀等 11 个区县已制定完成顶层设计；部门方面，市公安局、市国土资源局、市经济和信息化委员会、市质量技术监督局等近 30 个部门通过顶层设计梳理了部门内部信息化发展现状和需求，为推动部门内部资源整合创造了条件。

（3）建设模式分析。

智慧北京以普及城市运行、市民生活、企业运营和政府服务等领域的智慧应用为突破点，明确主题、聚焦重点，通过政府引导、多方参与的方式，全面提升经济社会信息化应用水平，推动北京加快迈向信息社会。从智慧北京的建设和发展中可以发现，智慧北京建设重点在于充分利用新一代信息技术提升智慧城市服务功能和优化城市发展内涵，以信息化全面推动智慧城市建设。

一是基于北京特大城市的特点，主要解决特大型城市发展难题和经济发展方式转变的问题，围绕四个主体的智慧化，即法人、自然人、政府要整合服务、城市智能运行，提出"4 + 4"行动计划，即四个主体行动计划，四个支撑，宽带基础设施、公共平台、产业对接、创新发展环境，具体分解 30 项指标到所有的区县和委办局来落实。

二是关注城市企业、市民、政府的智能化应用。在城市运行方面，基本建成人口精确管理、交通智能监管、资源科学调配、安全切实保障的城市运行管理体系；在市民生活方面，基本建成覆盖城乡居民、伴随市民一生的集成化、个性化、人性化的数字生活环境；在企业运营方面，基本普及信息化与工业化深度融合、信息技术引领企业创新变革的新型企业运营模式；在政府服务方面，全面构建以市民为中心、高效运行的政府整合服务体系。

三是紧随《智慧北京行动纲要》的发布，北京市经济信息化委配套印发了《关于开展"智慧北京"需求与产业对接工作的通知》，在全市范围内开展智慧北京需求与产业对接工作，结合当时智慧城市发展需求，北京市经济信息化委员会以市民生活中急需解决的民生应用为切入点，征集并组织实施一批完全由市场投资建设运营的智慧北京重大示范工程。

4.1.5.4　智慧产业先导型——智慧南京的建设

（1）建设背景。早在 2006 年，南京市提出了构建智慧城市的初步设想。2007 年，南京市举办的"智慧产业发展与城市创新"高层论坛上，一批国际知名专家学者围绕发展智慧产业、构建智慧城市等议题进行了深入研讨。2009 年 12 月，南京市委、市政府出台"三个发展"意见，明确提出了推进"智慧南京"建设的重大战略构想，将其作为加快城市转型升级，并在新一轮城市竞争中确立领先优势的关键战略举措。2011 年 12 月出台的《南京市"十二五"智慧城市发展规划》明确提出了推进以智慧产业体系为代表的"六大体系"①，智慧南京将依托"国家创新型城市""信息化和工业化融合试验区"等政策优势，加强产业链整合，促进智慧产业生产商、运营商及周边服务商之间的产业分工与合作，通过产业化组织，推动一批智慧产业基地项目建设，形成布局合理、分工明确的产业发展体系，促进以智慧产业为代表的新兴产业蓬勃发展。

（2）建设内容及成效。

①麒麟科技创新园。麒麟科技创新园以科技研发为主导，体现"创新、集聚、孵化、辐射、示范"五大功能，重点引进物联网产业、新材料、智能环保、现代通信、生物技术等战略性新兴产业及文化创意、旅游会展、工业设计等现代服务业。到 2020 年，成为具有国际竞争力的科技成果孵化辐射基地，培育出若干国际知名企业集团，若干在国际市场上有重要影响力的自主创新产品；培育出一批有国际竞争力的专业化高新技术中小企业，成为地区科技创新、产业转型的辐射源，成为南京新一轮经济发展的增长极。

②中国（南京）软件谷。以绕越高速——三桥连接线为横轴、宁丹路——丹阳大道为纵轴，着力打造以中国（南京）软件谷为核心，南京软件

---

① 南京市人民政府. 南京市"十二五"智慧城市发展规划［EB/OL］. 2011 – 12 – 31. http：//www. jiangsu. gov. cn/jsgov/sx/shengxs/nanjings/201212/t20121218_309380. html.

园和江苏软件园为两翼的软件产业集聚区。其中，中国（南京）软件谷位于雨花台区，范围涵盖雨花软件园、雨花经济开发区、铁心桥工业园等，规划面积约70平方千米；南京软件园位于浦口区，范围涵盖城南河路以西、三桥园区等，规划面积约14平方千米；江苏软件园位于江宁区，范围涵盖东吉谷、吉山软件园等，规划面积约16平方千米。

③无线谷。无线谷以东南大学现有的两个国家重点实验室和一个国家工程研究中心为基础，以筹建中的南京通信技术国家实验室为核心。项目布局上将分三个圈层。第一圈层，以东南大学通信技术国家实验室为核心，主要建设六个研究中心和一个移动通信综合测试场。六个研究中心包括核心网络与互联技术研发中心、无线移动通信网络研究中心、通信射频与天线研究中心、集成电路设计研究中心、通信多媒体信息处理技术研究中心和通信协议与应用软件研究中心。第二圈层即中间圈层，主要建设相关企业和高校、科研院所的研发机构、跨地区联合研发机构、公共测试平台、工程技术中心等。第三圈层，以通信技术为特征的高科技企业集群。

④液晶谷。液晶谷规划面积4平方千米，5年内在平板显示产业领域累计投资800亿元。通过加强与中电产业集团以及日本夏普公司合作，在未来三年内，建成两条以上高世代液晶面板生产线。以高世代液晶面板项目为牵引，众多液晶关键器件、专用设备以及模组和整机等液晶产业链上下游项目相配套，形成拥有自主知识产权，集研发、制造、销售为一体的世界一流"中国南京液晶谷"。

⑤射频谷。射频谷以仙林大学城的示范园为基础，将建设物联网技术研发与产业化两大平台体系。采取引进、合作、培育等方式，快速集聚一批国家、省、市物联网领域高层次科研力量和研发机构，重点引进物联网检测机构、认证机构、重点实验室等科研力量，加快建设国家级物联网研发和工程中心，形成一批有自主知识产权的技术成果。按照统一规划、市场运作、鼓励企业参与的原则，积极推动创新科技成果的工程化，推进物联网技术在交通、物流、青奥等重点领域和工程中的推广应用，形成以市场为导向、以企业为主体的产业研发体系。

⑥智能电网基地。南京作为国内电力自动化研发和装备生产的高地，占有

电力自动化控制设备市场 60% 的份额，拥有智能电网发展的良好基础。国电南瑞、南瑞继保、国电南自等是南京智能电网建设的主力军，拥有大量自主知识产权的产品。抓住国内首个智能电网科研产业基地落地江宁的机遇，加快发展中国（江宁）智能电网产业园，为中国智能电网自主技术研发、核心装备制造、关键产品检测提供强力支撑，并向新能源、新材料等电工电气设备制造的上下游延伸和拓展，逐步形成体系完备、附加值高、竞争力强的新兴产业链，不断放大产业集聚和企业集群效应。

（3）建设模式分析。智慧产业是产业发展的高级阶段，是产业转型升级的重要方向。大力发展智慧产业，是推动信息化与工业化深度融合的重要举措，是推进中国产业结构优化升级的重要途径，也是建设智慧城市的重要内容。智慧南京选择智慧产业作为先导，加快推进智慧城市建设，其成功经验主要包括以下四个方面。

一是信息产业保持快速发展。南京围绕发展"五大产品群"、培育"九条优势产品链"，切实推进以"液晶谷""无线谷"为引导的信息产业"二十大工程"，其中，软件与信息服务业、新型显示、下一代信息网络、智能电网产业规模均已达千亿元以上，新型显示产业规模位居全国第二，成功申报为国家信息消费试点城市、下一代互联网示范城市。

二是吸引一批国内知名企业参与。目前，IBM、微软、华为、中兴、神州数码等国内外知名企业都积极加大在智慧南京建设方面的技术创新和投入，三宝科技、云创存储、焦点科技、润和软件等一批本地科技创新企业也积极参与智慧南京建设，促进了云计算、物联网等技术研发、产业化和上下游产业链的形成。

三是培育本地企业创新发展。擎天科技、江苏鸿信、国瑞信安等企业已逐步成长为智慧城市建设领域的中坚力量，还专门组建南京市信息化投资控股有限公司，在城市通信专网建设与运维、智慧政务、智能交通、三维城市数字空间、运动与健康等领域开展重大项目策划咨询，拓宽投融资渠道，培育了一大批智慧城市创新应用典范和信息化行业排头兵。

四是科教人才方面具有比较优势。南京拥有的高校和科研院所的数量，仅次于北京和上海，同时还进一步普及信息化基础教育，加强专业人才培养；积极引导驻宁高等院校调整相应专业和学科设置，增加信息技术与管理复合型专业，积极与国际专业信息化人才培训机构联合办学，培养出大批信息化管理人才。

4.2 国内外智慧城市建设模式对比研究

4.2.1 中外智慧城市建设模式的共同点分析

国外智慧城市建设情况各种各样，不同的国家有不同的建设模式和特征，总的来看，国外智慧城市的建设模式在政府主导作用、建设主题、建设过程、建设模式选择等方面存在诸多共性[1][2][3]。

4.2.1.1 智慧城市建设离不开政府主导

任何一个城市的发展，都离不开政府的作用。不管后期的发展与规划是依靠第三方还是科研机构等进行智慧城市的建设，政府都要在其中起到一定的作用。斯德哥尔摩的"智慧交通"是在企业与政府、研究机构及群众共同的合作下去实施建设的；新加坡"智慧国 2015 计划"通过整合政府计划，充分强化政府作用，确保"多个部门，一个政府"的发展方向；纽约"智能停车系统"是在纽约市交通部门主导下进行的；韩国首尔的"U－City"计划、国内的智慧城市试点城市也都依据政府条例，拟订适合自身的智慧城市建设实施方案。整个建设模式实施的过程都离不开政府的支持，需要依据当地的政策调整建设模式，不断改进以期达到最好的建设效果。

4.2.1.2 建设模式都围绕"智慧"主题

国内外城市智慧城市的建设，不管是从哪方面进行建设，智慧民生、智慧

① 彭继东. 国内外智慧城市建设模式研究 ［D］. 长春：吉林大学，2012.
② 黄婷. 国内外智慧城市建设模式比较研究 ［D］. 西安：西北大学，2015.
③ 梅雪珂. 中外智慧城市建设模式比较研究 ［D］. 哈尔滨：黑龙江大学，2016.

治理、智慧产业、智慧交通、智慧服务等，都是围绕"智慧"为主题，在经济发展过程及城市建设模式的不断转变过程中，都是以更"智慧"为目的。随着城市的变化，由数字城市逐步发展到智慧城市，都是为了更好地解决城市生活中存在的问题，在高科技不断发展的过程中，使人们的生活更加"智慧"。许多城市开始建设云计算储存中心，使城市能够对其本身的大数据进行系统化的分析，所有的城市都更加了解自己的数据，更好地应用城市本身数据，让城市有目的、有方向地向着智慧化发展。

4.2.1.3　智慧城市建设的过程基本相似

无论是新加坡"智慧国 2015 计划"的建立，韩国首尔的"U – City"计划的形成还是斯德哥尔摩"智慧交通"的成型，这些智慧城市的建成都是从前期的基础设施建设投资开始，到中期的信息共享机制形成，到后期整个智慧网的建立投入使用，其整个建设过程的顺序基本相似，包括在我国也有相同的过程。无论是从物联网开始还是从信息基础设施建设来驱动还是通过应用领域来带动智慧城市的建设，其整个建设顺序都要以基础设施作为基础，再慢慢发展扩张最终形成。因此，国内外来看，智慧城市建设的过程基本相似。

4.2.1.4　与本国国情或当地情况相适应

智慧城市建设是一项复杂的系统工程，涉及的利益主体众多，项目类型各异，需要运营商、供应商和政府多方通力合作，根据不同的项目选择合适的建设与运营模式。因此，不管是斯德哥尔摩"智慧交通"，还是智慧广州的建设过程中运用到的电信企业为主导进行开发，作为高新科技的研发项目等一系列智慧城市建设模式都是与当地的整体经济、科技、政策等因素相适合的模式来建设智慧城市。

4.2.2　国内外智慧城市建设模式的差异分析

由于技术、资金、人才、经验的差异悬殊，国外智慧城市的建设模式在建设主体、工程建设规模、建设整体效益、建设侧重点等方面有诸多差异[①]。

4.2.2.1 建设主体角色不同

在国外，尤其是发达国家，电信企业以及一些科研机构对于智慧城市建设的热情要远远大于当地政府，很多时候，当地政府只是处于一个辅助的角色，为了保护建设过程的顺利进行而发布与制定一些政策和法规。比如斯德哥尔摩的"智慧交通"项目中，IBM 公司作为主要承包商，负责智能收费系统的设计、建设、实施等一系列工作，而政府机构只负责部分基础设施建设、法律法规支持等方面的工作。在我国智慧城市建设进程中，几乎所有的城市都是由政府进行主导，制定并推进一系列强有力的政策、规划和顶层设计，循序渐进地推进智慧城市建设，这与国外的智慧城市建设截然不同。

4.2.2.2 工程建设规模不同

国外的智慧城市建设更多的是关注一项工程，而我国的智慧城市则要更多地考虑协同其他许多工程。国外智慧城市规划大多数都聚焦于一项或特定的几项智能工程，基本上每次建设只进行一个项目；国内的智慧城市规划经常是对城市整体的规划，一次建设要考虑许多工程，比如宁波已成功举办 6 届智博会，累计签约大型合作项目近 150 个，签约金额超 620 亿元，"十二五"期间，智慧宁波建设主要着力于 31 项工程 87 个项目，总投资高达 407 亿元。

4.2.2.3 建设的整体效益不同

我国的智慧城市建设模式大部分都需要考虑城市的整体效益，既要考虑现有信息基础设施与平台建设，又要推进与市民生活密切相关的公共服务智慧化；既要围绕产业转型提升和产业链延伸，又要推广一批智慧应用示范项目。而国外的建设主要侧重于几个智慧项目工程，并没有对整体城市的智慧化规划，只需要规划与考虑单个项目的研究成果和工程效益，这种建设模式的效果往往容易控制；而相比较而言，国内智慧城市的建设模式大部分是对整个城市

---

① 黄婷. 国内外智慧城市建设模式比较研究 [D]. 西安：西北大学，2015.

进行信息化规划，这种模式必须要考虑城市的整体效益，这种模式对于智慧城市建设所得到的成果见效比较困难。

4.2.2.4　建设的侧重点不同

智慧城市建设的功能定位在服务上，但涉及功能的具体划分时，则各有侧重。欧洲国家更关注能源节约及生态保护的功能，比如斯德哥尔摩以智慧交通作为手段，以减排为核心建设"气候智慧型城市"。而国内城市的智慧城市框架体系则对产业、技术与民生较为关注，属于管理服务型。如智慧无锡把物联网产业上升到了全市战略的高度，重点发展物联网核心产业、物联网支撑产业以及物联网带动产业；智慧北京以普及城市运行、市民生活、企业运营和政府服务等领域的智慧应用为突破点，建设人人享有信息化成果的智慧城市。

4.2.3　国内外智慧城市建设模式启示

4.2.3.1　国内外智慧城市建设模式分野

显然，在智慧城市的建设上，世界各国主要城市都没有统一的模式，而且已经出现发展思路、工作取向、建设方式等方面的分野①。

（1）发展思路。在发展思路出现广义智慧城市和狭义智慧城市建设思路。广义智慧城市思路旨在全面推广智慧增长理念，强调将智慧增长理念贯穿于整个城市的诸方面，追求最终形成一个长期的智慧增长道路，在经济发达、资金丰裕的发达国家城市尤其是欧洲城市得到普遍认可。狭义智慧城市思路强调技术导向的具体应用，在新兴经济体城市比较通行。其特点是，一方面应用可见、示范效果明显；另一方面同社会实际需求的吻合度和应用平台的可拓展、可复制性较难得到保证。

（2）推动主体。在推动主体上分化为政府主导和市场主导。政府主导是由政府制定明确的智慧城市发展战略，加大基础设施投资，推动国际、国内的

---

① 丛晓男，刘治彦，王轶. 中国智慧城市建设的新思路［J］. 区域经济评论，2015（6）.

相关资源要素向城市集中，支持和鼓励政府、企业、市民等主体之间形成互动和网络关系，引导全社会参与智慧城市建设。政府主导的发展模式主要依靠自上而下的力量，金融业不发达、风险投资不足的城市可以采用此模式。市场主导在市场机制配置资源的前提下，建设主体在各自的利益需求和市场竞争压力下，不断寻求技术上的突破和科技创新，自发地在城市地区形成"智慧产业"集群和有利于创新的环境。这种市场导向型发展模式主要来自自下而上的力量，发达工业化国家一般采用此模式。

（3）发展目标。在发展目标上呈现效益导向和社会服务导向。未来智慧城市建设将催生跨领域、融合性的新兴产业形态，还可以引发相关产业链的垂直整合，使企业之间的合作不断深化与加强，并带来万亿元产业规模，主要表现在智慧城市重大工程项目的建设，将培育出一些创新性的企业，逐渐形成具有一定竞争力的产业。另外，通过智慧城市建设带来的技术应用与模式创新，间接影响传统产业的转型升级，促使产业的互联网化发展，这些产业的不断发展，将会带来巨大的经济效益。采取了社会服务导向智慧城市建设路径的城市，其主要目标是使全民能够共享免费和低成本的互联网和计算机以及相应的便利，通过普及基础信息和数字技术，促进社会不同群体的融合。

（4）应用方向。在应用方向上分为智慧经济、智慧服务和智慧资源三大领域。智慧经济应用侧重强调城市产业的优化升级，即通过信息技术在生产领域的应用，提高信息化对经济发展的贡献率，转变经济增长方式和结构。智慧服务关注城市和谐发展的支柱是智慧型、人性化的城市服务。智慧资源侧重优化智慧城市的生存环境，充分挖掘利用各种潜在的信息资源，加强对高能耗、高物耗、高污染行业的监督管理，并改进监测、预警手段和控制方法，实现资源节约型、环境友好型社会和可持续发展的目标。显然，智慧服务的建设以人为本，智慧环境的建设以节能减排、保障环境为重点，而智慧经济的建设重点是保持经济的持续增长，由于建设的出发点和基础环境不同，最终达到的效果也不尽相同。

4.2.3.2 智慧城市建设模式选择原则

国内外智慧城市建设模式的实践，给智慧城市建设模式选择提供了很好的经验，总的来看，主要有以下几个方面①②。

（1）因地制宜地选择适宜的智慧城市建设模式。智慧城市的各种建设模式没有优劣之分，只有合适的才是最好的，对此，要把握城市的特色，选择合适的建设模式。概括地讲，经济水平较高、科技创新能力较强的城市，如智慧深圳，可选择技术驱动型；突出政府投资的引导作用，如智慧宁波，可选择投资拉动型的建设模式。对于便于政府管理，先做好顶层设计，然后再从宏观到微观，从上到下、从粗到细，逐步向底层推进，可选择由上至下的建设模式，如新加坡"智慧国 2015 计划"；由基层进行持续不断地创新，逐级向上反馈和倒逼上一层级的城市建设，如克利夫兰社区计划，可选择由下至上的建设；围绕膨胀过快、人口老龄化加剧、交通拥堵等现实问题，可选择智慧应用作为突破口，如智慧北京的建设。总之，选择智慧城市的建设模式，应以把握城市的实际情况为前提，因地制宜，体现城市的特色。

（2）根据要素禀赋的差异选择不同城市的建设动力。城市建设动力主要有创新驱动型和投资拉动型。创新驱动型通过不断地进行制度、文化、金融、技术等创新，培育和形成不可复制的强大的竞争优势，不断激发城市发展潜力，不断形成城市经济发展的新的增长点。同时，在城市内部要具有较为完善的创新体系和技术成果转化机制，这种建设模式适用于经济水平较高、科技创新能力较强的城市，如智慧深圳的建设。投资拉动模式对城市建设能产生立竿见影的效果，一般情况下，高效率的投资可以促进城市新知识与新技术的不断产生，推动城市技术水平不断进步，增加社会就业，从而推动城市经济社会的快速发展。对于短期内要达到城市建设目标，且城市资本要素丰富的城市可选择此模式，如智慧宁波就是选择投资拉动型建设模式。

（3）综合运用多种建设模式。对智慧城市建设模式的选择不可采取"一刀切"的、单一的建设模式，而应根据城市建设的实际情况，采用多种模式相结合的方式。总的来看，政府自建自营模式，主要应用于对国家安全、公共安全具有重大意义的项目以及领域狭窄、不具备市场化价值的项目；服务外包

---

① 徐春燕. 智慧城市的建设模式及对"智慧武汉"建设的构想［D］. 武汉：华中师范大学，2012.

② 张静. 智慧城市建设及运营模式研究［D］. 北京：北京邮电大学，2013.

模式，主要应用于平台建设和运维、系统建设和运维、业务需求分析和方案设计、基础设施租用、项目监理等方面；建设转移模式，主要应用于大型基础设施建设；商业建设模式，主要用于公共服务设施建设；特许经营模式，主要应用于供水、供气、污水处理、绿化、垃圾处理、公路、桥梁、隧道、轨道交通和其他公共交通、电力、港口、机场等政府投资建设和提供的公用设施和公共服务设施项目。

（4）根据智慧城市建设的进程，及时调整建设模式。智慧城市的建设是一个动态的建设过程，在不同的建设阶段，有不同的建设模式，应根据智慧城市的建设过程，及时调整建设模式。例如政府推动模式主要适用于市场经济欠发达的城市，而在市场经济发达的城市，则适合市场主导型的建设模式。对于创新能力较强的城市可以选择技术驱动型建设模式，而对于财政资金充足的城市可以选择投资拉动型建设模式。另外，智慧城市建设项目风险性大小不一、经济与社会效应大小不一，也可以对各建设项目之间排出优先顺序，对经济效益好、社会效益明显的项目，优先选择。对经济效益不好、社会效益不明显的项目，慎重选择。有企业投资的项目优先建设，资金充足的项目优先建设，资金不足的项目慎重选择。风险较小、效果明显的项目优先建设，风险较大、效果一般的项目慎重选择。

第5章 重庆市智慧城市建设实践研究

近年来，重庆市从城市发展战略的高度，重点围绕网络信息通道完善、公共信息资源整合、智慧应用体系建设、智慧产业快速发展，积极开展了智慧城市建设的探索。本章着重分析重庆市智慧城市建设的基础和优势，以试点的南岸区、两江新区、江北区、永川区和渝中区五个国家智慧城市为样本，分析其现有建设基础和优势、建设内容、建设推进情况，从网络信息通道、信息平台、智能应用、智慧产业等角度，全面总结重庆市智慧城市建设取得的成绩。

5.1 重庆市智慧城市建设的基础

5.1.1 网络通信基础设施

5.1.1.1 光纤宽带网络

实施"宽带中国"专项行动，以推动光纤宽带网络的建设和发展，取得了突出成效。截至 2016 年年底，重庆市光纤到户覆盖家庭已达 840.2 万户，城市光纤到户端口占比上升至 85.4%，光缆线路总长度达到 81.7 万千米，新建住宅小区光纤到户比例已达 100%，全市行政村通光纤率达到 100%，信息疏导功能逐步增强，已成为国家十大互联网骨干直联点城市之一，省际互联网出口带宽达到 6.27T[①]。此外，还着力推进中新（重庆）战略性互联互通示范项目实施，加快建设国际数据专用通道。

---

① 重庆市互联网协会. 第十五次重庆市互联网发展报告 [R]. 2017.

5.1.1.2 无线宽带网络

截至2016年年底，重庆市互联网宽带接入端口总数达到1638.8万个，移动电话基站数达到11.5万个，WLAN公共运营接入点达到14.1万个；宽带接入速率上，20M以上宽带用户达到了426.3万户，占比达到60.5%。主城9区所有公共区域都将实现免费Wi-Fi全覆盖①。中国电信将积极构建高速"无线城市网"，目前中国电信重庆云计算基地基本建成，该基地规划建设2万个机柜，提供20万台服务器的运营能力。

5.1.1.3 下一代互联网

早在2004年重庆网通信息港、中科院、重庆大学合作研究，建成了我国第一个下一代互联网的商用城域试验网——重庆IPv6网络关键技术研究和城域示范系统，2010年2月，思科结盟重庆成立绿色科技联合研发中心，共同推动下一代互联网研发、应用推广和产业化发展。此后，太平洋电信（重庆）数据中心、中国联通西部数据中心、中国移动（重庆）数据中心等一批高等级数据中心相继建设运营，云服务支撑能力逐渐增强，并先后引进和培育了腾讯、猪八戒等互联网企业，为"互联网+"发展奠定了良好的基础。

5.1.1.4 三网融合

重庆市通信管理局会同市经信委、市文化委印发了《重庆市全面推进三网融合工作实施方案》，鼓励电信网、广播电视网和互联网三大网络通过技术改造，能够相互渗透、互相兼容，并逐步整合成为统一的信息通信网络，提供包括语音、数据、图像等综合多媒体的通信业务，大力扶持基于三网融合的社区信息化、移动多媒体广播电视、手机电视，以及其他融合性业务发展。目前，重庆三网融合取得明显进展，截至2016年9月，重庆电信三网融合率高达58.7%，重庆移动三网融合率达23.2%，重庆联通三网融合率达37.89%，重庆有线三网融合率达26.25%。②

---

① 重庆市互联网协会.第十五次重庆市互联网发展报告［R］.2017.
② 黄光红.重庆三网融合进展明显［N］.重庆日报，2016-12-14.

5.1.2　基础数据库

依托现有行业部门数据库，由指定牵头部门会同有关部门，全面梳理已有信息系统中与自然人、法人、地理空间三大基础信息相关的数据，着力开展数据关联比对，整合形成全市权威性最高、开放性最好的三大基础数据库。

5.1.2.1　自然人信息数据库

以公安部门人口户籍信息库为基础，以公民身份证号码为标识，建设全市自然人信息数据库，建立分区县（自治县）的年度人口台账，分类完善劳动就业、教育、收入、社保、房产、信用、计生、税务、民族、婚姻等人口信息，推动部门信息数据共享，及时掌握人口分布及相关信息，为制定人口发展战略和政策提供信息支持，为人口服务和社会治理提供支撑。建立并通过信息惠民平台，为群众提供基于"实名制"的信息服务。

5.1.2.2　法人信息数据库

以工商部门企业法人信息库为基础，以组织机构代码为标识，逐步叠加机关法人、事业法人、社团法人等其他合法机构信息，覆盖全社会各类法人机构。系统按时自动归集、批量导入全市所有机关、事业、社团、企业和其他法人的基础信息，63 个市级部门、38 个区县的近 2000 个单位的信息归集到同一个平台上。截至 2015 年年底，全市共归集 194 万户市场主体、1.8 万户机关事业法人、1.49 万户社团法人和 1300 户法律服务机构数据共计 5100 万条，户均拥有信息 24 条，且信息量保持着年均 30% 的高速增长；除工商之外的其他部门提供的数据量占比达到 54%，数据领域和范围更加全面①。

5.1.2.3　地理空间信息数据库

以规划部门地理信息库为基础，以坐标点为标识，逐步叠加交通、水利、

---

① 重庆市工商行政管理局. 重庆市工商行政管理局 2016 年度政府信息公开工作报告［EB/OL］. 2011－12－31. http：//www. cq. gov. cn/publicinfo/web/views/Show！detail. action？sid＝4183602.

通信、土地、矿产、地质等有关信息，目前已形成内容齐全、格式统一、数据规范的专题数据库。如涵盖行政区划、自然资源、土地使用、重大基础设施、公共服务设施、人口与经济、生态与环境、历史文化遗产、地质勘查与地震九大类现状综合信息数据库；对道路名称、道路长度、道路等级、车道数、人行道宽度等基本信息，区县道路按照国、省、县、乡道路分级，部分区域信息详细到村道的重庆市综合交通数据库；对全市行政村进行全面调查，涵盖 8 个大类、31 个中类、149 个小类基础信息的乡村规划综合信息数据库。

5.1.3　信息资源共享交换平台

5.1.3.1　数字重庆地理信息公共服务平台

作为重庆市空间信息基础设施的核心，是全市通用的、统一的地理空间信息平台，主要由数据体系、软件体系、保障体系构成。其中，数据体系是平台建设的基础，是向政府、企业和社会提供地理信息定位及支撑应用的数据主体和重要的数据来源，其内容主要包括重庆市现代测绘基准、基础地理信息数据库（多种类型的电子地图数据）和专题地理信息数据库（城乡规划、综合交通、重大基础设施、环境保护、教育专题、医疗专题等数据库）三个方面；平台分阶段建立了面向不同用户使用的三大地理信息服务平台软件体系，即供专业地形图的使用者使用的基础地理信息平台、行业部门使用的政府地理信息平台、社会公众使用的社会服务地理信息平台，还建设了"天地图·重庆"网站、"数字重庆"网站、重庆通移动应用终端等；保障体系为平台的长期有效运行提供了必要的基础支撑条件，包括组织机构、政策法规、标准规范、运行环境等各方面。通过了《重庆市地理信息公共服务管理办法》，发布了《重庆市基础地理信息电子数据标准》和《重庆市地理空间信息内容及要素代码标准》等系列标准[①]。

---

① 李莉，罗灵军，胡旭伟."智慧重庆"建设路径研究［J］.地理空间信息，2011（1）.

5.1.3.2　重庆市信息惠民应用平台

重庆市信息惠民平台通过服务集成、数据集成、内容集成、界面集成、应用集成等方式实现市级有关部门和有关单位在信息惠民平台上的集成服务，汇集与民生息息相关的社会保障、健康医疗、优质教育、养老服务、就业服务、智慧社区、食品药品安全、交通出行和惠农服务等九大领域。该平台利用两江水土云计算中心已有资源及云基础设施，构建包括虚拟化的网络环境、主机、存储、安全设备、系统软件和监控调度等的基础服务环境，设信息惠民资源目录数据库和信息消费智能应用数据库。目前，"一站式"的网上服务大厅"在重庆"于 2015 年 6 月 17 日上线，该系统联通区县政务中心、乡镇公共服务中心和村社便民服务中心，提供基于"实名制"的政务信息查询、审批事项办理、便民信息服务等四大板块和八大主题共计 120 余项公共服务，提高群众办事便利程度，减轻办事负担，提升政府公共服务能力与水平[①]。

5.1.3.3　重庆市综合市情系统

重庆市综合市情系统是全市信息资源共享交换的统一平台，是重庆市"智慧城市"建设的重要内容，是重庆市深化改革重点任务"重庆市社会公共信息资源整合与应用"的关键环节和重要抓手[②]。该系统主要以市政府、各委办局为应用对象，以云计算、大数据、移动互联网、空间信息技术等现代信息技术为支撑，以空间信息为载体，以基础测绘成果和地理国情普查成果为基础，整合建设包括基础地理、地表信息、空间规划、城市运行、社会经济五大类数据资源在内的综合市情时空数据库，通过手机、平板、桌面电脑等多种终端，实现面向政府决策、行业管理、公众服务的分层级、分类别、空间化、信息化的市情信息服务。

5.1.3.4　智慧重庆时空信息云平台

智慧城市时空信息云平台是通过泛在网络、传感设备、智能计算等新型高

---

① 张祎."在重庆"上线 打造"口袋里的市民服务体系"［N］. 人民网·重庆视窗，2015 – 06 – 18.

② 李海岚. 重庆市综合市情系统 2.0 版本上线［N］. 重庆日报，2017 – 01 – 23.

科技手段，实时汇集城市各种时空信息而形成的感知更透彻、互联更广泛、决策更智能、服务更人性和更加安全可靠的地理信息服务平台，是智慧城市建设的重要空间信息基础设施。智慧重庆时空信息云平台是国家测绘地理信息局推进的智慧城市时空信息云平台建设试点①，是在数字重庆地理信息公共服务平台基础上，以全面践行"服务大局、服务社会、服务民生"宗旨为出发点，以云计算、物联网、大数据、智能计算、移动互联网等新型技术为依托，服务于全市社会经济发展的基础性平台，是全市信息化建设的重要时空基础设施，在决策支持、地理设计、交通、市场监管、公众服务五个领域开展应用示范。

5.2 重庆典型区域智慧城市建设实践

5.2.1 南岸区智慧城市建设实践

南岸区于 2013 年 1 月 29 日首批成为国家住建部公布的国家智慧城市试点②。

5.2.1.1 南岸区智慧城市建设的基础条件及优势

一是信息化平台建设领先。南岸区电子政务中心已完成 27 个部门共 246 个行政审批项目的整合工作，形成了近 6000 条审批数据。南岸区电子政务初步建成融合行政审批、电子监察、政务公开、公共服务等政府业务的云计算中心，南岸区网上办事大厅在 2014 年 12 月 1 日正式投入使用，已完成 27 个部门 246 个项目的纳入整理工作。南岸区委宣传部打造出"智慧南岸"APP，为南岸区居民提供快速便捷的资讯推送、街道办事、税费缴纳、上门家政、互动交流等服务，同时也为市民参与志愿服务和公益活动提供平台和渠道。

---

① 重庆市地理信息中心. 智慧重庆时空信息云平台专家咨询会顺利举行 [EB/OL]. 2016 - 12 - 15. http：//www. cqupb. gov. cn/content. aspx? id =33779.

② 汪汀，任佳. 住房和城乡建设部公布首批国家智慧城市试点名单 [N]. 中国建设报，2013 - 01 -31.

二是电子信息产业集群发达。南岸区逐渐形成了以物联网和手机为特色的电子信息产业集群，建有西部手机制造基地、国家物联网产业示范基地、电子商务基地、软件和信息服务基地、西部智能家电（家居）基地以及生产性服务基地六大基地，目前以智能终端、物联网、车联网为主导的战略性新兴产业集群飞速发展。

三是科技创新平台云集。南岸区拥有国家科技部授予的国家级移动通信高新技术产业基地，有国家工信部授予的国家新型工业化电子信息物联网产业示范基地等优势平台，有中国移动通信集团物联网基地，也是工信部信息通信研究院西部分院所在地，使南岸区成为继北京、深圳之后的第三个拥有国家级通信产品检测认证权威机构的城市，具有发展移动通信终端制造和物联网的"3基地＋1分院"的优势①。

5.2.1.2　南岸区智慧城市建设目标

为推动"智慧城市"建设，建设现代化国际大都市的总体战略，区委区政府力推"智慧南岸"建设，并制定出台了"一揽子"计划，助推南岸区步入"智慧城市"建设的快车道。2013 年 9 月，由中国电子信息产业发展研究院负责指定了《重庆市"智慧南岸"顶层设计方案》，确定了 40 个支持"智慧南岸"建设的重点项目，2014 年 1 月，《"智慧南岸"行动纲要（2013 ~ 2017）》和《重庆市"智慧南岸"建设总体方案》发布，为"智慧南岸"建设指明了目标与方向。按照上述方案要求，南岸区以"一件大事、两大特色"作为工作中心，以物联网、云计算等信息技术为支撑，以城市和社会网格化管理为依托、完善以民生为主的服务为目标，以"区数据中心、智慧城市体验中心、智慧政府和电子政务、智慧城管、智慧小区、智慧养老、智慧环保、智慧教育、智慧安全、智慧示范项目（智慧商圈和智慧南滨）"10 大项目为载体，全面完成南岸区智慧城市基础设施建设，打造"智慧南岸"。

5.2.1.3　南岸区智慧城市建设推进情况

南岸区以全区数据中心、智慧政府与电子政务、智慧医疗、智慧城市体验

---

① 刘柯妗. 重庆市南岸区智慧城市建设现状与对策研究［D］. 重庆：重庆大学，2015.

中心、智慧南岸 APP 等项目为切入点，全面铺开智慧城市公共服务领域建设；以智慧商圈、智慧南滨、智慧小区等项目为抓手完善光纤入户、TD – LTE 基站建设等硬件基础设施，重点实施无线 WI – FI 网络覆盖，全力推进智慧城市建设领域工作；以智能交通、智慧城管等项目为重点，加快推动智慧城市管理领域建设。

目前，"智慧南岸"建设取得了阶段性成果，主要包括以下五个方面：一是制定了《"智慧南岸"行动纲要（2013～2017）》，并在全国试点城市中率先编制了《重庆市"智慧南岸"建设总体方案》，为智慧南岸建设指明了目标与方向。二是成立了以政府一把手为组长的智慧城市建设工作领导小组，建立了领导小组例会、方案审核、进展情况报告、定期检查等制度。三是启动了基础数据库、南岸区公共信息平台等智慧基础类项目建设，为后续项目建设奠定了良好的基础。四是部分重点项目已落地实施，智慧小区、智慧城管初显成效，智慧商圈、智慧养老、智慧环保、智慧教育、智慧安全、智慧南滨等项目推进有序。五是加强社会舆论宣传，在茶园新区建成重庆市首家智慧城市体验中心——"智慧南岸体验中心"已竣工，体验馆内设置有全域南岸展区、历史展区、城市形象建设展区、互动体验区等，通过 3D 实景地图、智慧技术体验、LED 触控等新型智能体验手段，全方位展示南岸智慧城市建设概况。

5.2.2 两江新区智慧城市建设实践

两江新区于 2013 年 1 月 29 日首批成为国家住建部公布的国家智慧城市试点①。

5.2.2.1 两江新区智慧城市建设的基础条件及优势

一是战略地位和政策优势。两江新区作为国务院批准的中国第三个国家级开发开放新区，也是国家综合配套改革试验区，拥有内陆开放高地和先行先试的政策优势，开展具有两江新区特色的智慧城市建设，具有强大的示范带动作

---

① 汪江，任佳. 住房和城乡建设部公布首批国家智慧城市试点名单［N］. 中国建设报，2013 –01 –31.

用和影响力；在住建部与重庆市的部市合作备忘录中重点提到支持两江新区规划建设和科技创新发展。

二是基础条件优势。两江新区成立之初便启动实施"云端智能城市"计划，云计算产业园建设了容纳 100 万台服务器的 T3 + 级数据中心集群及其完备的配套基础设施系统，已建成的三座数据中心可部署 30 万台服务器，各类智能终端产能达到 4000 万台以上；两江新区已拥有完善的地理信息系统、数字规划平台和门户网站，保税港区、两江新区直管区等片区按适度超前原则进行了信息基础设施规划和建设，同步开展智慧机场物流、渝新欧商贸物流大通道信息平台、智能商圈、"智能国博""智慧两江幸福广场""智慧龙头寺火车站"等一系列智慧公共设施建设，城市信息化建设处于国内领先水平。

三是云计算大数据战略性产业优势。作为国家级互联网骨干直联点，两江国际云计算产业园位于水土高新园南端，于 2011 年 4 月 6 日正式挂牌成立，园区占地 11.4 平方千米，其中可建设用地 8.6 平方千米，是重庆"云端战略"的重要组成部分。截至目前，两江云计算产业园已有太平洋电信、中国联通、中国电信、中国移动、腾讯、浪潮、斐讯等数据中心项目已签约，总投资304.7 亿元，整体建成后将形成 81.5 万台服务器规模。

四是九大平台优势。两江新区具有九大平台，如具有金融中心功能江北嘴金融平台、保税港区空港 + 水港、三个国家一类口岸等优势的保税平台、果园港、寸滩水港等港口平台、江北国际机场的机场平台、水土两江国际云计算产业园的信息平台、悦来会展中心的会展平台、鱼复、龙兴、水土开发区的开发区平台、北部新区成熟配套、中央森林公园等核心城区平台、两江集团等 11家直属企业国有企业平台，为"智慧两江"提供支撑。

5.2.2.2　两江新区智慧城市建设目标

两江新区智慧城市立足重庆"云端智能城市"的总体定位，以服务两江新区开发开放的"内陆开放智慧门户"为总目标，实现智慧基础设施高端化、政府服务协同化、城市管理智能化、公共服务网络化、市民生活数字化、新兴产业融合化、企业发展电子商务化七大建设目标，努力建设独具特色的智慧城市，力争成为全国智慧城市典范。两江新区结合新区实际，编制了《两江新区智慧城市总体规划与设计》，对信息基础设施、公共信息平台及智慧政务、智慧建管、智慧保障房、智慧物流、智慧新城、智慧商圈等重点项目建设进行了规划。根据规划，2020 年前将完成投资约 160 亿元，全面提升两江新区发展水平。

5.2.2.3 两江新区智慧城市建设推进情况

两江新区智慧城市建设主要任务可概括为"217"，即 2 项基础设施、1 个信息平台、7 项应用工程建设。2 项基础设施建设，一个是网络基础设施建设，建设全面覆盖、高度融合的智慧两江感知网络，实现城市动态的实时数据获取；另一个是数据基础设施建设，建设空间、人口、经济、法人基础数据库系统，为智慧城市提供基础数据支撑。1 个信息平台建设，是指公共信息平台建设，对城市各类公共信息进行统一管理、共享、交换，满足各行业需求。7 项应用工程建设体现在智慧应用体系方面，建设智慧新城、智慧物流、智慧保障房、智慧交通、智慧政务、智慧规划、智慧建设七大应用示范工程①。

目前，"智慧两江"建设取得了阶段性成果，主要包括以下四个方面：一是新区结合实际编制了《两江新区智慧城市总体规划》。该规划对信息基础设施、公共信息平台及智慧政务、智慧建管、智慧保障房、智慧物流、智慧新城、智慧商圈等重点项目建设进行了规划。二是上线"智慧两江"地理信息云服务平台。通过综合运用云计算、物联网、3S 技术等现代信息化技术手段，搭建了两江新区基础空间数据库及专题数据库，重点建设数字规划、智慧建筑、智慧交通、智慧城市管理、公众服务五个应用示范。三是建设两江总部智慧生态城。按照"智慧城 + 生态城"的建设要求，打造的一个产业高端、总部云集、生态环保、高端品质的商业、办公基地，将建设成一个新古典主义风格的园林智能新城，目前已形成 1 个运营管理中心、2 个平台、8 大应用集群，即一个智能新城运营管理中心，2 个 IT 基础设施平台和应用支持共享平台，公众服务、产业云服务、智慧环保节水系统、智慧城市设施管理、智慧出行、智

① 李杰. 重庆市智慧城市建设融资问题研究 [D]. 重庆：西南大学，2015.

慧景观、智慧城市安全、智慧能源管理等 8 大应用集群。四是建设两江国际云计算产业园。产业园位于水土高新园南端，园区占地 11.4 平方千米，其中可建设用地 8.6 平方千米，已开发建设约 5.4 平方千米，签约太平洋电信、中国联通、中国电信、中国移动、腾讯等数据中心项目，总投资数百亿元，整体建成后将形成 81.5 万台服务器规模。

5.2.3　江北区智慧城市建设实践

江北区于 2013 年 8 月 1 日第二批成为国家住建部公布的国家智慧城市试点[①]。

5.2.3.1　江北区智慧城市建设的基础条件及优势分析

一是政策优势。早在 2012 年的江北区政府工作报告中就提出要建设智慧城市，并专门成立了区长挂帅的智慧城市建设领导小组；有明确的智慧城市建设资金筹措方案和保障渠道，区政府财政每年安排支持信息化建设的有关专项资金，并针对每一个试点项目提出了具体的投融资建设模式；信息化和信息产业政策环境不断优化，为打造新兴产业和推进光纤到户、三网融合、"无线城市"建设及促进电子政务发展创造了良好的政策环境。

二是信息化建设基础较好。全面实施光纤到户、三网融合、数字电视整体转换、集约化信息管网建设和"无线城市"建设等有机结合、整体推进。平安重庆视频监控系统、重庆市环境监测系统等均在各类监测监控应用上发挥作用；拥有区级数字化城市管理系统并与市级平台完成对接。"观音桥智慧商圈"建设弥补了传统商圈服务功能较少的缺陷。

三是电子信息产业迅猛发展。"十二五"期间，着力建设国家重要的现代制造业基地和高新技术产业基地，鼓励高技术含量、高附加值、高带动性、低碳无污染产业发展；充分发挥现有产业优势，重点发展交通运输设备制造业、电子电器制造业、装备制造业、生物医药、新能源产业，着力培育都市楼宇工

---

① 住房和城乡建设部办公厅. 关于公布 2013 年度国家智慧城市试点名单的通知 [EB/OL]. 2013 - 08 - 01. http://www. mohurd. gov. cn/zcfg/jsbwj_0/jsbwjjskj/201308/t20130805_214634. html.

业、创意产业；强力推进江北嘴中央商务区、观音桥商圈、寸滩保税港区等九大重点工程的建设工作。

5.2.3.2 江北区智慧城市建设目标

江北区智慧城市建设确定了城市公共信息平台、网络基础设施工程、智慧公共服务工程、智慧城市管理工程、智慧社区与绿色建筑示范区、智慧商圈等11个重点项目。按照建设国际化城区、达到智慧城市建设标准的要求，以智慧产业规模化、网络建设超前化、城市运行高效化、城市管理智能化、市民生活便捷化、综合业务需求与技术实现标准规范化等"六化"为目标，以"整合"过去建设的众多应用子系统为主，少量新建为辅，实现体制机制、管理模式、业务模型、安全保密模型、技术实现模型和标准规范的"六大创新整合"，全面加快"智慧江北"建设。计划到2023年年底，把江北建设成为智慧城市应用水平领先、智慧产业集群发展、智慧基础设施比较完善、具有绿色生态城市特色的智慧城市。

5.2.3.3 江北区智慧城市建设推进情况

江北区重点建设了"智慧商圈"信息服务平台，并进入试运行阶段，该平台整合了商圈内的电子商务、政务、交通、医疗卫生、安全、教育等各项应用，涵盖"吃、住、行、游、购、娱"六大生活及旅游元素的信息资源，建立起集主动服务、智能服务、立体化服务和个性化服务为一体的"商圈2.0"模式的民生服务体系，着力服务市民、游客和商家，广大市民和游客将可通过网络或"智慧商圈"信息服务平台享受资讯查询、网上订餐、观影预约等旅游、商贸、餐饮、娱乐方面的商圈服务新体验。除了智慧商圈，江北区还在城市公共信息平台云计算中心、城市智能运行工程智慧环保、智慧城市管理工程三个方面有所突破。其中，在港城工业园区打造了信息软件工业园区，并在园区建设云计算中心；在城市智能运行工程方面，已搭建投用环保应急指挥中心；在智慧城市管理工程方面，目前已完成《重庆市江北区数字城管系统V11平台升级暨智慧城管平台框架搭建方案》，智慧城管顶层设计已通过专家组评审[①]。

---

① 李杰. 重庆市智慧城市建设融资问题研究［D］. 重庆：西南大学，2015.

目前，"智慧江北"建设取得了阶段性成果，主要包括以下三个方面：一是"智慧商都"顺利推进。搭建完成云计算中心、信息发布前后台、WI-FI 网络覆盖等基础设施，打造"三平台一中心"，即包括智能触摸屏终端、移动终端 APP、WEB 门户网站及为传统消费者服务的呼叫中心。二是智慧城市管理初见成效。制定《江北区智慧城市管理建设工作方案》，并落实资金 4850 万元，构建以一个大数据中心、三个管理平台、两个技术支撑、两个辅助监控的"1322"为核心的搭建智慧城管框架体系顶层设计，涵盖数字城管平台、城市管理执法系统、市容环卫智能管理系统、惠民服务 APP 等 19 个综合系统及 84 个子系统，实现数据共享交互和智慧化管控。三是"重庆江北"APP 上线。"重庆江北"APP 作为重庆市江北区官方打造的移动应用终端，从时政新闻、生活资讯、网上办事到衣、食、住、行、娱、购、游，内容丰富，覆盖面广，旨在全方位地为重庆江北本地市民提供贴心、有用、便捷的信息服务。

5.2.4　永川区智慧城市建设实践

永川区于 2013 年 8 月 1 日第二批成为国家住建部公布的国家智慧城市试点①。

5.2.4.1　永川区智慧城市建设的基础条件及优势

一是信息化基础扎实。启动了云端智慧城市建设和智慧社区建设工作，3G 信号覆盖率达 100%，4G 基站建设全面启动，实现镇街中心场镇 4G 网络覆盖率达到 100%，行政村通光纤率达到 100%。城区重点领域、学校实现了 WLAN 热点区域全覆盖。建立了"通信惠农网"，实现了信息资源共享、镇街公共信息咨询服务、村务综合管理系统一体化。

二是区政府高度重视。加快推进了卧龙凼社区等 5 个智慧社区示范区建设，开展了城区 22 个社区智慧社区平台综治网格功能的居民基础数据采集工作，实现社区基础信息的精确化管控；出台《关于加快推进云端智能城市建

---

① 住房和城乡建设部办公厅. 关于公布 2013 年度国家智慧城市试点名单的通知［EB/OL］. 2013-08-01. http：//www. mohurd. gov. cn/zcfg/jsbwj_0/jsbwjjskj/201308/t20130805_214634. html.

设的通知》和《关于加快推进云端智慧社区建设的通知》等多个文件。

三是产业基础好。作为笔记本电脑配套支撑产业聚集地，被纳入重庆市"一园十区七基地"建设发展规划，抢抓服务外包、软件产业、"互联网＋"、大数据和"双创"发展机遇，重点发展 BPO、ITO、新兴信息技术及互联网等产业。

5.2.4.2　永川区智慧城市建设目标

"智慧永川"按照"创新驱动、转型发展"的总体要求，将智慧城市建设作为推进转型升级的抓手，着眼于智慧城市"三个化"（数字化、网络化、智能化）特征，按照"民生服务层、政务转型层、增值服务层和金融资本层"四个层次，努力推动"五个提升"（城市精细化管理能力提升、生活智能化服务水平提升、政府高效化管理服务能力提升、信息化支撑产业结构转型提升、信息化基础设施和安全保障能力提升），重点建设智慧城市管理、绿色建筑与建筑节能、智慧政务、智慧职教、智慧社区、智慧旅游、智慧园区等项目。

5.2.4.3　永川区智慧城市建设推进情况

目前，"智慧永川"建设取得的阶段性成果主要包括：一是着眼于顶层设计，完善智慧城市规划框架和推进机制。编制完成《总体规划》和《建设实施方案》，出台了系列配套政策，以智慧城市建设规划的 13 个领域为基础，确定了 2015～2017 年的 22 项重点任务。同时，永川成立了由区长挂帅的智慧城市建设领导小组，从全区层面统筹协调各部门的智慧城市建设。二是着眼于民生诉求，推进惠及市民生活的智能化公共服务应用。永川将"便民、惠民、利民"作为智慧城市建设的出发点和落脚点，以推动与市民生活密切相关的"医、食、住、行、教"等领域智能化服务为切入点，重点开展了公共信息平台、智慧交通、智慧建管、智慧医疗、智慧家居等七个项目建设。三是着眼于建设模式创新，探索出了一条智慧城市可持续发展道路。由永川区软件园公司与中国普天共同组建永川智慧城市 PPP 项目股份有限公司，通过 PPP 公司与银行、基金进行资本运作，把永川智慧城市专项资金放大近 2～3 倍。四是着眼于经济转型，加快信息化与工业化融合进程和战略性新兴产业发展。永川区已聚集 122 个智慧产业及互联网项目签约入驻软件园。五是着眼于研发,为智慧城市提供科技支撑。抓紧筹备城市大数据研究中心及智慧城市产业联盟。着手组建智慧城市产业联盟,选择软通动力、腾讯研究院、普天研究中心等机构合作成立城市大数据研究中心,为永川城市项目建设、运营和大数据形成提供科研支撑。

5.2.5　渝中区智慧城市建设实践

渝中区于 2015 年 4 月 7 日第三批成为国家住建部公布的国家智慧城市试点①。

5.2.5.1　渝中区智慧城市建设的基础条件及优势

一是有网络信息及平台建设基础。渝中区大力推进"光网城市""无线渝中"等基础设施建设,建成公共区域免费 WI – FI 网络热点 227 个,覆盖了商圈、广场、公园、社区等公共区域;建成 4G 基站 587 个,4G 网络道路覆盖率达到 96.4%。同时,渝中区还建成了"重庆市渝中区政府公众信息网","天地图·重庆"和"E 都市重庆地图"等多样化的公众信息平台,向社会公众提供便捷的信息查询检索服务。

二是互联网产业快速发展。渝中区在上清寺地区建立了全市第一个互联网产业园——重庆环球互联网产业孵化园,已形成了包括环球广场、广发大厦、港天大厦、华安大厦、中邮大厦等几大孵化基地,培育出了大龙网、祥维科技、中商科技、云威科技、猪八戒网等一批优秀的互联网企业,产品涉及移动互联网电子商务、O2O 电商、移动互联网教育培训、移动互联网游戏、智能硬件等领域。

三是智能应用体系逐步完善。逐步完善劳动就业、社会保障、行政审批、企业信用、食品药品监督等智能政务建设;加快推进平安渝中应急联动指挥系统建设,进一步完善数字城建、数字城管平台建设,着力推进安全生产管理信

---

① 住房和城乡建设部办公厅. 关于公布国家智慧城市 2014 年度试点名单的通知［EB/OL］. 2015 – 04 – 07. http：//www. mohurd. gov. cn/zcfg/jsbwj_0/jsbwjjskj/201504/t20150410_220653. html.

息化的智能平台建设；结合气象、路况、车辆、人流量、位置、线路等信息资源的整合应用，加快推进交通诱导系统、智能出行服务系统和智能交通建设；推进以居民健康档案、电子病历应用、实时医疗影像等信息整合和共享为核心的医疗卫生信息系统智能建设。

5.2.5.2 渝中区智慧城市建设目标

围绕国家智慧城市试点目标，"智慧渝中"加快推进光网渝中建设，实现"千兆进楼、百兆到户"全覆盖、商务楼宇4G网络全覆盖；依托物联网、云计算、大数据等信息技术，着眼网络宽带化、管理智能化、产业高端化、应用普及化，提升智慧政务水平，完善人口、地理、企业基础信息数据库，实现智能交通、应急联动、市政管理、公共安全等平台互联互通；推广信息技术在各领域、各行业的应用，大力发展智慧旅游、智慧科技、智慧医疗，加快推进智慧商圈、智慧社区、智慧楼宇、智慧校园建设，逐步建成国家智慧城市试点先进城区。

5.2.5.3 渝中区智慧城市建设推进情况

渝中区在国家智慧城市试点建设工作中，根据任务情况成立组织机构，制定实施方案，各相关部门、单位积极配合，有序推进各项工作开展。在解放碑和大坪两大步行街内以及滨江路沿线等重点区域，新建140个WI-FI点，率先打造智慧商圈；以智能交通控制系统工程为重点，倾力建设智慧宜居；以数字化城市管理系统平台升级为途径，创新升级智慧管理；以渝中区跨境电子商务产业园区——龙工场为重点，聚力融合智慧产业。

目前，"智慧渝中"建设取得了阶段性成果，主要包括以下三个方面：一是抓巩固，确保完成"一批"。完成4个重点建设项目，"建筑节能与绿色建筑""智慧建设"项目达到考核指标要求。建成龙工场跨境电子商务园区，入园企业达8家，2015年交易流水达308亿元人民币，大龙网单月出口额实现全国、重庆双重突破。互联网科技园公共服务平台争取国家、重庆市发改委资金340万元，累计总投入1600万元，目前已经正式投入运行并取得较好成效。二是抓统筹，确保推进"一批"。智慧城管、公共安全管理平台、智慧社区、智慧医疗、互联网产业园等 10 个重点项目顺利推进。"城市网络基础设施"项目累计完成 13.39 亿元,占项目总投资的 89.27%;"智慧交通"项目累计完成 8761.24 万元,占项目总投资的 67.39%。三是抓示范,确保培育"一批"。专题研究涉及市、区共赏项目,落实市区共建协议、建设资金、实施单位等。拟确定一批具有渝中特色的项目作为重点培育对象,发挥示范带动作用,以"智慧楼宇""智慧商圈""智慧小区"为突破口,打造智慧城市建设新格局。

5.3 重庆智慧城市建设的实践

5.3.1 以"大通道、大枢纽"为抓手,不断完善网络信息通道

充分发挥重庆西部大开发重要战略支点、"一带一路"和长江经济带联结点作用,实施"大通道、大枢纽"建设,提升信息数据国际出口、区域集散和集中处理能力,形成立足内陆、辐射全国、面向全球的互联网信息大通道新格局。

5.3.1.1 建设国际信息出口大通道

重点围绕数据通道质量优化、速率提升和业务承载多样化,增加数据通道电路数,降低通道时延、丢包率,进一步提升重庆—上海、重庆—广州等现有 12 条 155M 的国际专用数据通道能力,打通重庆—欧洲、重庆—新加坡、重庆—东亚数据出口通道,调整优化国际通信传输架构,建设更快捷、更安全、更低成本的国际信息数据出口,构建内陆地区国际通信信息网络互联交换平台,加速国际信息数据向重庆聚集,带动云数据处理与服务、软件及信息服务外包等相关产业发展,建设国际信息出口大通道。

(1)重庆—欧洲数据出口通道建设。依托"渝新欧"铁路,与沿线国家和地区进一步论证铺设沿线光缆,布局直达俄罗斯、德国等"渝新欧"沿线国家的国际数据出口,打通重庆至欧洲的国际信息大通道。

（2）重庆—新加坡数据出口通道建设。依托"一带一路""中新（重庆）战略性互联互通示范项目"等，推动重庆直达新加坡的国际数据出口通道建设，打通重庆至东盟间的国际数据出口。

（3）重庆—东亚数据出口通道建设。推动重庆直达日本、韩国等国家和香港地区、台湾等地区的数据出口通道建设，打通重庆至东亚国家、地区间的国际数据出口。

5.3.1.2　建设国家通信信息枢纽

（1）通信信息设施基础。

①"无线·重庆"工程。加快推进4G网络建设，进一步提高4G网络覆盖的深度和广度。加快下一代广播电视无线宽带网络（NGB－W）建设。加大公共区域无线局域网建设，不断扩大无线局域网公共区域覆盖范围，实现免费接入。

②构建下一代网络。推进公众通信网、广播电视网和下一代互联网融合发展。加快布局建设第五代移动通信网（5G），力争成为全国首批5G试点城市；加速有线电视网络基础设施建设和双向化、智能化升级改造，推动有线无线卫星广播电视网智能协同覆盖；加快部署下一代网络（NGN），优化升级内容分发网络（CDN），创新推进SDN/NFV技术发展，推动IPv6宽带网络规模化商用。构建无线多媒体数字集群系统。

③离岸数据中心建设工程。发挥重庆市云计算和IDC基础设施优势，围绕国际信息出口大通道建设工程，在国家政策指导下，加快国家级离岸数据中心硬件基础和配套设施建设。抢抓中新（重庆）战略性互联互通示范项目实施机遇，推动新加坡亚太通信第二数据容灾备份中心建设。

④数据容灾备份中心建设工程。依托两江国际云计算产业园、仙桃大数据谷等云计算和大数据基础设施，积极争取国家级数据容灾备份中心落户重庆，建设西南地区数据容灾备份中心。利用渝东南地区电力成本、气候优势，规划、论证、推进渝东南地区云计算容灾备份中心建设。

（2）优化骨干直联网络。建设完善国家级互联网骨干直联点，加强与国内主要城市之间的直联电路建设，重点推进实施互联网质量性能提升的"三个 3"工程,进一步调整优化网络结构,扩容网内和网间带宽,有效降低网内和网间时延、网内丢包率、网间丢包率,全面提升重庆市骨干网络的传输质量和传输性能,积极打造"一公路两中心"。

①打造宽带化、泛在化信息高速公路。落实"宽带中国"战略,扩容升级全市通信骨干网络,加快光纤到户、光纤到桌面,部署 4G 和无线局域网(WLAN)相结合的高速移动无线宽带网,加快布局 5G 移动通信网,扩大下一代互联网(IPv6)建设与应用示范,加快"三网融合"进程,构建高速、移动、安全、融合的新一代通信信息基础设施。加快 4G 网络向自然村延伸,确保服务均等,完成行政村通光纤任务,推进信息进村入户。

②打造全国重要的数据集散中心。发挥国家互联网骨干直联点优势,优化互联网网络路由架构,依托水底光缆、陆缆及卫星资源,进一步优化互联网网络架构,加快骨干直联点网内、网间互联带宽扩容,全面提升重庆骨干网络传输性能和传输质量,实现网内、网间时延≤30ms、网间丢包率≤0.3%、网内丢包率≤0.03%的"三个 3"互联网质量性能标准。到 2020 年,互联网直联城市达到 22 个,骨干直联点互联带宽达到 800G,省际出口带宽达到 15T,建成"海、陆、空"多维度、集约化的数据集散中心。

③打造国内存储处理能力强的数据处理中心。依托两江云计算产业园,实施信息系统集约化建设,提高云基础设施应用能力,加快社会公共信息资源共享整合。加快基础运营商、龙头云服务提供商重庆区域性数据中心建设步伐,积极争取国家级数据容灾备份中心落户重庆,争取支持以合资、参股、独资等多种模式建设离岸数据中心,扩大云存储器、服务器部署规模。

5.3.2　以"三库四台"建设为核心,不断推进公共信息资源整合

为优化信息资源配置、转变政府职能、增强信息惠民便民、提升社会治理能力,重庆市出台了《关于印发重庆市社会公共信息资源整合与应用实施方案的通知》①,通过推进社会公共信息资源整合与应用,建设自然人、法人、

---

① 重庆市人民政府.关于印发重庆市社会公共信息资源整合与应用实施方案的通知 [EB/OL].
2014 - 08 - 19. http: //www. cq. gov. cn/publicinfo/web/views/Show! detail. action? sid = 4047729.

地理空间三大信息数据库，以各部门业务管理信息系统为支撑，以现代信息技术为手段，构建起政务共享、信息惠民、信用建设、社会治理四大应用平台。通过"三库四台"建设，打破部门和行业藩篱，转变部门各自为政、条块分割的建设管理运行模式，强化各类信息资源的统筹整合，实现部门与部门间、部门与社会间信息资源的沟通、整合和共享；通过坚持顶层设计，充分发挥政府在完善制度体系、统一技术标准等方面的作用，自上而下推动实施；构建起网络架构合理、基础数据共享、行业管理独立、公共平台统一、信息应用安全可信可控的开放式信息资源管理系统。

5.3.2.1 建设三大基础数据库

依托现有行业部门数据库，由指定牵头部门会同有关部门，全面梳理已有信息系统中与自然人、法人、地理空间三大基础信息相关的数据，着力开展数据关联比对，整合形成重庆市权威性最高、开放性最好的三大基础数据库。

（1）自然人信息数据库。以公安部门人口户籍信息库为基础，以公民身份证号码为标识，逐步叠加人力（人事）社保、计划生育、公共卫生、文化教育、就业收入、纳税缴费、民政事务等其他信息。

（2）法人信息数据库。以工商部门企业法人信息库为基础，以组织机构代码为标识，逐步叠加机关法人、事业法人、社团法人等其他合法机构信息，覆盖全社会各类法人机构。

（3）地理空间信息数据库。以规划部门地理信息库为基础，以坐标点为标识，逐步叠加交通、水利、通信、土地、矿产、地质等有关信息。

5.3.2.2 建设四大公共应用平台

依托三大基础数据库和各行业部门的业务数据库，由牵头部门会同有关部门进行提炼，形成应用数据库，搭建起四大公共应用平台，实现信息资源分散采集、整合使用、数据共享。

（1）政务共享应用平台。在过去电子政务和"金"系列工程基础上，进一步强化各部门政务信息共享交换，加强政务工作协同办理，提高部门的办公效率和行政效率，并依法向社会进行统一的政务公开。

（2）信息惠民应用平台。通过汇集与民生息息相关的教育、卫生、交通、社保、民政、住房、就业、养老、食品药品安全、公共安全、社区管理、基层事务等公共服务信息，对其进行深加工处理，建设"一站式"的网上服务大厅，联通区县政务中心、乡镇公共服务中心和村社便民服务中心，提供基于"实名制"的多种信息服务，提高群众办事便利程度，减轻办事负担，提升政府公共服务能力与水平。

（3）信用建设应用平台。以各部门履行公共管理职能过程中产生的信用信息为基础，通过采集、整合、应用，形成统一的信用信息共享平台，为行政部门、企业、个人和社会征信机构等查询政务信用信息提供便利。

（4）社会治理应用平台。按照中央综治办的建设标准，统筹搭建"9＋X"综治信息系统平台，通过基层队伍信息采集比对，实现对人、地、物、事、组织等基础信息的实时更新，按需共享校核公安、民政、司法、卫生计生、房管、教育等职能部门业务数据，为社会治理有关部门案（事）件交办、流转、反馈及考评等提供业务协同支撑。

5.3.3　以"试点示范"为带动，不断推进智慧应用体系建设

5.3.3.1　智慧商圈

重庆商圈因重庆多中心、组团式的城市布局结构而逐渐形成，是城区商业商务资源富集、集约化程度较高的商业商务核心区，是承载商流、物流、价值流和信息流的空间载体。目前，重庆市建成城市核心商圈 30 个（含远郊区县），100 亿元级商圈 8 个，其中，零售额达到 400 亿元商圈 1 个（解放碑）、300 亿元商圈 2 个（南坪、观音桥）、200 亿元级商圈 2 个、100 亿元商圈 3 个。随着商圈的快速发展，信息网络化时代的到来和互联网经济的迅猛崛起，商圈传统商业模式已越来越不适应形势发展的需要，商圈也面临着电商冲击、同质化发展、承载能力不足等问题，转型升级已成为当前商圈发展的紧迫任务。重庆市委、市政府将商圈转型提质作为重点专项，制定出台了《重庆市智慧商圈建设实施方案》[①]，

---

① 重庆市商委. 重庆市智慧商圈建设实施方案 [EB/OL]. 2015 – 08 – 27. http：//chongqing2. mof-com. gov. cn/article/sjtongzhigg/201508/20150801095476. shtml.

以推动重庆商圈的建设与发展。按照实施方案，到 2020 年，将全面完成智慧商圈建设，实现全市智慧商圈服务体系全覆盖，将重庆智慧商圈打造成为科技时尚、功能强大、运用广泛、安全高效的高端商业品牌，使重庆商圈智慧化发展、智慧化管理和智慧化消费走在西部地区前列。

（1）商圈"智慧化"建设。一是数据获取智慧化。实现商圈实时数据（商品、服务、人流量、车流量等）自动获取、实时共享，为商圈消费者和企业提供主动式、智能化、个性化的信息服务。二是商圈消费智慧化。利用互联网技术整合商圈实体商家产品和服务，发展商圈 O2O（Online To Offline，线上到线下）电子商务，引导商圈线上线下消费，实体商圈与虚拟商圈融合发展。三是交通引导智慧化。整合商圈车库车位资源，建立基础数据库，通过物联网、图像识别等实现车位查询预订、路线引导、移动支付等智能交通服务。四是物流配送智慧化。依托商圈电子商务平台，建设商圈物流支撑平台和物流配送体系，逐步实现商圈"即时配送、主城区 4 小时内送达、区县（自治县）24 小时内送达"的物流配送服务。五是公共服务智慧化。建设智慧商圈便民和公共服务平台，提供免费上网、水电气缴费以及就业、社保、政务服务等各类服务。六是商圈管理智慧化。建立市级商圈信息中控服务平台，实时监测各商圈运行状况，实现商圈数据的统一管理和分析展示。

（2）"两网络三中心"建设。一是建设智能物联网。通过免费 WI－FI 网络、高清摄像头、智能传感器等设备建设互通互联的智能物联网，对商圈区域全覆盖，实现商圈信息（商品、服务、人流量、车流量等）的自动采集、实时共享，主动为消费者提供个性化、特色化、智能化服务。二是建设重庆商圈网。打造统一的商圈电子商务平台，积极发展商品和服务全景展示、网订店取、移动支付、智能配送、先行赔付等新型商业模式，实现商圈线下实体商业与线上电子商务融合发展。三是建设智慧商圈信息服务中心。打造商圈商品与服务分类信息展示、电子商务对接、3D 全景虚拟商圈、智能信息服务交互平台、智能车位预订和导引系统等信息综合服务平台和各类免费服务终端，让商业企业和消费者享受智慧化带来的便利。四是建设商圈公共管理中控展示中心。以信息技术手段整合商圈公共资源和服务，实现商圈政务、产业分布、企业需求、楼面价值、公共设施、能源监控、应急处置等实时可视化，实现商圈管理科学化,重要信息与市级部门之间共享互通。五是建设商圈中小商户融资服务中心。建立商圈大数据交易分析中心,掌握商圈物流、信息流和资金流等情况,为商家提供基于大数据征信方式的金融解决方案,帮助商圈中小商户和商贸供应链企业解决融资难题。

5.3.3.2　智慧旅游

重庆地处长江流域,是重要的综合型立体口岸,近年来旅游市场呈现强劲的发展势头。为了更好地指导全市智慧旅游工作,统筹推进智慧旅游建设,加快实现重庆旅游管理、营销、服务智慧化,把重庆建成国际知名旅游目的地,把旅游业培育成综合性战略支柱产业。重庆市政府出台了《重庆市智慧旅游建设实施方案》①,充分利用重庆云计算、大数据等发展优势,以云计算、泛在网和多媒体技术等现代信息技术为手段,通过政府引导、统筹推进、标准规范、龙头项目引领、试点示范带动,加快推进重庆智慧旅游建设、建成符合重庆旅游发展需求、具有重庆特色的智慧旅游管理、营销、服务体系,把旅游业培育成综合性战略支柱产业。智慧旅游建设的总体思路是以强化行业管理和公共服务能力、提升服务质量及游客满意度、增强旅游景区(企业)营销能力为核心,运用系统论方法进一步加强顶层设计和统筹指导,强化旅游行业信息化有关标准和规范的引领,通过数据中心、应急指挥平台、产业运行监测平台、全媒体矩阵平台等龙头项目和示范项目的带动,通过旅游景区、旅游企业众多可共享集成、可互联互通的智慧化应用项目的支撑配套,进一步创新机制、加大投入,力争在 2020 年建成共享集成、实用高效、集成集约、行业领先的智慧旅游体系。

(1)标准体系建立。在国家行业有关信息化标准的指导下,借鉴先进省、市智慧旅游实践经验,编制《重庆旅游数据标准》,构建统一数据采集、存储、共享、交换标准;结合 A 级景区评定有关信息化建设,编制《重庆市智慧景区建设指南》;结合行业实践和需求,编制智慧旅行社、智慧饭店(酒店)、智慧乡村旅游、智慧游轮、智慧温泉等建设指南;建立相应的评价体

① 重庆市政府办公厅. 重庆市智慧旅游建设实施方案 [EB/OL]. 2015 – 04 – 09. http://www. cac. gov. cn/2015 – 04/09/c_1114915380. htm.

系、约束激励机制，促进行业信息化建设整合优化、提质增效、创新发展。

（2）信息平台建设。一是建设满足重庆旅游大数据采集存储、共享交换、分析应用需求的重庆智慧旅游云数据中心，带动各级旅游数据中心（综合数据库）建设，带动重庆旅游行业云计算、大数据产业发展。二是建设市—区县—景区三级应急指挥平台（综合管控平台），及时准确地掌握游客的旅游活动信息和景区经营信息，提高旅游行业监管与应急指挥调度能力，维护旅游市场秩序，保障旅游安全，促进旅游行业安全发展。三是建设市—区县两级旅游产业运行监测平台，通过开发和完善行业数据网上直报、游客自动统计分析、旅游团队服务管理、旅游经济运行分析、旅游行业监督管理等系统和功能，实现对旅游产业运行情况实时、动态监测，并实现和国家旅游局平台无缝对接。四是按照全媒体矩阵思路，建设旅游政务网、旅游资讯网、微信、微博公众号、手机 APP 等新媒体平台，构建重庆旅游新媒体平台矩阵，打造全面、迅捷、权威的旅游新媒体服务体系。

5.3.3.3 智能汽车与智慧交通应用示范

为推进宽带移动互联网、智能汽车与智慧交通等产业融合发展，推动重庆电子信息、汽车制造等产业融合发展和转型升级，支撑智能汽车与智慧交通关键技术和产品的工程化和产业化，重庆市出台了《重庆市推进基于宽带移动互联网的智能汽车与智慧交通应用示范项目实施方案（2016~2019 年）》[①]，通过构建车联网应用示范工程及产品化公共服务平台，积极打造 4.5G/5G 网络通信、智能汽车与智慧交通融合发展的产业生态，计划到 2019 年基本建成具有重庆特色的基于宽带移动互联网的智能汽车与智慧交通新技术、新产品、新应用的国家第三方公共服务平台，开展基于宽带移动互联网的辅助安全驾驶、自动驾驶、智慧路网、绿色用车、智慧停车等测试评价及应用示范，为相关企业的技术创新和产品研发提供统一的技术支撑，初步形成以两江新区为重点的智能汽车与智慧交通综合应用示范基地及产业发展基地，确立重庆在智能

---

① 重庆市政府办公厅. 重庆市推进基于宽带移动互联网的智能汽车与智慧交通应用示范项目实施方案（2016~2019 年）[EB/OL]. 2016 - 10 - 8. http：//www. cq. gov. cn/publicinfo/web/views/Show！detail. action？ sid = 4137946.

汽车与智慧交通领域的竞争优势及领先地位。

（1）测试评价及应用示范平台建设。

①网络通信系统。在车联网应用示范项目区域内，建设面向智能汽车与智慧交通测试评价及应用示范的 4.5G/5G 网络通信及位置定位系统，形成车车、车路、人路、路云平台等短距离、远距离通信网络全面覆盖，人、车、路（信标）、云等在规定时间内发送和接收信息，实时进行数据传输和信息交换。

②数据支撑平台。搭建智慧交通各类监控和管理系统，包括红绿灯控制、设备监控、数据监控和分析、车流量监控、信息发布等功能模块。构建智能汽车与智慧交通大数据中心，包括车辆状态、养护信息、安全控制、危险信息、车辆定位、交通流量、紧急救援、娱乐服务等结构化和非结构化数据的采集、传输、存储、聚类和分析等系统。对测试区域内所有路侧设备的运行状况以及车辆位置、车辆运行状态、各个道路和路口车流量等运行状况进行监测，实时记录、分析处理以及发布测试车辆运行数据、车辆动态分布情况以及区域环境信息，并与重庆交通、公安等监控平台以及重庆市交通综合信息平台实现数据交互。

③测试评价平台。建设智能汽车 EMC、雷达测试、仿真及硬件在环等实验室。建设智能汽车关键零部件测试平台、智能汽车及智慧交通模拟城市测试平台、重庆汽车综合试车场智能汽车测试平台等。推进智能汽车、智慧交通相关技术和产品标准化。开展智能汽车、智慧交通关键零部件和智能汽车整车测试评价。

④应用示范平台。针对重庆地理、气候、交通环境特点，分析驾驶员行为特征，精心选择示范区域和路段，制定测试评价及试验示范应用平台运行规范，建设具有重庆特点的测试评价及应用示范基地。推进基于宽带移动互联网的智能汽车和智慧交通对交通环境影响的研究和评价。开展辅助安全驾驶、自动驾驶、智慧路网、绿色用车、智慧停车等测试评价及应用示范，开展基于宽带移动互联网的智能汽车和智慧交通的新产品应用及新型商业模式研究。

（2）智能汽车与智慧交通产业体系打造。

①智能汽车产业。以两江新区金泰产业园等为核心构建智能汽车创新生态圈，发挥车联网应用示范项目的研究开发、测试评价、检测认证、试验示范等

服务功能，支撑相关企业技术创新与产品研发；推进汽车养护、维修等数据开放共享，加速智能汽车服务和商业模式创新。支持元征科技、得润电子等零部件企业加快智能汽车传感器、芯片、执行器、智能信息终端等关键零部件的研发生产；引导长安集团、重庆力帆集团等整车企业加强智能汽车应用开发及与整车匹配研究，提高智能汽车产量占比。

②智慧交通产业。依托智能汽车和智慧交通大数据，构建产学研用一体化产业生态体系，拓展物流、出租车、公共交通、公路客运和公共停车等领域应用，积极构建智慧交通创新生态圈，带动智慧交通软件研发、装备制造、系统集成和增值服务的快速发展。支持中交信息、中交兴路、城投金卡等企业做大做强全国车联网监管与服务公共平台、全国道路货运车辆公共监管与服务平台等公共交通服务平台。支持泰泽通信、远特科技等车载终端企业开展智慧交通装备研发和大数据分析。

5.3.4 以"云端计划"为重点，不断推动智慧产业快速发展

重庆抢抓云计算的发展机遇，实施"云端计划"，积极推动智慧城市建设。

5.3.4.1 壮大云计算大数据产业

"云"就是打造云计算数据处理基地，主要是通过聚集移动运营商、金融客户、跨国公司等高端制造业客户、互联网客户来做大数据处理业务，包括三个层面：一是基于智能重庆的需要，建设全市云计算应用基地，比如教育云、交通云等；二是基于国内云服务的需要，建设在中国有影响力的在岸云计算高地，在岸业务主要是商家对客户（B2C）；三是基于全球客户需求，建设亚洲最大的国际离岸数据开发处理基地，离岸业务主要是商家对商家（B2B）。

（1）产业布局。着力从云计算大数据产业链上、中、下游入手，打造云计算大数据产业"数据处理＋端制造＋研发"的"1＋2＋10"基地体系，即两江新区水土云计算数据处理产业基地，西永综合保税区、两路寸滩保税港区两大云端设备制造基地，以及九龙坡区、北部新区、渝中区、南岸区、大渡口

区、江津区、巴南区、合川区、永川区、涪陵区十大云计算应用研发及服务外包产业基地，实现"离岸结算中心"与"国际信息港"的建设目标。到 2020 年，建成西部领先的政务云服务中心、全国知名的商务云服务中心和环境优越的私有云中心，倾力打造云端应用中心；促进大数据技术在民生服务、城市管理等领域的示范应用，实现大数据技术在电子商务、工业制造、交通物流、医疗卫生、食品药品安全、金融、传媒等行业的全面应用；力争在虚拟技术、云计算平台技术、海量数据存储、数据预处理、新型数据挖掘分析、信息安全技术、大数据关键设备 7 大领域突破一批关键技术，形成一批具有自主知识产权的标准和规范；引进培育 10 ~ 15 家核心龙头企业、600 家大数据应用和服务企业，形成 800 亿元大数据相关产业规模，建成国内重要的大数据产业基地。

（2）示范试点工程。

①云计算服务产业示范工程。都市功能拓展区着力构建全市云计算行业的存储、计算、结算能力基础，重点打造一批教育云、医疗云、安全云、研发云、文化云、工业云应用示范；城市发展新区重点培育商务云、动漫云、会展云等云计算产业形态示范；渝东北生态涵养发展区和渝东南生态保护发展区重点试点建设云计算容灾备份中心。

②大数据应用示范。推进政府治理大数据应用，加快综合市情系统、网上行政审批、信用建设、社会治理等大数据应用平台建设。推进公共服务大数据应用，建设信息惠民公共服务平台和市民网上服务大厅，汇集社保、卫生、教育、交通、就业、养老等公共服务信息，提升政府公共服务供给能力和水平。推进经济领域大数据应用，加快推进智慧生产、现代农业、商贸服务业等领域大数据平台建设。

③大数据外包服务试点工程。引进 IBM、阿里巴巴、百度、浪潮、腾讯等国内外知名大数据外包服务提供商，培育壮大一批本土数据外包服务企业，重点面向离岸数据市场，处理海量数据，挖掘数据价值，提供软硬件一体化的大数据服务解决方案。支持企业建立标准统一的外包服务体系，集成标准化、模块化和流程化服务，推进数据管理、数据挖掘等技术性业务流程外包。

5.3.4.2　打造智能终端制造产业集群

"端"就是打造智能终端产品制造基地，主要围绕产业垂直整合和集群发展，推动"整机零部件""研发生产""营销结算"等全产业链一体化发展，形成了多品种、多规格的笔记本电脑、平板电脑、打印机、监视器、路由器、手机以及服务器、路由器、存储器等智能产品体系，吸引了5家品牌商加6家代工商加800家零部件企业的"5＋6＋800"的笔电产业集群。按照研发生产结算并重、硬件制造软件开发并举的思路，进一步释放重庆市笔记本电脑"5＋6＋800"产业生态潜力，发展轻薄便携、高性能、低功耗、高附加值产品比重，拓展打印机等外围设备生产，完善硬盘、主板等关键零部件本地配套体系，促进产品多元化、高端化发展①。

（1）产业集群不断壮大。2008年以来，惠普公司、富士康公司先后进入重庆。再之后，分散在中国沿海各省份的宏碁、华硕、思科、东芝等五大品牌商，广达、英业达、仁宝、纬创、和硕等六大整机商，以及800多家零部件厂商都集聚在了重庆，一个由"品牌商＋代工厂＋配套企业"的垂直产业体系的"5＋6＋800"的笔电产业集群不断壮大："5"就是5个品牌商，搞研发、产品设计、推出新产品的世界级龙头企业；"6"就是6个代工企业，全球92％的产品都是这6家代工企业代工，它们在重庆扎堆；"800"就是800个零部件厂落户重庆。重庆由此形成了三个集群：零部件、原材料、整机上中下游产业链形成集群；同类项产品、同类企业形成集群；物流运输、销售结算等生产性服务业与制造业形成集群。2016年，重庆市累计生产笔记本电脑5842.2万台，电子制造业累计实现产值4998.7亿元②。

（2）配套体系已经形成。按照"整机＋零部件""一头在内一头在外"的全新产业组织模式，形成了"制造＋研发＋结算"的微笑曲线全产业链，重庆不仅聚集了惠普、宏碁、华硕、东芝等一大批国际知名品牌商和代工巨头，还引进芯片封装、显示模组、电池、机壳、散热器等关键零部件企业800多家，笔电产业本地配套率达到83％，电脑每台平均单价增加10％。目前，重庆电子信息产业正加快向集成电路、液晶面板、硬盘等产业链高端迈进，同时积极推动IT品牌商由电脑设备制造等向穿戴电子、汽车电子等智能终端领域

① 刘强. 重庆电子信息产业发展对经济增长贡献研究［D］. 重庆：重庆工商大学，2013.
② 重庆市经济和信息化委员会. 2016年我市电子制造业经济运行简况［EB/OL］. 2017－02－03. http：//www. cq. gov. cn/publicinfo/web/views/Show！detail. action？sid＝4174717.

拓展，配套体系不断完善。

（3）聚集效应日益凸显。形成了"二区十园七基地"的配套园区，"二区"是指整机装配区，以西永微电子园和两江新区为主体，发展整机、芯片、高性能集成电路和离岸云计算数据处理与软件开发等；"十园"则是专业配套园区，主要集聚于九龙坡、江北、璧山等 10 个区县，发展外围设备、显示器、电子部件、适配器、光电设备、模具、散热器、PCB 主板、连接器、机构件等零部件；"七基地"是指原材料供应基地，发展铝材、铜材、镁材、钢铁、橡胶、塑料、化学材料等原材料，如南川的铝材供应基地、綦江的铜材供应基地、万盛的镁材供应基地、晏家工业园的钢铁供应基地等。目前，绝大部分配套企业落户到城市发展新区，其中，璧山落户配套企业 207 家、永川落户配套企业 130 家，江津、铜梁、合川、高新区落户配套企业均超过 80 家，十个配套园区落户达 696 家，配套企业聚集效应日益明显。

5.3.5　以"体制机制"为创新，不断优化智慧城市发展环境

5.3.5.1　建立工作推进机制

依托重庆市社会公共信息资源整合与应用联席会议，建立智慧城市协调工作机制。由市政府分管领导同志召集，市发展改革委牵头，有关行业主管部门各司其职，加强沟通，密切配合，及时研究解决智慧城市建设过程中跨部门、跨行业、跨领域的重大问题，打破各种壁垒，强化资源共享，共同推进智慧城市建设工作顺利开展。探索智慧城市重大项目监督听证制度和问责制度，研究将智慧城市建设成效纳入政府绩效考核体系。以督查或依托第三方评估机构等方式，对任务完成情况进行督促检查，并定期公布智慧城市建设重点任务完成情况。

5.3.5.2　建立政策支持机制

重庆市委市政府高度重视智慧城市的建设工作，出台了一系列政策文件，各部门各单位也积极行动，从不同领域、不同方向推进智慧城市的建设。2013年编制完成了《智慧重庆公共信息平台建设发展纲要》，该纲要指出地理空间

基础设施建设是"智慧城市"的基础和核心。同年还出台了《重庆市大数据行动计划》，提出要加快大数据产业布局，建设成为有国际影响力的大数据枢纽及产业基地。2014 年 8 月，经市委常委会审议通过，市政府出台了《重庆市社会公共信息资源整合与应用实施方案》，着力打破部门间信息封锁，着力解决信息资源碎片化、孤岛化问题。12 月，市政府印发《重庆市加快建设信息惠民国家试点城市实施方案（2014～2017 年）》，建立了市级协调机构，明确了 13 项重点任务和牵头单位、时间进度安排和考核督查机制。2015 年，重庆市人民政府办公厅《关于印发重庆市深入推进智慧城市建设总体方案（2015～2020 年）的通知》，方案明确了"智慧重庆"的总体建设思路、推进路径和阶段目标，提出了信息基础设施建设、社会管理、公共服务、新兴产业发展和网络信息安全"五大行动计划"，以期推动智慧重庆健康有序开展。

5.3.5.3 建立金融扶持机制

建立金融扶持机制，促进金融机构加大对智慧城市建设重点工程项目的信贷支持力度。创新智慧城市建设和运营机制，通过特许经营、购买服务等多种形式，引导社会资金参与智慧城市基础设施、应用平台等建设，鼓励符合条件的企业发行企业债募集资金开展智慧城市建设。切实加强智慧城市高新技术研发、专利申报、标准制定等工作，对我市重要发明专利和参与国际标准、国家标准、行业标准的制定作出突出贡献者给予奖励，大力支持有条件的单位设立市级智慧城市工程（技术）研究中心、工程实验室等创新平台。

第6章 智慧重庆建设战略思路与模式选择

智慧重庆建设存在着机遇和优势，也存在着问题和挑战。为了分析"智慧重庆建设模式怎么选"这一现实问题，本章在分析智慧重庆建设的战略思路基础上，结合智慧城市建设模式的目标要素、理念要素、驱动要素、主体要素、路径要素五个维度，构建智慧重庆建设的多种要素合力的模式组合。

6.1 智慧重庆建设的机遇和优势

6.1.1 智慧重庆建设的机遇

国家政策的支撑、技术发展的推动以及社会发展的牵引，为智慧重庆建设带来了千载难逢的机遇。

6.1.1.1 政策机遇：国家政策支撑

为引导智慧城市建设朝着规范性和有序性方向发展，国务院和各部委相继推出了一系列指导意见和发展规划，其中，国家发改委作为协调部门，主要以智慧城市推进城镇化发展；住建部作为城市建设主管部门，侧重从城市规划、市政基础设施、建筑节能以及城市运行角度推进智慧城市建设；工信部作为推进城镇信息化建设的主管部门，着重从信息技术支撑角度推进智慧城市建设，智慧城市相关政策的密集出台，有力地推动了智慧城市及其相关产业的快速发展。

2012 年 11 月，住房和城乡建设部办公厅发出《关于开展国家智慧城市试点工作的通知》，发布国家智慧城市试点暂行管理办法试点指标体系，这是我国智慧城市一份比较早的正式文件。2012 年 11 月，科技部下发《关于开展智慧城市试点示范工作的通知》，并于次年 10 月正式公布南京、无锡等20 个智慧城市为试点城市。2013 年 8 月，国务院发布《关于促进信息消费扩大内需的若干意见》，正式提出要在有条件的城市开展智慧城市试点示范建设。同年，住建部还出台了《智慧城市公共信息平台建设指南（试行）》，国务院《关于推进物联网有序健康发展的指导意见》则要求应用物联网等新一代信息技术建设智慧城市。2014 年出台的《国家新型城镇化规划（2014～2020 年）》将智慧城市作为城市发展的全新模式，列为我国城市发展的三大目标之一，并提出到 2020 年建成一批特色鲜明的智慧城市。同年 8 月，八部委由国家发改委牵头，出台了《关于促进智慧城市健康发展的指导意见》，提出到 2020 年建成一批特色鲜明的智慧城市。2015 年是中国智慧城市建设重要的一年，"智慧城市"和"互联网 +"行动计划首次写进《政府工作报告》；国务院《关于积极推进"互联网 +"行动的指导意见》强调推动移动互联网、云计算、大数据、物联网等与智慧城市相结合；同年还出台了《关于开展智慧城市标准体系和评价指标体系建设及应用实施的指导意见》；2015 年 12 月 20 日至 21 日，中央城市工作会议召开，明确了做好城市工作的总体思路和重点任务，指明了解决城市发展问题的方法和路径。顶层设计和战略构想等一系列政策的相继出台，标志着我国以智慧城市推进国家和城市治理现代化的发展战略正在形成合力，国家层面的政策框架和实践方向已经基本明确，这对智慧重庆的建设带来巨大政策红利和实践创新的良好契机。

6.1.1.2　技术机遇：技术发展推动

随着下一代互联网、物联网、云计算、无线宽带等新一代信息技术发展，信息网络向宽带、融合方向发展的趋势进一步显现，信息技术向智能化、集成化方面发展以及与其他产业技术的融合不断加深，这些都为实现对城市建设管理和经济社会发展形成的各种海量数据进行实时采集、传输、处理、整合和分析，为智慧城市的建设和发展提供有力的技术支撑和科技储备。

2014 年，重庆市决定加快推进互联网云计算大数据产业五大专项工作之一，市经济信息委按照市委、市政府的战略部署，多措并举大力推动全市互联网云计算大数据产业发展，取得积极成效。一是夯实基础。2014 年 8 月 20 日，重庆国家级互联网骨干直联点开通，使重庆市成为国家通信网络架构中 10 个一级节点之一。二是引进项目。组建专业的招商队伍，会同有关区县及园区加大了对互联网、云计算、大数据等产业项目招商引资力度，全年接待来渝考察企业逾 80 家近 100 批次，外出北京、上海等地招商近 30 次，出访洽谈企业逾 100 家。同时，还积极与各国驻渝使领馆、在华商会，各省市行业协会，以及国内外云计算相关专业组织建立紧密合作关系，搭建招商引资网络，项目招商取得显著成效。三是合理布局。围绕五大功能区域发展战略，按照"特色突出、集约集群、创新驱动、促进转型"的原则，从产业发展方向、园区建设、招商引资等方面积极引导支持有关区县园区发展云计算、大数据产业。目前，重庆市已初步形成两江新区云计算和大数据应用、北部新区软件和信息技术应用、渝北大数据软件开发和跨境电子商务应用、南岸物联网设计及应用、渝中互联网和电子商务应用、大渡口移动互联网应用、永川呼叫外包及数据处理、西永大数据软件开发和 IC 设计等各具特色、错位发展的产业发展格局。四是优化环境。给予云计算数据中心重点优惠支持，根据数据中心用电企业实际用电需求，采取灵活、弹性的电价计量模型，合理降低用电企业电力成本。目前，首个 APP 科技创新园已建成开园，入驻科技企业 10 多家；以渝北仙桃国际大数据产业园为代表的大数据产业发展迅猛，着重发展感知、存储、数据挖掘三大核心产业，以及金融、健康、教育、设计、城市管理等八个大数据应用产业，已注册企业 88 家，包括高通、微软、惠普、谷歌、宏碁等巨头，并成功引进美国硅谷、加拿大等国高端孵化器。重庆市积极统筹发展"云端计划""互联网＋""大数据"，打造国内通信信息枢纽和互联网经济高地，坚持把以云计算为代表的新一代信息技术产业作为重要的新兴产业来发展，为推进智慧重庆建设提供良好的技术条件。

6.1.1.3 社会机遇：社会发展牵引

重庆市处于"一带一路"和长江经济带"Y"字形大通道的联结点上，是长江上游地区经济中心和金融中心，内陆出口商品加工基地和扩大对外开放的先行区，中国重要的现代制造业基地，长江上游科研成果产业化基地，长江上游航运中心，国家中心城市，西南地区综合交通枢纽，中国政府实行西部大开发的开发地区以及国家统筹城乡综合配套改革实验区。

为此，重庆提出了"加快建设长江上游综合交通枢纽，着力打造内陆开放高地，着力增强战略支点集聚辐射功能，着力培育特色优势产业集群，着力推进城市群建设，着力构筑长江上游生态安全屏障"六项任务。这为智慧重庆的建设提供了难得的机遇，主要表现在：一是智慧城市的打造，不仅需要建设各种铁路、公路等交通枢纽，形成国家中心城市与周边地区畅通的物联网络，更需要通过搭建各种网络平台与信息高速公路，实现新型工业化、城镇化、农业现代化与智慧化同步发展，提升重庆在政治、经济、文化、交通等方面的集聚和辐射能力，推动国家中心城市快速发展。二是智慧重庆要求加快重点领域的物联网建设，以促进生产制造、经营管理和能源利用的智能化。这就必然会在重庆城市管理、交通运输、节能减排、食品药品安全、医疗卫生等方面形成全面感知、广泛互联的城市智能管理和服务体系，从而形成诸多领域的业态转型升级，进而催生出无数与信息化相互融合创新的新型业态，为重庆产业的转型升级创造了条件、提供了契机。三是智慧重庆的建设必然要求实现公共服务管理创新，建立智慧政府。构建政府与社会对话沟通、信息交换的渠道，打开了政府了解社情民意、社会关注政府政策这两扇窗口。市民通过智慧政府可以及时对社会中存在的各种问题向政府进行反映，提出建议、发表质疑，真正参与城市社会治理，有利于提升重庆城市公共服务水平。

6.1.2 智慧重庆建设的优势

6.1.2.1 数据通信枢纽优势

对"智慧城市"而言，最为关键的基础设施，是承载数据传输功能的网络通道。重庆网络通信地位也由过去的城域网点，上升为与北京、上海一样的国家级互联网骨干直联点。目前，重庆直联点已建成了8套高端互通路由器，408个10G端口，48个100G波道，新建和租用传输管道共计987千米，新建光缆6782皮长公里，约合40.2万芯公里，互联带宽能力达到1030G的规模。重庆的网络通道具有三个功能：一是枢纽功能。互联网流量和数据，在重庆直接传输交换，不再需要到北京、上海、广州等地中转，不仅服务本市，还汇联服务中国西部地区。二是口岸功能。重庆已建成12条直达国际出入口局的数据宽带专用通道，跨国企业的业务数据可在重庆信息安全得到确保的情况下，便利地进出。三是外进外出的国际数据中心平台。企业借助这个平台，开展离岸数据外包服务、跨境贸易，可以实现相关数据的外进外出。这样，在重庆航空、港口、铁路三个"三合一"基础上，又增添了数据通信枢纽的平台，形成四个"三合一"的格局①。重庆通过构建宽带化、泛在化信息高速公路，建设全国重要的数据集散中心、存储处理能力强的数据处理中心，夯实通信信息设施基础，提升信息存储、处理、疏导和互通能力。

6.1.2.2 智能产品体系优势

赋予物以人格化的智能，是建设"智慧城市"的关键。这就需要形成庞大的智能传感、存储、计算和应用的产品体系，使人与人、人与物、物与物有效连接并协调联动。重庆大力实施"云端计划"，其中"端"就是打造智能终端产品制造基地，主要围绕产业垂直整合和集群发展，推动"整机零部件""研发生产""营销结算"等全产业链一体化发展，形成了多品种、多规格的笔记本电脑、平板电脑、打印机、监视器、路由器、手机以及服务器、路由器、存储器等智能产品体系，吸引了5家品牌商加6家代工商加800家零部件企业的"5+6+800"的笔电产业集群。2016年各类智能终端产量达3.8亿台，其中，笔电5800万台，占全球产量的1/3；手机产量2.8亿台，占全国的15%，这为重庆"智慧城市"建设提供了产业和产品支撑②。

---

① 陈钧，项菲菲. 重庆"智慧城市"建设正在起步［N］. 重庆日报，2015 – 09 – 22.
② 重庆市经济和信息化委员会. 2016 年我市电子制造业经济运行简况［EB/OL］. 2017 – 02 – 03. http：//www. cq. gov. cn/publicinfo/web/views/Show！detail. action？sid =4174717.

6.1.2.3 云计算大数据产业优势

运用大数据技术对海量数据进行分析处理，是"智慧城市"的神经中枢和工作内涵。重庆云计算大数据产业以数据挖掘、分析、应用为突破口，引进和培育了一批大数据企业开展数据存储、处理、开发、应用服务，探索大数据交易试点，拓展大数据增值业务产业链。与其他城市的云计算基地不同，重庆市云计算基地具有五大特点：在岸和离岸业务一起发展，不仅本地信息化升级，更参与分享世界性的"云蛋糕"；硬件与软件一起发展，以数据中心为平台，把增值服务的附加值最大化；集中布局的云数据中心能够实现基础设施共享和数据中心兼容，使综合成本降低20%；制度创新，实现保障国家信息安全和保护跨国公司数据隐私的"双保"；实现存放数据的下单方、运行数据方和重庆多方共赢的可持续盈利模式。占地10平方千米、5万台服务器的两江国际云计算中心已成功引入了中国联通、美国新云公司、新加坡太平洋电信、中国国际电子商务中心、腾讯、中国移动、美国微软公司等国际国内知名公司，将开展离岸和在案数据存储和处理业务，并带动相关信息服务外包产业发展。该项目计划总投资70亿元，全部投产后达到50万台服务器规模，其中80%的服务器用于提供数据存储业务，剩余20%服务器用于提供云计算服务，形成直接产值170亿元/年，按1∶5比例带动相关信息服务外包产业计算，整个云计算产业链产值可实现超过1000亿元/年，带动新增就业近5万人。

6.1.2.4 国家智慧城市试点经验优势

在住建部公布的三批国家智慧城市试点名单中，重庆市的江北区、南岸区、永川区、两江新区和渝中区名列其中，这五个区的智慧城市建设均各有其独特之处①。

（1）南岸区：十大载体推动智慧建设。南岸区通过智慧城市体验中心、智慧交通、智慧社区等十大重点项目，打造"智慧南岸"。目前，南岸区已开展19个智慧小区建设，其中已建成3个智慧小区，智慧小区初具规模。将一

---

① 金真. 智慧城市的重庆样本［N］. 中国建设报，2015－11－04.

座科技孵化楼改造成集"商务、展示、发布、体验"为主的体验中心,是全国首家智慧城市体验中心。建成智慧之家,让市民通过体验,感受高新技术给生活带来的便捷。

(2)江北区:建设网上观音桥。以推进"智慧商圈"为突破点,将建设"一网站、一平台、两网络和三中心"。通过打造"三平台一中心",建设"网上观音桥",形成 WI - FI 网络全覆盖,供市民免费使用,打造"智慧商圈"。在城市公共信息平台、城市智能运行工程和智慧城市管理等领域重点推进智慧城管、智慧交通等项目建设,使城市运行高效化、城市管理智能化、市民生活便捷化,全力打造"智慧江北"。

(3)两江新区:打造智慧生态新城。两江新区结合新区实际,编制了《两江新区智慧城市总体规划》,对信息基础设施、公共信息平台及智慧政务、智慧建管、智慧保障房、智慧物流、智慧新城、智慧商圈等重点项目建设进行了规划。建设两江智慧总部基地。该基地按照"智慧城 + 生态城"的建设要求,重点实施 8 大智慧应用集群、"2 集中 3 示范 4 应用"生态系统,同时要求区域内建筑 100% 为二星级以上绿色建筑。此外,建设智慧物流、智慧保障房等七大应用系统。全力建设云计算产业园,大力探索发展大数据产业。

(4)永川区:PPP 建设模式。永川区是依托永川软件园的产业优势,借助大数据、云计算等新兴信息技术,从智慧城管、智慧交通、智慧建管、智慧政务、智慧社区与智慧家居建设及智慧医疗等方面入手,利用三年 5 亿元的财政投资带动 10 亿 ~15 亿元的社会资本,通过 PPP 平台与银行、基金等进行资本运作,支持参与智慧永川建设的入驻企业发展,通过培养形成区域大数据,推动智慧产业项目聚集,实现"用市场换资本、以资本换产业"的发展之路。

(5)渝中区:西部领先的智能之城。渝中区着力打造了智慧商圈、智慧宜居、智慧管理和智慧产业等项目,已初步建立了区域卫生信息平台,11 个卫生服务中心实现电子病历共享,建成为老服务信息平台、社区服务网络。今后,该区还将加快建设基础设施智能化、政府服务高效化、城市管理精细化、生态环境宜居化、居民生活便捷化、产业发展高端化的"智慧渝中"。

6.2　智慧重庆建设的问题和挑战

6.2.1　智慧重庆建设的问题

6.2.1.1　推进主体上：政府和运营商主导而内容供应商不足

重庆智慧城市建设主要由政府和中国移动、中国联通、中国电信等电信运营商投资、建设和管理，信息基础设施已处于国内领先水平。但是，智慧城市建设能否真正有效推进，关键在于信息基础设施所承载的内容和应用的组织与供应。真正决定智慧城市建设成败的关键在于能否满足广大民众的应用需求，而不仅仅是创新技术的提供，如果缺乏新颖、适用的内容，即使功能再强大的信息基础设施也将难以得到广大市民的青睐。因此，建设智慧城市，不仅要加强硬件设施建设和新技术的研发应用，还要实施"内容为王"的发展导向，大力培育发展数字内容服务产业。

6.2.1.2　推进重点上：重视技术应用忽视以人为本

智慧城市建设以城市的信息化、数字化和智能化为重点，注重城市各单位信息系统的建设，重视各类信息技术在城市各领域的应用。显然，信息技术不可或缺，没有信息技术，城市的智慧化也就无从谈起，然而，对于信息技术的过分强调，亦将导致人们对城市信息基础设施的过分重视，而忽略"以人为本"的智慧城市的真正目的。技术是手段而不是目的，智慧重庆在利用新一代信息技术实现城市软硬件设施信息化、智能化的同时，还应当回归智慧城市的真正出发点和落脚点，即满足民众的需要，提升民众的体验，更多地从民生服务、市民体验出发，将信息技术更广泛地应用于民生领域，更好地满足民众生活需要，提升民众对于新型智慧城市的满意度和获得感，让城市的"智慧"真正转化为人的"智慧"，持续增强市民的幸福感。

6.2.1.3　推进策略上：供给导向型而非需求导向型

目前，重庆的智慧城市建设还处于起步阶段，推进策略主要是政府牵头自上而下的供给导向型，更多地强调以信息基础设施建设和"智慧"产业为路径推进智慧城市建设；"智慧"项目建设过多地从政府部门角度出发，旨在解决政府部门的办公问题、业务问题，很少从市民的角度、企业的角度，建设以普通市民、企业的实际需求为主导的"智慧"项目。此外，公众真实需求的反馈渠道与机制尚未形成，市民所享有的信息技术服务与市民的需求匹配度不高。在这种供给驱动模式下，由于缺乏有效的社会需求、缺乏民众和企业的积极参与，适合智慧应用和智慧技术发展的模式有待创新，市场机制在智慧城市建设中的基础作用还不够明显。

6.2.1.4　推进机制上：跨部门、跨产业链的合作机制缺乏

智慧城市是建立在信息网络基础设施上，通过建立开放、包容的共享平台促进城市不同部门、系统之间的信息共享和协同作业，进而实现及时、科学的决策和预测。目前，由于意识、体制和技术等原因，重庆各行业、各部门间信息"孤岛"现象仍然突出，跨部门、跨产业链的合作机制缺乏，信息资源的整合和协同共享问题尚未解决。一方面，整个社会信息共享意识淡薄，对信息集成共享存在误区，轻软件、重硬件的现象十分突出；另一方面，由于现行行政体制下垂直传递信息，行业间、部门间资源配置和利益相互割裂的制度性缺陷依然存在，跨行业、跨部门的横向整合，是上海发展智慧城市最大的难点。此外，信息资源共享的相关标准体系不健全，缺乏统一的行业标准、建设标准和评估标准等来约束和指导，各行业、各部门信息化建设自行其是，条块分割较为普遍，不同系统之间接口复杂，不易实现系统互联互通和信息共享，有形成"智能孤岛"的可能。

6.2.1.5　推进效果上：有效的评估指标体系缺乏

为了高效率地推进智慧城市的建设进程，制定有效的评估体系势在必行，它既为整个智慧城市建设明确了目标和标准，又为决策和指导推进智慧城市建

179

设、落实责任提供了科学依据，能帮助管理者对整体建设过程及结果做出客观的评判，及时发现建设过程中的问题，优化解决方案，使资源得到有效利用。但重庆至今仍未建立起一套符合重庆实际的有效的智慧城市建设评估体系，没有定期对智慧城市建设进行评估。这将导致重庆智慧城市建设比较分散，难以形成合力，各项建设任务难以落到实处，并可能出现投资风险。

6.2.2　智慧重庆建设的潜在挑战

6.2.2.1　基础设施建设快内容应用慢

智慧重庆城市围绕推进网络信息基础设施、信息共享基础设施建设，打造国内一流的光网城市、高速无线城市及具有国际影响力的大数据枢纽，完善社会公共信息资源基础数据库，搭建智慧城市公共信息平台，建成水土政务资源数据中心，改造升级城市智能感知设施，加快构建宽带、融合、泛在及信息共享的智慧化基础设施，目前已开通国家级互联网骨干直联点，互联网网间互通能力达 1030G[①]；加速社区光网工程和 TD－LTE 建设，光纤化率达 65%，新增WLAN 接入点 4 万个；全面启动三网融合试点，新增 IPTV 用户 15 万户，新增有线电视宽带用户 35 万户，在交通、应急、医疗、安全等领域启动信息化建设，发放 RFID "电子牌" 1000 多万张；改扩建社会安全应急视频监控点 5.4万个；成功构建卫生信息三级网络，接入 1411 家卫生机构，基本实现城市中人、物相互感知和互联互通，全面提升重庆市信息基础设施承载能力及服务水平。但是，基于信息基础设施的内容和应用服务开发缓慢，有待进一步拓展。信息应用服务内容还远不能满足用户对当前海量信息的个性化需求，能带给用户和公众直观感受的内容应用拓展更处于起步阶段，尚未构建起能真正体现其辨识度的应用服务体系。从本质上讲，智慧城市建设不光是信息基础设施建设，更要关注信息的应用内容，以满足个人、社会的信息应用需求，从而让其充分体验到智慧城市建设所带来的好处。

---

① 肖福燕. 互联网直联点开通 网速快看视频更流畅 [N]. 重庆日报，2014－08－21.

6.2.2.2　政府投入快市民感受慢

自重庆市提出建设智慧城市的战略性目标以来，先后与神州数码控股有限公司、百度公司智慧城市建设战略合作框架协议，其中神州数码控股有限公司推出建设"智慧城市创新综合体"的"一揽子"合作建议，以城市为平台，围绕云计算和大数据产业发展为核心，在智慧城市建设、电子商务产业、IT 金融服务等领域全面展开合作；百度公司推进在重庆建立智能驾驶运营试验区和百度产业园，共同打造百度创新中心、西部数据中心和西部总部基地，不断深化"互联网 + 政务""互联网 + 金融""互联网 + 交通""互联网 + 医疗""互联网 + 文旅"等方面的务实合作。此外，合川区人民政府与重庆联通签署《共同推进"智慧城市"建设战略合作框架协议》，重庆联通在合川区的投入将超过 5 亿元；中国电信重庆公司与重庆市沙坪坝区政府签订《共同推进智慧沙区建设战略合作框架协议》，双方再度携手共建"智慧沙区"，中国电信重庆公司将累计投入不低于 5 亿元资金；杭州天夏科技集团有限公司与重庆联通合作就永川区智慧商圈暨"互联网 +"签约，计划总额度为 30 亿元；南威软件股份有限公司与重庆市江北区人民政府就智慧城市领域进行全面合作签署战略合作框架协议，计划投资 12 亿元；银江股份与重庆市南岸区政府就推进智慧医疗健康产业的发展签订了战略合作框架协议。智慧重庆建设虽然在信息基础设施、交通、医疗、公用事业、政府服务等领域的基础项目建设上投入了大量资金，但是，市民所享有的信息技术服务与市民的需求没有完全匹配，市民所需要的便捷、准确、及时、安全、环保的公共服务并没有得到满足，尤其是具有针对性、个性化的信息化应用服务比较缺乏，市民生活的"智慧"感受还明显不够。

6.2.2.3　点上推进快面上推进慢

在《关于印发重庆市深入推进智慧城市建设总体方案（2015 ~ 2020 年）的通知》的指导下，重庆各相关部门大力推进以信息感知、业务协同、系统集成为重点的智能应用，到 2016 年，各类服务平台将为 3200 万市民提供公共服务事项共计 1000 项；实现与 10 个省市跨省市联网的医保即时结算，实现以社保卡为载体发放退休人员养老金、失业金等；标准化电子健康档案建档近2000万份，电子病历近1000万人次份数。远程会诊涵盖全市20余所三级甲等医院、100余家区县医院及全市1483个乡镇卫生院；实现具备建设条件的中小学100%拥有网络教学和学习环境，100%实现优质资源班班通，网络学习空间逐步覆盖到全部教师及初中以上学生；城镇社区养老服务设施信息平台覆盖率达90%，并实现5个试点区县养老机构、社区和医院的协同服务；实现就业失业登记人群达到500万人以上，高校毕业生就业率达到90%以上，每年引导30万农民工返渝就业创业，每年新增帮助8万就业困难人员实现就业[1]。但是，这些公共服务平台的"智慧"服务仍然只局限在某一方面的需求"点"上。由于现行体制下部门分割没有完全被打破，城市公共服务的非连续性和碎片化现象仍然存在，导致跨部门、跨领域、跨区域的"面"上智慧项目的建设难以推进，即使是智慧商圈等建设的整体推进也比较缓慢。

6.2.2.4 产业发展快技术研发慢

在智慧城市建设中，重庆新一代信息技术产业技术创新能力进一步提升。太平洋电信、中国联通、"融信通"等5家云计算企业正式运营；南岸物联网国家示范基地引进100余户知名企业，推进27个物联网示范项目和10个重点项目建设，云计算、物联网产业基地建设初步形成；建大数据产业链，引进亿赞普等10个大数据龙头企业，项目总投资50亿元；加快跨境电子商务大数据平台建设，预计全年交易认证结汇量突破2亿美元，交易认证结汇总量超3.5亿美元；软件和信息服务业实现收入1200亿元，初步构建了大数据产业链；计算平台技术、海量数据存储、虚拟技术、新型数据挖掘分析、信息安全技术、云计算关键设备等领域，突破一批关键技术，关键信息技术研发取得较大进展。但是，从整体上看，重庆智慧产业的完整产业链尚未形成、龙头企业缺乏、创新技术产业化程度较低、市场培育不足难以形成规模等问题，导致重庆智慧产业的整体竞争力不强。

---

① 重庆市政府办公厅. 重庆市国家信息惠民试点城市建设工作方案要点 [EB/OL]. 2014 – 07 – 07. http：//www. cqdpc. gov. cn/article – 1 – 20561. aspx.

6.3 智慧重庆建设的战略思路

6.3.1 建设思路

充分发挥政府规划引导和规制标准的调控导向作用,充分调动市场主体的积极性并发挥其主力军作用,以社会公共信息资源整合与应用、电子政务体系改革任务为核心,以"平台先行、行业示范、分建共享、集中服务"为思路,实施信息基础设施建设、社会管理、公共服务、新兴产业发展和网络信息安全"五大行动计划",加快推进智慧城市、信息惠民、信息消费等试点工作,促进数据开放和规范应用,深入推进重庆智慧城市建设①。

(1) 平台先行。先行建设智慧城市公共信息平台,在政府信息公开、政府运行管理、城市公共服务等方面发挥引领作用。

(2) 行业示范。选择基础较好、需求强烈的行业开展示范工程建设,形成可复制、可推广的共性问题解决方案。

(3) 分建共享。市级部门各司其职,按职能分工开展本行业智慧专项建设,建设成果全市共享。

(4) 集中服务。建设成果逐步实现集中化管理,在确保信息安全的前提下,实现向政府和社会公众的有序开放与服务。

6.3.2 建设原则

智慧重庆是一个庞大的系统,需要处理不同领域、不同系统、不同类型的海量数据,具有技术发展快、外部链接关系多、内部结构复杂、建设周期长等特点,需要为其他系统提供广泛的信息支持和服务。因此,智慧重庆在规划建

---

① 重庆市人民政府. 关于印发重庆市深入推进智慧城市建设总体方案(2015~2020年)的通知[EB/OL]. 2015-09-02. http://www.cq.gov.cn/publicinfo/web/views/Show! detail.action? sid = 4017935.

设上需遵循以下基本原则。

（1）统筹规划。坚持顶层设计，科学编制建设规划，确保智慧城管建设工作科学、有序、高效，推动行业信息化一体发展。

（2）统一标准。坚持过程管理，建立智慧城管建设、运行标准规范和管理体系，充分发挥现有信息系统功能，按照整合、共享、集约、安全建设原则，破除信息孤岛，节约资金投入。

（3）试点示范。坚持在国家智慧城市试点区先行开展智慧城管示范建设，以问题为导向，在需求强烈、技术成熟的领域率先启动，分阶段发展，分步骤实施，形成可复制的解决方案，促进智慧城管整体发展。

（4）因地制宜。按照五大功能区，充分考虑经济社会发展和城市管理实际情况，体现差异性和针对性，突出辖区管理的重点和特色，重视创新驱动城市管理水平提升，确保系统的适用性、科学性和合理性。

（5）分级建设。坚持市、区县（自治县）分级建设，建立高效的市、区县（自治县）联动工作机制，确保全市统一行动与区县（自治县）自我运行的有机统一，实现上下联动合力推动智慧城管发展。

6.4　智慧重庆建设模式选择

结合重庆智慧城市建设思路，改变以往的供给导向型推进战略，采取需求导向型推进战略，即坚持问题导向、需求导向原则，以市场需求和创新为动力，以智慧应用为先导，以智慧产业为核心，以提升应用智能化水平和智慧产业能级为主线，充分发挥市场机制和企业主体作用以及政府的引导作用，突破关键"瓶颈"，创新体制机制，全面提高城市智慧水平，让市民共享智慧城市建设成果。

6.4.1　在建设目标上，以"以人为本"为核心，促进民生建设

6.4.1.1　智慧城市不完全等同于城市信息化

城市是先进科学技术的发源地和试验场，城市发展应充分利用前沿科技成

果。不可否认，物联网、云计算、大数据这些新兴技术的创新应用是建设智慧城市强有力的支撑，但智慧城市不完全等同于城市信息化，而是城市发展方式的智慧化。城市的信息化大多强调"信息化"和"技术"，通过各类信息技术与城市管理、民生服务和产业发展等领域的融合应用，实现城市各部门的信息化建设，例如，政务部门的电子化和信息化系统建设等。然而，随着各类信息基础设施建设的不断完善，智慧城市理念不断走向成熟，大数据、云计算、物联网、移动互联网、人工智能等新兴的 ICT 技术迅猛发展，仅仅关注城市各部门的信息化建设显然不足以满足城市未来长远、可持续发展的需求，而传统智慧城市建设所造成的"信息烟囱""数据孤岛""重技术轻应用"等问题也逐渐暴露，由此，城市信息化向智慧城市演进可以说是必然趋势。智慧城市虽然仍然需要以各类信息基础设施的建设为基础，但更要注重的是城市各类信息的共享、城市大数据的挖掘和利用以及城市安全的构建和保障。智慧城市建设的关键在于打通传统智慧城市的各类信息和数据孤岛，实现城市各类数据的采集、共享和利用，建立统一的城市大数据运营平台，有效发挥大数据在"善政、惠民、兴业"等方面的作用。同时，随着城市信息化和智慧化程度越来越高，城市信息安全问题亦越来越受到关注，智慧城市建设亦应更加重视城市信息安全体系的构建，保障城市各类信息和大数据的安全。最后，城市的发展最终是为"人"服务，根本上是促进人在城市中更好地生活和发展。因此，新型智慧城市也从过去以"信息技术"为出发点，回到"人"这一最根本的出发点和落脚点，"以人为本"将成为智慧城市的重要特征。

6.4.1.2 "以人为本"是智慧城市建设的核心理念

传统的智慧城市建设侧重于技术和管理，忽视了"技术"与"人"的互动、"信息化"与"城市有机整体"的协调，导致了"信息烟囱""数据孤岛"，重技术轻应用、重投入轻实效，公共数据难以互联互通，市民感知度较差等问题。智慧城市建设必须将"人"的实际需求作为顶层设计，以提高"人"的幸福感和满意度为核心，通过现代信息技术的创新应用，实现城市信息共享和业务协同，使城市更容易被市民全面感知，提升城市生活的便捷化、高效化。具体来讲，要以主体智慧推动城市进步，以人人参与实现城市发展，注重满足市民物质和精神多方面的需要。

因此，一方面，注重发挥城市主体的作用，人人参与、共同推动。城市因人而生，因人而兴。城市智慧就是"人"的智慧，人的素质、能力直接关系到城市建设的水平。"人"是城市的主体，是城市建设中最核心的要素。城市发展必须充分发挥"人"的角色，将城市"智能化"和人的"智能化"协调统一起来，使"人"的智慧和"城"的智慧共促共进，进而实现城市建设的"智慧"最大化。作为城市主体的"人"，包括居民、企业、政府以及其他社会机构。智慧城市建设是一项庞大且复杂的系统工程，需要统筹调动各方面的力量，充分发挥全社会的创造力，提升市民的参与度和参与能力，形成城市建设主体的合力效应。牵起政府的有形之手、市场的无形之手和市民的勤劳之手，促进城市主体之间协调协同，行动上同心同向，实现智慧城市的共治共管、共建共享。另一方面，注重满足人的需要，增强市民的城市获得感。市民是城市的主人，城市建设必须符合广大市民的利益，尊重民意、用好民智，鼓励市民发挥其主体意识，使市民不仅成为城市建设的"剧中人"，更是城市建设的"剧作者"。智慧城市建设要把更多精力放在满足城乡居民的需求上，实现居民的生活便利、提高生活质量；智慧城市建设要求把科技手段和人的幸福感充分结合起来，坚持需求牵引、效果为先，注重用户体验，把人民的满意度作为智慧城市建设的出发点和落脚点。

6.4.1.3 智慧重庆应建设以人为本的民生服务体系

（1）逐步完善民生服务平台。智慧重庆建设利用两江水土云计算中心已有资源及云基础设施，构建包括虚拟化的网络环境、主机、存储、安全设备、系统软件和监控调度等的基础服务环境。建设信息惠民资源目录数据库和信息消费智能应用数据库。依托市级各部门现有的电子政务系统、行政审批及电子监察系统、政府门户网站群和公共事业单位的信息系统、信息资源，建立完善信息惠民资源目录数据库；依托信息化手段和标准化建设，整合公共服务信息资源，采取窗口服务、电话服务和网络服务等形式，以街道（乡镇）为基本单元，应用功能集成、界面规范、部署集中的社区公共服务信息系统，根据需要可依管理幅度和服务半径向所辖社区延伸，逐步拓展包括订阅服务、推送服务、推荐服务、短信服务、统一认证服务、服务评价服务、系统消息服务、建议投诉服务、业务日志服务、文件服务、图片服务和支付服务等内容。

（2）强化民生服务的领域。2015 年 6 月，"一站式"网上服务大厅"在重庆"正式上线，"在重庆"分为 WEB 网页版和手机 APP 版。网页版已经推出融合服务、应用超市、今日重庆三大主题频道，重点推出以安居乐业、宝贝计划、健康卫士和自驾无忧为代表的四个重量级融合服务；而手机 APP 端则重点推荐交通出行、医疗健康、社保福利和生活账单等八个市民关注度高的应用①。智慧重庆建设应不断强化民生服务领域，重点围绕社会保障、健康医疗、优质教育、养老服务、就业服务、智慧社区、食品药品安全、交通出行和惠农服务等重点，整合拓展九大服务领域涉及的公共服务，通过服务集成、数据集成、内容集成、界面集成、应用集成等方式实现市级有关部门和有关单位在信息惠民平台上的集成服务，让群众网上办事能够在线进行事项提交，通过链接转交到有关部门业务管理系统完成受理、审批和反馈等全业务过程。

6.4.2　在建设理念上，以"顶层设计"为蓝图，自上而下推进

智慧城市建设行动计划是城市近期建设规划和专项规划，进一步明确了智慧城市建设的发展方向、路线图、任务、进度表以及重大攻关项目和发展政策，行动计划有利于加强对智慧城市建设过程的宏观调控。显然，智慧重庆建设将立足于全市经济社会发展的基本现状，结合市民、企业和政府的实际需求，采用云计算、物联网、大数据等先进的技术手段，通过统一规划、分步实施、示范先行、逐步展开的方针，打造具有重庆特色的智慧城市。

6.4.2.1　加强顶层设计有利于智慧重庆可持续发展

智慧城市建设与信息化建设和数字城市区别很大，需要从政策、体制、架构、信息化融合、实施路径和投融资方面创新发展，需要从顶层设计高度系统谋划城镇整体发展。智慧城市顶层设计关注整体关联性，智慧城市顶层设计从

---

①　张祎."在重庆"上线 打造"口袋里的市民服务体系"［N］. 人民网·重庆视窗，2015 － 06 － 18.

城市全局出发，强调城市不同要素对象，如基础设施、政务管理、产业发展、民生服务等对象要素间的关联性，强调城市水资源、能源、信息、交通、社区等资源要素的优化配置，围绕顶层目标的相互关联、优化配置和有机衔接。通过顶层设计的具体任务目标和工作分解，落实为具体的行动计划和项目工作，解决城市发展问题、响应民生服务诉求。

加强智慧重庆的顶层设计，统筹考虑云计算、物联网、移动互联网、大数据等新技术、新理念、新应用、新模式，依据重庆市的资源和环境禀赋、经济和社会形态、技术和产业基础，建立维护智慧重庆良性运行的组织机构和标准体系，确立符合重庆市特点的智慧城市建设机制和运营模式，吸引国内知名的智慧城市建设运营商，共同参与并推动智慧重庆建设，有利于智慧重庆健康、良性、可持续发展。智慧重庆确定了以社会公共信息资源整合与应用、电子政务体系改革任务为核心，以"平台先行、行业示范、分建共享、集中服务"为思路，实施信息基础设施建设、社会管理、公共服务、新兴产业发展和网络信息安全"五大行动计划"，加快推进智慧城市、信息惠民、信息消费等试点工作，这对推进智慧重庆建设提供了顶层设计思路。

6.4.2.2 制定了智慧重庆建设的纲领性文件

为深入推进智慧城市建设，重庆市发展改革委会同相关部门，国家发展改革委联合多部委陆续发布《关于促进智慧城市健康发展的指导意见》及其细化配套文件《促进智慧城市健康发展部际协调工作制度及 2014 ~ 2015 年工作方案》，重点围绕配套文件中关于建立协调机构、任务分工等内容，充分借鉴其他省市先进经验，融合重庆信息资源整合与应用、信息惠民实施方案、物联网行动计划、大数据行动计划等相关建设成果，形成了《关于印发重庆市深入推进智慧城市建设总体方案（2015 ~ 2020 年）的通知》，作为智慧重庆建设的纲领性文件，将指导并引领智慧重庆的发展方向。总体方案分为八个部分：第一部分为工作思路和总体目标；第二部分为推进路径和阶段目标；第三部分为信息基础设施建设，包括网络信息基础设施、信息共享基础设施及城市全面感知工程；第四部分为智慧城市社会管理，重点推进政务共享服务、政府决策支持、政府数据开放、信用体系建设、社会综合治理等 16 项内容建设，提高政府业务办理和管理效率；第五部分为智慧城市公共服务，开展医疗健康、优质教育、社会保障、养老关怀等 12 项以民生为核心的智慧化体系建设，推动创新城市管理和公共服务方式转变；第六部分为新兴产业发展，加快发展互联网经济，推动工业互联网、现代农业、智能物流、大数据产业、物联网产业和北斗产业集聚发展；第七部分为网络信息安全，着力提升重庆整体网络安全防护能力和自主可控水平；第八部分为保障措施，推动智慧城市健康有序开展。

6.4.3　在建设动力上，以"创新驱动"为根本，发展新兴产业

6.4.3.1　投资拉动型驱动方式弊端凸显

首先，投资拉动型的发展方式已逐步凸显其弊端。重庆建市基础较为薄弱，基础设施、城市建设等短板突出，重投资具有对过去的补偿性，同时也为重庆提升建设承载力、容纳更高强度开发奠定基础。但是随着市场微观主体的成熟以及市场环境的完善，投资拉动型的发展方式已逐步凸显其弊端，如政府过分介入微观经济活动，政企不分、政事不分、政资不分等问题还比较严重。一方面，地方投资竞争的结果往往是重复建设和低水平建设，投资浪费严重；另一方面，行政干预过多又压抑了市场主体的创新活力。此外，大规模资本积累还导致对资源、能源的消耗激增，环境破坏严重；过度投资和严重的产能过剩使相关企业面临资金链紧张和债务清偿能力下降的危机。新时期，重庆已进入发展的新阶段，长期靠投资拉动城市建设发展的模式已经日益难以为继，重庆必须跳出以往过分依赖投资驱动经济增长的的惯性，大力实施创新驱动战略，彻底改变由投资拉动型驱动方式所导致的生产方式粗放、部分产业产能过剩、资源环境的可持续发展、核心竞争力不强等问题，具体来说，就是不再过分依赖工业投资增长率的拉动、不再过分依赖基础设施投资增长率的拉动。

6.4.3.2　创新驱动是智慧重庆建设的迫切需要

当前，重庆正处于工业化中后期发展阶段，面临着产业升级换代、经济发展方式转变的关键时期。在深入实施创新驱动发展战略的背景下，加大结构调整力度，改造传统产业，大力发展高技术产业和新兴产业，加快工业化和城镇

化进程，全面建设小康社会是重庆当前面临的重大任务。2015 年 6 月，重庆市委、市政府出台《深化体制机制改革加快实施创新驱动发展战略行动计划（2015～2020 年）》①，提出了"深入实施创新驱动发展战略，建设西部创新中心"目标，《行动计划》作为当前和今后一个时期重庆实施创新驱动发展战略的纲领性文件，为重庆未来几年全面深化体制机制改革、加快实施创新驱动发展战略绘制了"路线图"。显然，特殊的城市发展背景和发展阶段，决定了重庆坚持把创新作为引领发展的第一动力，把创新摆在发展全局的核心位置，不断推进理论创新、制度创新、科技创新、文化创新等各方面创新，已成为今后经济社会发展的基本理念，创新成为重庆城市建设发展的迫切需求，这也决定了智慧重庆的建设应选择创新驱动的建设模式。

6.4.3.3 智慧重庆建设具备创新驱动的条件

重庆市大力实施创新驱动发展战略，这为智慧重庆的建设提供了良好的创新驱动的条件。一是创新环境有较大改善。重庆市以科研项目管理改革、科技金融管理改革、科技平台建设为突破口，着力解决创新驱动的技术供给、资本来源、创新生态三大支撑问题，出台了《重庆市深化体制机制改革加快实施创新驱动发展战略行动计划（2015～2020 年）》《关于发展众创空间推进大众创业万众创新的实施意见》等一系列政策性文件。二是创新潜力逐渐增强。2015 年，722 家规模以上工业企业建有研发机构 896 家。重点实验室、工程技术（研究）中心、企业技术中心等各类研发基地超过 1100 个，引进组建了中科院重庆绿色智能技术研究院、中国信息通信研究院西部分院等高端研发机构。高新技术企业达到 1035 家。R&D 活动人员由 2010 年的 5.88 万人增加到 2015 年的 9.78 万人。"十二五"期末，两院院士、新世纪百千万人才工程国家级人选、国家"千人计划"人选等高层次人才达到 484 人。三是创新效率明显提高。2015 年，专利授权量 38915 件，其中发明专利授权量 3964 件；技术交易 5977 项、成交额 241.5 亿元。万人发明专利拥有量由 2010 年的 1.1 件提高到 2015 年的 4.3 件。"十二五"期间，开发突破新能源汽车、轻轨装备、

---

① 重庆市政府办公厅. 深化体制机制改革加快实施创新驱动发展战略行动计划（2015～2020 年）[EB/OL]. 2015-06-17. http：//cq. cqnews. net/sz/2015-06/17/content_34526145. htm.

工业机器人、海上风力发电装备、石墨烯、人脸识别等一批关键技术和新产品，培育了中国汽车工程研究院股份有限公司、重庆梅安森科技股份有限公司等一批上市高新技术企业。"十二五"期末，战略性新兴产业产值占工业总产值的比重为 19.6%，规模以上工业企业新产品产值占工业总产值的比重为 19.1%，知识密集型服务业增加值占地区生产总值的比重为 16.3%，高技术产业化指数全国排名第 4 位。显然，重庆已初步构建起知识密集、多点支撑的产业结构，培育了一批具有竞争力的优势产业集群，创新型经济结构基本形成，创新要素集聚，辐射能力显著增强，区域创新能力大幅提升，激励创新的法规、规章和政策更加健全，创新生态更加优化，西部创新中心初步建成。因此，在智慧重庆的建设过程中，重庆应以创新为驱动，推进全方位开放式创新，加快科技成果转移转化，营造良好的创新生态，推进智慧重庆建设的快速发展。

6.4.3.4　智慧重庆建设大力发展新兴产业

（1）工业互联网。支持建设离散行业制造过程智能控制与管理平台。研发基于物联网的车间制造过程信息化系统，开展支持车间无纸化生产作业、制造过程状态信息采集、设备监控、数控程序上传下载与优化管理、能耗监控、生产过程环境监控、生产过程远程监视与管理等方面的应用，实现生产过程的智能化控制，提高生产效率和资源利用率，减少污染排放。重点抓好冶金、煤炭、民爆、医药、电力、装备等行业示范应用项目建设。

（2）现代农业装备制造。研发大型农业机械监控与管理设备，为跨区域流动作业的大型农业机械提供远程管理和控制。积极研发各类农业敏感元器件、传感器和农业远程监控设施设备，对大棚、鱼塘、果园等进行远程监控和智能管理。加快研发肉类视频生产溯源的设施、设备和软件系统，推进实施肉类食品远程监控和全过程跟踪，加强冷链食品的监控和跟踪，确保食品质量安全。

（3）智能物流服务。加快物流公共信息平台建设，积极推进全社会物流信息资源的开发利用，鼓励各类平台创新运营服务新模式。建立保税物流智能管控平台、长江上游物流信息服务平台、西部现代物流产业园物流信息服务平台、农垦冷链物流信息服务平台、双福国际农贸城物流信息平台等运营平台，努力把重庆打造成为国内领先的智能物流基地。

（4）大数据产业发展。推进云计算数据中心集群建设，开展数据存储服务，形成数据资源洼地。支持有较强集成能力的信息服务提供商建设大数据服务平台，支持国内外知名数据分析和应用企业来渝开展大数据挖掘和分析等增值服务，支持本地互联网信息服务提供商统筹资源，面向细分领域开发大数据应用服务，支持软硬件企业和服务企业垂直整合，与信息内容服务相结合，提供软硬件一体化的大数据解决方案。

（5）物联网产业发展。加强传感核心技术攻关和应用，以国家新型工业化电子信息（物联网）产业示范基地、中国移动物联网基地等重大项目为牵引，大力发展传感器、敏感材料、物联网芯片、射频识别设备、模组、智能仪器仪表、智能终端设备、通信传输设备制造。大力开展物联网系统集成、产品集成、应用集成等应用示范，促进产业集聚发展。

（6）北斗导航产业发展。大力促进北斗芯片、终端的研发和产业化，构建形成基础产品（包括导航天线、终端芯片、板卡、导航地图等）、导航终端产品和运营服务等北斗导航三大产业链条体系。加快北斗卫星导航系统推广应用，大力推进北斗导航服务模式和产品创新，推动 LBS（位置信息服务）市场加速拓展。

6.4.4　在建设主体上，以"政府引导"为导向，发挥市场主导

智慧城市建设是一个庞大、复杂的工程，非一日之功、也非一人之力可实现，需要大量人力、物力、财力投入。因此，就必须充分调动社会各界的力量，整合优势资源，明确各自角色定位，通过资源合理配置，以效率、效益最大化推进规划与建设。从建设主体的角度看，政府是智慧城市建设的组织者、管理者、保障者和直接参与者，同时还吸引有实力的设备厂商、系统集成商、运营及服务商等参与主导建设，邀请研究咨询机构对智慧城市的建设献策和把关，充分发挥各自的优势和特长。因此，智慧城市的建设主体应多元化，以政府为主导、运营商和行业企业为支撑、研究机构为外脑，形成良性互动。

6.4.4.1　厘清建设主体各方的责权利

在智慧城市建设中参与的主体包括政府、企业、市民、第三方机构等四类基本主体，合理的建设运营模式创新需要厘清智慧城市参与各方的责、权、利，才能发挥各自所长，使各方更加积极、协同地参与到智慧城市建设中来，实现智慧城市安全、高效地运营。

（1）政府：智慧城市的核心。政府在智慧城市建设中的核心地位是不可替代的。政府需要承担构筑契合智慧城市建设和发展的总体目标，统筹智慧城市的建设与发展，充分发挥主导和协调职能，整合和集中智慧城市各方主体的智慧与力量，推动政府相关部门围绕智慧城市建设的关键领域和层面制定法规制度等政策体系，加强在财政、投融资、人才等方面的引导和保障，把智慧城市的建设发展目标和城市特色落实到各项载体之上，营造建设与发展智慧城市的良好氛围，构建智慧城市建设的合力。

（2）运营商：智慧城市的建设主体。运营商等社会经济组织是智慧城市建设的主体，更是智慧城市产业发展和技术创新的根本主体。在智慧城市建设和发展过程中，运营商等社会经济组织需要投入大量的人力、物力、财力等资源，开展与智慧城市建设相关的技术攻关、产品研发、系统建设、投产运营等，打造智慧城市建设产业群。

（3）市民：智慧城市的需求主体。智慧城市建设与发展的最终目标是满足市民的需求，提升市民的幸福感，享受智慧生活。因此，它的建设和发展离不开市民的积极参与和全方位多层次的工作、学习和生活的融入。同时，市民素质的提升也成为智慧城市建设提供人才的源泉和支撑。

（4）第三方机构：智慧城市的智力支撑。智慧城市的创新与发展离不开高校、科研机构等单位和组织的智力支撑，需要加强政、产、学、研、用相结合的方式，突破相关核心关键技术，实现技术到产业的转化，掌握自主知识产权，推动智慧应用的高水平和智慧产业的高能级。

6.4.4.2　调动市场主体主力军作用

（1）市场化运行，投资主体多元化。建设智慧城市需要充分利用市

"无形之手"和政府"有形之手",对智慧城市建设作全局性考量统筹规划,以避免无序发展和盲目重复建设,发挥市场优化资源配置作用,吸引各类企业参与项目建设。首先,应该建立完善"政府买服务、企业做运营"的投资运营机制,制定智慧城市投资导向目录,凡是社会能办好的,一律交由社会资本投资建设。其次,可以引入服务外包机制,制定政府购买服务指导性目录,明确政府购买智慧城市服务的种类、性质和内容,鼓励社会资本设立专业运营公司或以参股方式承接项目,开展管理外包和系统运维外包,通过委托、承包、采购、租赁等方式购买政府服务。

(2)充分利用资源,多渠道融资。智慧城市建设涉及的行业、领域众多,在融资中可尝试建立智慧城市发展专项基金,广泛吸引社会资本参与。通过智慧城市产业投资联盟,国开金融土地储备股权投资、房地产基金、财政投入筹措资本金,通过发行市政债券、中期票据、保险公司长期资金、经营性物业银团贷款安排长期债权资金,通过保险公司资金、短期融资券、银行理财资金(含信托及证券资产管理计划)租赁和流动资金银团贷款安排拟融资短期资金①。根据不同项目的特点,开发和设计不同的融资方案,构建专项资金管理平台。例如:通过分期建设、滚动开发、分期转让,部分持有测算项目整体实际需求;在资金募集期和资金回笼期通过理财方案的设计和滚动发行平滑资金供给和需求,降低融资成本,通过短期借款额度确保理财产品的兑付和平稳发行;安排发债和理财资金及流动资金银团,组织承销团和银团确保所安排的资金;准备专项信贷资产用于供资金管理平台使用及为资产证券化预留平台等。

6.4.5　在建设思路上,以"平行分集"为路径,实施五大行动

以社会公共信息资源整合与应用、电子政务体系改革任务为核心,以"平台先行、行业示范、分建共享、集中服务"为路径,实施信息基础设施建设、社会管理、公共服务、新兴产业发展和网络信息安全"五大行动计划",

---

① 郭理桥. 智慧城市导论 [M]. 北京:中信出版社,2015.

加快推进重庆国家智慧城市、信息惠民、信息消费等试点工作，促进数据开放和规范应用，深入推进重庆智慧城市建设。

6.4.5.1　平台先行

先行建设智慧城市公共信息平台，在政府信息公开、政府运行管理、城市公共服务等方面发挥引领作用。

（1）建设三大基础数据库。着力打破部门间信息条块分割，着力解决信息资源碎片化、孤岛化问题，着力健全技术和法律支撑体系，以自然人、法人、地理空间三大信息数据库为基础。一是自然人信息数据库。以公安部门人口户籍信息库为基础，以公民身份证号码为标识，逐步叠加人力（人事）社保、计划生育、公共卫生、文化教育、就业收入、纳税缴费、民政事务等其他信息。二是法人信息数据库。以工商部门企业法人信息库为基础，以组织机构代码为标识，逐步叠加机关法人、事业法人、社团法人等其他合法机构信息，覆盖全社会各类法人机构。三是地理空间信息数据库。以规划部门地理信息库为基础，以坐标点为标识，逐步叠加交通、水利、通信、土地、矿产、地质等有关信息。

（2）建设四大公共应用平台。依托三大基础数据库和各行业部门的业务数据库，以现代信息技术为手段，构建起政务共享、信息惠民、信用建设、社会治理等四大应用平台，实现信息资源分散采集、整合使用、数据共享。

①政务共享应用平台。在过去电子政务和"金"系列工程基础上，进一步强化各部门政务信息共享交换，加强政务工作协同办理，提高部门的办公效率和行政效率，并依法向社会进行统一的政务公开。主要功能：一是按照《政府信息公开条例》，实现界面集成的政府信息公开；二是实现公文和信息跨部门高效流转和共享，防止政出多门和政务"盲点"；三是从行政审批业务网上协同办理入手，推动非涉密业务全流程网上协同运行，探索建立"网上审批大厅"，提升整体行政效能；四是进行数据挖掘和分析，为行政效能监察提供辅助支撑。

②信息惠民应用平台。通过汇集与民生息息相关的教育、卫生、交通、社保、民政、住房、就业、养老、食品药品安全、公共安全、社区管理、基层事

务等公共服务信息，对其进行深加工处理，建设"一站式"的网上服务大厅，联通区县政务中心、乡镇公共服务中心和村社便民服务中心，提供基于"实名制"的多种信息服务，提高群众办事便利程度，减轻办事负担，提升政府公共服务能力与水平。主要功能：一是政务信息查询。市民可通过公民身份证号码查询社保医保、住房公积金、机动车违法、社区（村）事务等个人信息。二是审批事项办理。通过链接业务主管部门，市民可通过公民身份证号码，办理证照登记、公积金提取等与个人业务相关的审批事项。三是便民信息服务。通过对接支付宝、银联等支付网关，市民可在网上缴纳水电气等各类行政事业性收费，也可享受家政、中介、维修等日常生活信息消费服务。该平台由重庆市经济信息委牵头组建。

③信用建设应用平台。以各部门履行公共管理职能过程中产生的信用信息为基础，通过采集、整合、应用，形成统一的信用信息共享平台，为行政部门、企业、个人和社会征信机构等查询政务信用信息提供便利，同时对"信用重庆"网站进行升级改造，加强信用信息公示、查询检索、统计分析等功能，丰富信息发布内容。开通手机版网站，方便人们通过手机上网浏览信息。结合市民诚信卡，打造信用类 APP，提供更便捷的信用信息检索服务，通过信用数据应用提供安全便捷的网上交易平台。主要功能：一是失信公开。建立自然人信用信息数据库和法人机构信用信息数据库，其中可公开的失信信息，通过平台定期公开，免费查询。二是征信查询。按公民身份证或机构组织代码统一信用编码，平台通过链接行业数据库查询的方式，为征信机构等依法查询征信信息提供服务并收取费用。三是信息共享。为各部门交换、共享信用信息提供通道与服务。

④社会治理应用平台。按照中央综治办的建设标准，统筹搭建"9＋X"综治信息系统平台，通过基层队伍信息采集比对，实现对人、地、物、事、组织等基础信息的实时更新，按需共享校核公安、民政、司法、卫生计生、房管、教育等职能部门的业务数据，为社会治理有关部门案（事）件交办、流转、反馈及考评等提供业务协同支撑。主要功能：一是强化基础信息管理服务，实时掌握实有人口、特殊人群、两新组织等动态信息，促进有关政务部门的业务协同，提升行政管理服务水平；二是强化社会治安防控，实现对道路、

管线、校园、商圈、车站等重点地区、重点部位、重点场所等信息化防控，及时协同应对处理各类突发维稳事件；三是强化矛盾纠纷排查调处，建立信息动态采集、实时研判、预警分析、应对处理、督导考评平台。

6.4.5.2　行业示范

选择基础较好、需求强烈的行业开展示范工程建设，形成可复制、可推广的共性问题解决方案。

（1）智慧建筑关键技术集成与示范。该项目由重庆市城乡建设委员会牵头承担，重庆市建设技术发展中心、南岸区城乡建委、重庆金鑫智慧科技有限公司等单位具体实施。"智慧之家"作为项目的示范工程，构建以云计算和物联网为核心技术的智慧家居平台，实现家电、空调、照明、窗户、窗帘等家居设备的在线智能及远程控制，实现数字化管理，通过采用智能播报、智能演示、智能门禁、智能安防系统，构建了舒适、便捷的家居生活。该项目的研究成果为全市智慧建筑的发展提供了关键核心部件、技术标准，搭建了智慧建筑展示、交流、宣传、体验的综合平台，为重庆智慧建筑的发展提供了重要支撑。

（2）智慧社区与绿色建筑示范。智慧社区主要是建立社区便民服务设施信息化监控系统，包含视频监控、楼宇对讲、门禁管理、周界管理、停车场管理、巡更系统等系统，实现信息广泛、及时地主动推送，实现社区内入住业主的信息化监护。以住宅为平台，采用网络通信、安全防范、自动控制、音视频等技术，将家居生活有关的设施集成，构建高效的住宅设施与家庭日程事务管理系统。

绿色建筑示范区是通过采用环保节能型绿色建筑材料、选用节能型设备、发展节水技术与污水资源化、建立垃圾分类清运回收体系等方式建设低能耗健康建筑，创建节能、节地、节水、环保的绿色建筑示范区。

（3）智能汽车与智慧交通应用示范项目。以两江新区为主要承接地，以中国汽研公司为牵头实施单位，联合长安集团、中国移动重庆公司、中国联通重庆市分公司、华为公司、中国信息通信研究院、重庆大学、车载信息产业服务联盟等单位，结合交通、通信基础设施的实际情况，在未来 3 年内逐步开展由试验场地封闭环境到城市交通开放环境的一系列试验。以此为基础，将在智能驾驶、智慧路网、绿色用车、防盗追踪、便捷停车、资源共享、大范围交通诱导和交通状态智慧管理八大领域，陆续打造多个应用示范项目；同时，推动智能汽车、智慧交通相关产业新技术、新产品研发、检测认证及标准制定。最终，集聚一个庞大的车联网产业，为市民构建安全、节能、高效、便捷的汽车服务新生活。

（4）公共安全综合技术集成应用与示范。示范工程针对城市公共安全管理难度加大和人民群众安全需求日益迫切的现实情况，将集成应用13项公共安全领域先进、适用技术，建设同时满足公安业务管理和公众安全信息服务需求的公共安全信息综合服务平台，并选择具有典型意义的重庆一中、南滨路商圈和"幸福时光里"居民小区，开展平安校园、平安商圈、平安小区科技示范。示范工程建成后将实现智能识别、智能监控、远程值守、政务信息化、医疗信息化等多项功能，有效推进智慧、平安城市建设。

6.4.5.3 分建共享

重庆市市级部门各司其职，按职能分工开展本行业智慧专项建设，建设成果全市共享。

（1）智慧城市公共服务。采用云计算、大数据、移动互联网等新一代信息技术，促进医疗健康、优质教育、社会保障、养老关怀、就业帮扶、交通出行、文化传播、旅游便民、气象预报、智慧社区、智慧商圈、室内导航等以人为核心的智慧化体系建设①（见表6-1）。

表6-1 智慧城市公共服务建设内容

智慧专项	建设内容	建设单位
医疗健康	建立区域共享电子档案和电子病历； 建设电子健康档案数据库； 推动各级医疗机构开展远程会诊服务	重庆市卫生计生委

① 重庆市人民政府. 关于印发重庆市深入推进智慧城市建设总体方案（2015~2020年）的通知 [EB/OL]. 2015-09-02. http：//www. cq. gov. cn/publicinfo/web/views/Show！detail. action？sid = 4017935.

续表

智慧专项	建设内容	建设单位
优质教育	建设网络化职业教育服务体系； 构建基于信息化的现代终身学习体系	重庆市教委
社会保障	跨区县（自治县）业务办理、跨地区业务数据查询； 推动社会保障卡向其他公共领域拓展应用	重庆市人力社保局
养老关怀	养老服务机构信息系统建设； 推广远程健康监测	重庆市民政局
就业帮扶	发布全市就业、创业孵化、就业援助、职业培训、就业扶持政策等公共服务信息； 建立就业信息服务支撑体系	重庆市人力社保局牵头，市民政局配合
交通出行	构建智能交通管理系统； 提供全时空实时交通信息服务	重庆市公安局牵头，市交委、市规划局配合
文化传播	建设新媒体城乡传播平台； 打造一批基于互联网的新型主流媒体； 推动多媒体电视、网络电视、数字出版、手机媒体等新型业务发展	重庆市文化委
旅游便民	升级旅游信息查询和服务平台、旅游应急指挥调度中心、旅游自动化办公系统、旅游诚信评价与监督平台等旅游信息平台	重庆市旅游局
气象预报	建设城市安全运行气象保障服务系统； 建设气象灾害应急服务体系	重庆市气象局
智慧社区	构建智慧水电气服务体系； 开展智慧楼宇、智慧家庭、智慧家政等社区智能便民服务	重庆市民政局牵头，市城乡建委、市发展改革委、市经济信息委配合
智慧商圈	建设智慧商圈基础设施、电子商务网、金融平台、物流平台	重庆市商委牵头，市发展改革委、市经济信息委、市城乡建委配合
室内导航	智能室内导航服务系统	重庆市规划局

资料来源：重庆市深入推进智慧城市建设总体方案（2015～2020 年）。

（2）智慧城市社会管理。重点推进政务共享服务、政府决策支持、政府数据开放、信用体系建设、社会综合治理、城市治安管理、应急管理、电子口岸管理、食品药品安全监管、生产安全监管、生态环境监控、城乡规划管理、城乡建设管理、税务管理、市政管理、国土管理、水资源管理等系统建设（见表6-2），推动政府职能转变，创新政务服务和社会管理，提高透明度及业务办理效率，实现服务手段智慧化、管理过程精细化、管理方式多样化，确保城市可持续发展①。

表6-2   智慧城市社会管理建设内容

智慧专项	建设内容	建设单位
政务共享服务	电子政务体系； 政务共享应用平台	重庆市政府办公厅牵头，市发展改革委、市经济信息委配合
政府决策支持	建立决策支持服务系统	重庆市政府办公厅牵头，市规划局、市公安局配合
政府数据开放	建设重庆综合市情系统	重庆市政府办公厅牵头，市发展改革委、市规划局、市经济信息委配合
信用体系建设	重庆市公共信用信息大数据； 构建"诚信重庆"门户网站； 建设信用信息共享应用平台	重庆市发展改革委牵头，市工商局、人行重庆营管部配合
社会综合治理	搭建社会综合治理信息系统平台； 构建综治信息网络	重庆市委政法委
城市治安管理	完善立体化治安视频网络体系； 升级社会安全事件应急联动指挥系统工程； 推动综合技术应用示范，推动多项示范应用	重庆市公安局牵头，市委政法委、市司法局配合
应急管理	构建智慧化政府应急平台； 建设应急管理地理信息系统	重庆市政府应急办牵头，市规划局、市市政委配合
电子口岸管理	构建完整、高效的信息化系统； 打造重庆口岸数据交换中心	重庆市政府口岸办牵头，市外经贸委、重庆海关、重庆检验检疫局配合
食品药品安全监管	加快信息系统建设； 建设智能移动监管平台	重庆市食品药品监管局
生产安全监管	搭建安全生产综合信息平台； 建设安全生产监管监察数据中心； 创新安全生产监管监察方式	重庆市安监局

---

① 重庆市人民政府. 关于印发重庆市深入推进智慧城市建设总体方案（2015~2020年）的通知 [EB/OL]. 2015-09-02. http：//www. cq. gov. cn/publicinfo/web/views/Show! detail. action? sid=4017935.

续表

智慧专项	建设内容	建设单位
生态环境监控	构建全要素生态监控体系； 开展多种在线监测系统的研制和应用	重庆市环保局
城乡规划管理	建设城乡规划综合数据库； 开展地下管网普查和更新维护； 建设城乡规划电子政务云平台； 建设规划信息服务平台	重庆市规划局
城乡建设管理	建设综合信息平台； 建设管理工作平台； 推广智慧建筑、智慧小区、绿色建筑等	重庆市城乡建委
税务监管	建设重庆市税务综合管理服务平台； 开展个性化的纳税服务	重庆市地税局
市政管理	升级数字城管系统； 建设专业管理系统	重庆市市政委
国土管理	建设四大智慧应用体系； 开展"智慧国土"典型示范工程建设	重庆市国土房管局
水资源管理	建设水利信息综合管理系统	重庆市水利局牵头，重庆水务集团配合

资料来源：重庆市深入推进智慧城市建设总体方案（2015～2020 年）。

6.4.5.4　集中服务

建设成果逐步实现集中化管理，在确保信息安全的前提下，实现向政府和社会公众的有序开放与服务。

（1）信息化系统集约化建设。近年来，随着云计算技术和产品的快速发展，采用集中托管、购买云计算服务的信息化系统集约化建设方式已成为国内外行业发展趋势和普遍共识。为推动信息化建设从分散建设尽快走向集约建设、资源共享，重庆市人民政府办公厅下发了《关于加强全市信息化系统集约化建设管理的通知》，明确提出将信息化系统涉及的数据中心（机房）的建设、运营和维护工作，由传统的自建自管模式转变为统一购买云计算服务的模式，通过租购并举的方式，推动全市信息化系统集约化建设，各单位不再单独新建信息化系统，实现各信息化系统所涉数据中心（机房）集中化建设管理。具体而言，就是信息化系统所涉数据存储、处理、灾备等应用，采取租用硬件、集中托管和购买运维服务的方式解决，不再单独建设系统配套的数据中心（机房），不再购买服务器、存储器等硬件设备。

（2）重庆市综合市情系统。2014 年 8 月 14 日，重庆市出台了《重庆市社会公共信息资源整合与应用实施方案》，按照"3＋1＋X"的总体架构，启动了"重庆综合市情系统"建设，目的是通过整合重庆市自然人、法人、地理空间等数据库，建成了跨部门横向整合、纵向贯通的社会公共信息资源共享交换中心。重庆综合市情系统主要以市政府、各委办局为应用对象，整合建设包括基础地理、地表信息、空间规划、城市运行、社会经济五大类数据资源在内的综合市情时空数据库，在此基础上建设一套支持多网络、多终端的市情信息服务系统。

重庆综合市情系统优势主要表现在以下四个方面：一是统一时空信息资源池，大数据智"汇"融合。系统构建了全市统一的时空信息资源池，汇聚整合了全市各部门信息资源。以空间信息为载体，采用数据文件共享、数据库共享等多种共享方式进行数据融合，并以统一的"时间—空间—属性"进行数据组织（纵向—时间，横向—市域—区县—镇街乡—社区村），将时空信息资源划分为"基础地理""地表数据""各类规划""经济社会""城市运行"五大类，有效实现时空数据智"汇"融合，建成全市唯一、全面、权威、更新及时的地理大数据，为各类业务系统分析与决策提供信息支撑。二是综合市情一张图，智"能"应用。系统支持在原有业务系统不变的情况下支持多种数据共享方式进行融合共享，实现将不同业务信息系统动态接入，并利用大数据分析、地理编码、自然语义解析等技术，按照部门提交的业务服务需求，实现多源、异构数据的清洗、转换和融合，并将业务数据准确定位到地理空间，形成全市综合市情一张图，为数据统一查询、整合应用、深入挖掘提供基础。三是多源数据融合挖掘，智"助"决策。系统在已有各类数据融合基础之上，针对不同主题应用，可以采用快速便捷的重构模型方式，进一步挖掘数据价值，为各类主题及场景提供信息服务。用户可使用可视化建模工具，快速建立数据融合挖掘模型，针对不同应用领域不同用户的主题及场景应用，将深入挖掘的信息以可视化方式表达，并通过不同图表的分析与统计，为部门或行业的辅助决策提供快捷的分析依据。目前，已建的主题包括网上行政审批月进度统计、固定资产投资情况统计、水情实时统计、污染源统计、企业情况统计等。

四是开放云服务接口，智"享"服务。系统通过服务总线技术，以 WEB 服务、OGC 标准服务等方式，对外提供静态数据、查询分析、空间处理、功能 API、物联网节点、离线地图、宿主环境等服务，供其他部门专题应用系统调用。实现了系统提供从数据、功能、分析、到计算资源一整套的解决方案，部门在开展业务系统建设中，可以选择不同的服务进行搭配，快速搭建业务应用。

目前，已有 19 个市级部门接入重庆市综合市情系统，后期将不断开展行业领域的若干重点应用平台（系统）建设，逐步完成平台向全市的全辐射、全覆盖。随着后期系统的不断应用拓展与升级完善，将全面带动智慧重庆的全面建设，促进重庆市的信息繁荣、可持续发展。

第7章 智慧重庆建设有序
推进策略研究

为健康有序地推进智慧重庆的建设，本章提出了完善智慧城市建设的组织领导机制，建立健全信息资源开发和共享交换机制，构建"以人为本"的开放性服务体系，建立智慧城市建设评估考核体系，利用市场机制有效吸引社会投资，制定智慧城市建设扶持政策，加强智慧产业领域人才的引进和培养，推进各类智慧创新平台建设等策略。

7.1 完善智慧城市建设的组织领导机制

7.1.1 强化推进智慧城市建设领导小组的领导职能

尽快成立"重庆市智慧城市建设领导小组"，由重庆市委、市政府主要领导担任组长，统筹抓总推动重庆智慧城市规划、建设和运行工作。下设办公室，办公室主任由市政府分管副市长兼任。办公室应该是"三位一体"，既通过授权代表市委、市政府智慧城市建设领导小组牵头抓总，又是一个主管部门，统筹管理智慧城市建设，还要扮演好整合资源平台的角色。充分发挥领导小组在智慧城市建设推进过程中的领导、决策和协调职能：研究智慧城市的发展战略和重大问题，监测分析智慧城市发展现状和形势；制定全市智慧城市发展专项规划和政策措施，拟订智慧城市重点领域建设、管理规章制度；制定智慧城市评价和考核体系；构建交流平台、机制，促进资金、技术、人才的引进，推进重大项目建设；统筹协调、推进、督促、考核各区县、各责任单位新型智慧城市建设相关工作，定期召开会议研究部署重大事项；加强与国家相关部门沟通，统筹协调区县和部门关系，促进智慧重庆加速实现。

7.1.2　设立区县智慧城市建设专职负责机构

发挥各区县的主导作用，并要求各区、县（市）同步建立智慧城市建设领导小组及办公室，按照全市部署，落实专人抓好本区域智慧城市建设的实施、建设、营运、管理等事宜。各区、县（市）把智慧城市建设摆在突出位置，统筹辖区内智慧城市建设的管理职能；落实智慧城市建设的相关规划和政策，审核投资项目，负责对智慧城市创建推进进行调度，协调解决创建项目推进中的困难和问题；督促指导责任单位做好项目谋划、资金筹措、政策兑现、机制创新、项目申报等工作；对各责任单位开展智慧城市建设情况进行考核；及时总结、宣传、推广智慧城市建设中的经验与做法等。

7.1.3　强化多级政府联动机制

依托部市联动、市区联动工作机制，形成部、市、区多级联动，重庆市经济信息委作为智慧城市试点创建行业主管及总牵头部门，负责提出年度创建目标和工作任务，负责制订智慧城市推进计划、基础平台的搭建、项目实施业务指导、有关项目资金申报、智慧产业培育等，确保智慧城市创建稳步推进。重庆市政府办公厅、市发展改革委、市规划局、市经济信息委、市卫生计生委、市教委、市文化委、市旅游局、市商委、市人力社保局、市公安局牵头，市交委、市城乡建委、市安监局、市环保局、市地税局、市市政委、市国土房管局等单位要切实履行行业智慧建设主体责任，要积极与总牵头部门对接，牵头推进行业智慧项目建设，研究制订所承担项目的实施方案，明确项目建设的内容、规模、资金来源、运营模式、推进时序等内容，并根据相应的技术标准将实施项目融入区智慧城市综合指挥管理平台，实现资源共享、互联互通。市发改委、市财政局、市政府金融办、市信息中心等单位要做好项目立项、资金保障、技术服务、运营维护等相关工作，共同构建智慧城市建设统筹协调工作格局，争取在国家、市智慧城市建设重点领域先行先试。

7.2 建立健全信息资源开发和共享交换机制

7.2.1 贯彻信息资源集约共享制度

为推动信息化建设从分散建设尽快走向集约建设、资源共享，重庆市人民政府办公厅下发了《关于加强全市信息化系统集约化建设管理的通知》，明确要求市、区县（自治县）和有关单位国有资金参与或全额投资的新建（拟建）信息化系统，应采取购买云计算服务方式，向两江国际云计算产业园集中。凡涉及存储、处理、灾备等应用的，一律采取租用硬件、集中托管和购买运行维护服务的方式。与各单位信息化系统配套新建、改扩建或者已批准但尚未开工建设的数据中心（机房）项目，一律停止审批或停建。为用好各单位原有数据中心（机房），避免资源浪费，通知还提出，对安防措施薄弱、安全隐患突出的老旧数据中心（机房），逐年降低国有资金支持的运行维护费用，逐步向两江国际云计算产业园迁移整合。

7.2.2 建设信息资源共享交换政务云平台

打破各部门间由于缺乏沟通而形成的"信息孤岛"现象，不仅要防止再去新建孤立的信息平台，而且要整合原先孤立的政府信息平台，形成统一的城市管理平台。由重庆市经济信息委牵头，依托两江国际云计算产业园现有资源，搭建重庆市统一的"政务云平台"，各级政务部门新建和改扩建信息化系统涉及的硬件设施和基础软件由"政务云平台"提供，业务应用系统由各部门按照有关规定自行组织开发，然后统一部署到"政务云平台"；现有信息化系统集中统一托管。重庆云计算投资运营有限公司负责牵头搭建完成过渡性政务数据中心，并负责运营和维护，在全市"政务云平台"正式启用前，政务部门信息化系统先迁移到过渡性政务数据中心，所需云服务资源暂由过渡性政务数据中心提供。具有行政审批职能的事业单位信息化系统应迁移到过渡性政务数据中心或"政务云平台"，其他国有企事业单位可自行选择位于两江国际云计算产业园的数据中心进行信息化系统的迁移。

7.3 构建 "以人为本" 的开放性服务体系

智慧城市是以人为本、协同、开放、用户参与的知识社会下一代创新，充分体现了现代科技以人为本的基本内涵，也重新途释了用户在创新中的角色定位，突出用户不是被动的等待使用者，而是积极的争取创造者，彰显了应用的价值、协同的内涵和民众的力量。因此，构建"以人为本"的开放性服务体系，要从居民需求出发，引导用户参与，汇聚公众智慧，既体现在面向公众、方便公众获得服务，也表现为支持公众参与服务过程，使服务供给方与需求方形成良性互动，从而促进与引导服务供给的提升。

7.3.1 建立快速的需求反应系统

智慧城市建设的最终目标是人的发展。智慧重庆建设应以民众需求最迫切的公共服务作为智慧城市建设的重点，响应社会对智慧城市不同阶段、不同层次、不同方面的诉求，真正使市民共享智慧城市的成果，促进人与城市的全面感知互动，不断提升市民对信息的获取和利用能力，提高市民在城市建设、城市发展、城市管理中的参与度，激发市场主体和市民参与活力。

7.3.2 实现服务模式的转型

围绕重庆发展的实际需求，认真研究云计算、物联网等信息技术发展趋势，采取需求导向型发展模式，加强与知名企业和咨询机构的交流合作，不断完善智慧城市建设的顶层设计和建设体系，实现由供给方为中心向由用户为中心的服务与管理模式的转变；服务方式上由单向变为双向，由一方主动变为双方互动转变；服务渠道上由单一渠道服务向多渠道一体化服务转变。服务主体从以政府为主向政府和行业协会、中介组织并重方向转变，尤其要加快发展有利于智慧城市建设的各类行业协会和中介组织，通过提供各类服务，推动行业与产业、产业与产业、企业与企业之间的融合。

7.3.3 以需求为导向设计服务项目

智慧城市建设能否真正有效推进，关键在于各智慧城市项目所承载的内容和应用的组织与供应。真正决定智慧城市建设成败的关键在于能否满足广大民众的应用需求，而不仅仅是创新技术的提供，如果缺乏实用的服务，即使功能再强大的信息基础设施也将难以得到广大市民的青睐。因此，建设智慧城市，不仅要加强软硬件设施建设和新技术的研发应用，还要通过后期的智慧化的运营来开发各种服务和应用。由简单地满足公众需求向深入调查和真正理解公众需求转变，以需求为导向，最大限度地从公众的需要出发，提供个性化服务和增值服务，既满足大众化的需求，也兼顾个性化的需求。

7.4 建立智慧城市建设评估考核体系

7.4.1 研究建立智慧城市评估指标体系

借鉴国内外研究机构现已发布的智慧城市指标体系，从重庆城市定位和自身情况出发，按照指标的可采集性、代表性和可比性原则，体现"以人为本"的指导思想，科学制定"重庆智慧城市建设评价指标体系"，将城市"智慧化"过程量化，定期对智慧城市建没进行评估，每年发布评估信息和白皮书，为指导推进智慧城市建设提供科学依据。

7.4.2　制定智慧城市评估考核办法

根据重庆"十三五"规划和《关于印发重庆市深入推进智慧城市建设总体方案（2015～2020 年）的通知》等文件，制定智慧城市评估考核实施办法；将智慧城市建设的主要任务、指标体系分解落实到各部门、各区县，作为各部门、各区县工作绩效评估和发展目标管理的重要依据；由智慧城市建设领导小组办公室组织考核小组，以"重庆智慧城市建设评价指标体系"为核心，每年定期考核各部门、各区县的智慧城市建设和应用情况。

7.4.3　实施动态监管加强内部考核

除了由市一级统一组织年度考核以外，各部门、各区县及各单位应加强行政监督，不定期地在内部开展实施效果评估工作，及时追踪智慧城市建设效果，发现问题，解决问题；主动接受各级人大、政协的监督，扩大社会公众参与力度，形成全社会关心、参与智慧城市建设的良好氛围。

7.5　利用市场机制有效吸引社会投资

在智慧城市建设中，对各类建设项目进行分类，采取多渠道的筹资方式有效地吸引社会投资，将市场机制和经营理念引入智慧城市建设中，既可拓展智慧城市建设的综合资源，又能提升智慧城市的质量，有利于理顺政府与市场的关系，加快政府职能转变，充分发挥市场配置资源的决定性作用，提升运营效率。

7.5.1　服务外包模式

除传统的政府自建自营模式外，积极推动政企合资共建，推动制定政府购买服务指导性目录，对于一些非核心的政府服务，如对于社会管理类、基础类、公益类项目，创新投融资模式，鼓励政府通过委托、承包、采购、租赁等方式向企业购买服务，这样可采取服务外包的模式，政府每年通过购买服务的方式获得相应的服务，而不需要一次性地投入大量资金进行建设，这样既节省开支又有质量保证。

7.5.2 建设转移模式

针对一些建设周期长、市场利润率低的项目，或某些投资额较大的项目，可采用 BT 模式，即由政府公共部门通过合同约定，将拟建的项目授予投资人，在规定的时间内，由投资人按照政府要求，在得到合同确定的政府特定政策支持的条件下，承担项目的投资、融资和建设并承担建设期间的风险；项目建成并竣工验收合格、移交给政府或政府指定的使用单位后，政府按照合同的约定在一定期限内分期向投资人支付项目总投资并加上合理资金回报。

7.5.3 特许经营模式

在智慧城市建设中的公共服务类项目，可以采取特许经营的模式，通过市场竞争机制选择投资者，允许其在一定期限和范围内进行经营，使城市能够在短期内利用社会资源迅速提升服务能力。

7.5.4 完全市场化模式

对于那些不涉及国家机密、商业机密和个人隐私，制定激励和扶持政策，重点吸引社会资本进行投资建设，政府应鼓励企业开展信息化商业运营，为企业提供公平竞争的法律环境，并在制度、资金和融资上予以扶持，使其成为智慧城市创新发展中最具活力的部分。

7.6　制定智慧城市建设扶持政策

7.6.1　加强财税扶持

充分发挥政府各类财政专项资金的作用，采取无偿资助、贷款贴息等多种方式，引导社会投资，支持智慧重庆发展。鼓励和引导企业申报国家科技计划项目，积极争取国家专项资金支持。符合条件的企业自主创新产品，应列入重庆市政府采购产品计划目录；全市各级使用财政性资金的机关、事业单位、国有企业，对列入自主创新产品目录的产品，按相关规定优先采购使用，以扶持和促进智慧产业发展。鼓励云计算大数据企业进行国家规划布局内重点软件企业、高新技术企业和技术先进型服务企业的认定，符合条件的按规定享受相关税收优惠政策。对上市的有关企业，按照相关规定进行补贴和奖励。

7.6.2　完善投融资体系

支持天使投资、风险投资、私募基金等投资机构加大对重庆市智慧产业项目的投资，满足云计算大数据产业不同类别及不同发展阶段企业的需求。支持符合条件的云计算企业上市融资。加大对云计算企业的融资担保支持力度，支持担保机构加大对知识产权质押的担保力度。探索数据资源保险机制，逐步开展数据资源的证券化、股权化、债券化试点。市、区的创业平台优先向智慧产业基地倾斜，引导科技人员、大学生在软件服务业等智慧产业领域投资创业，对于符合条件的创业活动，按照相关规定给予扶持。

7.6.3　设立专项扶持资金

设立重庆市智慧城市建设专项扶持资金，每年应至少筹措 3 亿～4 亿元资金用于智慧城市建设。并制定智慧城市建设专项扶持资金管理办法。专项扶持资金用于建立和支持重庆市智慧技术和智慧产业专项发展，专项资金要用于支持重点产业的技术创新、产业化投资、公共平台、开拓市场等项目，发展资金要按突出重点、统筹兼顾的原则，每年根据项目需要，结合绩效评价结果，在有关产业中予以分配。重点产业发展资金支持的资助项目，重庆市本级企业由市财政全额承担，各区、县（市）企业由市财政与区、县（市）财政各承担50%；资金支持的奖励项目由市财政全额承担。

7.7　加强智慧产业领域人才的引进和培养

认真实施《重庆市中长期人才发展规划纲要（2010~2020年)》和《重庆市百名海外高层次人才集聚计划实施办法》，大力实施智慧城市建设人才工程，积极开展智慧产业领域人才引进和培养工作。把智慧产业专业人才纳入全市人才管理范畴，通过多种灵活形式，建立海内外高层次人才储备库，尽快集聚一大批掌握核心技术的科技带头人、一大批具有成长潜力的创新人才、一大批一流素质的企业家和资本营运、科技管理服务人才。

7.7.1　多元化策略引进智慧产业专业人才

建立人才引进目录，面向国内外引进一批高水平云计算技术领军人才和创新团队。创新人才引进、使用和激励机制，吸引海内外高层次专业人才来渝创业就业。建立涵盖主创设计、战略规划、创业辅导等领域专项人才数据库，实现人才供给和社会需求精准对接。瞄准智慧城市建设关键环节和核心领域，引进高端人才、科技领军人才和行业紧缺人才，在住房、户籍、子女教育、医疗保健等方面给予他们政策优惠；结合市、区相关政策，对符合规定的与智慧城市相关领域的创新人才、有突出贡献的优秀人才给予奖励或补贴。

7.7.2 多管齐下共同培育智慧产业专业人才

加强智慧城市建设专业人才队伍建设，鼓励和支持重庆市大专院校开设相关专业，扩大学位点布局和人才培养规模。依托高等院校、科研院所和企业，通过多方合作，定向培养智慧城市建设专业人才。推动企业与高校、科研院所的合作，建立产、学、研一体化人才培养实习基地。组织开展多层次的智慧城市人才培训，尤其要抓好推进智慧城市的领导干部和工作人员培训，深入学习国内外智慧城市建设的先进理念和经验，尽快提升领导水平和业务能力，以尽快适应智慧城市建设的要求。

7.8 推进各类智慧创新平台建设

7.8.1 建立关键技术的研发创新平台

围绕智慧城市发展的需求，建立相关研发机构和研发创新平台，开展关键技术研发和国内外信息技术交流活动，强化物联网和云计算等重点技术领域自主技术研发，力争在云计算平台技术、海量数据存储等领域突破一批关键技术，形成一批具有自主知识产权的标准和规范。建成若干创新创业公共服务云平台，培育形成一批云计算领域创新创业团队。整合创新资源，加强云计算相关技术研发实验室、工程中心和企业技术中心建设。鼓励国内外相关机构建设面向云计算领域的专业孵化器，建立云计算产业创新联盟。鼓励企业、研究机构开展与国外智慧产业领域知名院校和研究机构的联合攻关。

7.8.2 搭建国际合作与交流平台

加强国际的全方位交流合作，组织或参与以智慧城市建设为主题的国际性、全国性的论坛会议；充分利用重庆开放的平台和载体，办好智慧城市技术和应用产品的相关国际展会、论坛和活动；争取与国家有关部委、科研院所和三大电信运营商等单位合作，以新技术、新产品、新成果、新范例、新模式为内容，每年举办一次"中国（重庆）国际物联网技术与智慧城市应用展览会"，以展示国内外最新的研究成果、产品、成功应用的案例。

7.8.3　成立智慧城市决策咨询平台

借鉴国内其他城市的经验，尽快成立"重庆智慧城市发展研究院"，作为重庆智慧城市智力和研究资源的协调平台以及智慧城市建设思想库，加强对智慧城市建设的咨询指导工作。智慧城市发展研究院应履行智慧城市建设规划的编制工作；智慧城市相关领域技术标准研制、推广、应用和申报工作；智慧城市建设的各项法规起草工作；智慧城市建设的有关顾问、决策专家、评审专家的日常工作，为重庆市委、市政府对全市智慧城市建设进行决策提供科学依据，同时面向全国，为各行业、部门提供决策咨询服务。市级有关部门、重点区县和重点企业，也要建立完善的决策咨询平台，确保重庆按照科学的路径、方法推进智慧城市的建设。

7.8.4　建设智慧城市创业孵化平台

创业孵化器是打造智慧城市经济、推动智慧城市建设的一个关键环节。孵化器要对小企业提供特殊的优惠待遇，比如免除前两年租金，无偿提供生产、科研用房和电脑，免费在政府网上宣传等，让小企业尽快茁壮成长。各区、县（市）都要立足各自实际，盘活存量与增加增量相结合，分别建立一两个孵化器，在全市营造智慧城市建设相关高新技术产业发展的良好合作、互补氛围，同时，鼓励企业创办孵化器。支持有条件、有实力的高新技术企业、创办专业性强、特色明显的孵化器。

7.8.5　建设智慧城市运营平台

一方面，积极引导企业兼并重组，鼓励大型国企与重点解决方案供应商、硬件产品供应商、服务提供商等通过合作、兼并等形式进行联合重组，成立智慧城市建设第三方运营公司，并在公司运营初期提供财政补贴、税收减免、服务收费、收益提成等政策支持，提高其专业化水平和综合竞争力；另一方面，可与大型国企、金融机构、国内外大型 IT 企业合资，共同成立智慧城市建设联合运营公司。此外，积极筹备成立智慧城市产业发展联盟，有效整合智慧产业链上下游各方资源，实现优势互补。

参 考 文 献

［1］北京市人民政府．智慧北京行动纲要［EB/OL］．2012 – 03 – 07.
http：//govfile. beijing. gov. cn/Govfile/ShowNewPageServlet？id = 5978.

［2］常洁，赵勇．城镇化进程中的智慧城市建设［J］．电信网技术，2013 (4).

［3］常洁，赵勇．可持续的智慧城市发展模式［J］．通信企业管理，2013 (10).

［4］常文辉．智慧城市评价指标体系构建研究［D］．开封：河南大学，2012.

［5］沉风．2015 年初步建成"苏南智慧城市群"［N］．人民邮报，2015 –
09 – 30.

［6］陈才．2012～2013 年智慧城市发展回顾与展望［J］．现代电信科技，
2013 (2).

［7］陈才君．智慧交通［M］．北京：清华大学出版社，2011.

［8］陈桂香．国外"智慧城市"建设概览［J］．中国安防，2011 (10).

［9］陈钧，项菲菲．重庆"智慧城市"建设正在起步［N］．重庆日报，
2015 –09 –22.

［10］陈枝山．关于我国推进智慧城市的思考与建议——从我国社会经济
发展及转型的视角［J］．电信学，2011 (11).

［11］成思危．"智慧城市"需四大要素［N］．中国经营报，2010 –
5 –24.

［12］成思危．建设广义智慧城市的八项主要任务［J］．中国信息界，
2013 (3).

［13］程大章．智慧城市顶层设计导论［M］．北京：科学出版社，2012.

［14］丛晓男，刘治彦，王轶．中国智慧城市建设的新思路［J］．区域经

济评论，2015（6）.

［15］邓贤峰．智慧城市评价指标体系研究［J］．发展研究，2010（12）.

［16］丁卓．基于复杂网络的智慧城市公共交通网络研究［D］．广州：华南理工大学，2015.

［17］鼎韬产业研究院．智慧城市如何当好城市病治理的先行军［J］．现代物业，2014（11）.

［18］杜渐，全球物联网应用若干案例［J］．机电一体化，2013（12）.

［19］杜明军．大连港建设第五代物联网智慧港口发展模式研究［D］．大连：大连海事大学，2014.

［20］樊敏．基于系统集成服务商的智慧城市商业模式研究［D］．哈尔滨：哈尔滨工业大学，2015.

［21］方丹丹，陈博．智慧城市的系统架构研究［J］．未来与发展，2012（12）.

［22］冯浩，汪江平．日本智慧城市建设的现状与挑战［J］．建筑与文化，2014（12）.

［23］逄金玉．"智慧城市"——中国特大城市发展的必然选择［J］．经济与管理研究，2011（12）.

［24］工业和信息化部．无锡国家传感网创新示范区发展规划纲要［EB/OL］．2012－08－20．http：//govfile. beijing. gov. cn/Govfile/ShowNewPageServlet？id＝5978.

［25］工业和信息化部．2014年度"宽带中国"示范城市（城市群）名单［EB/OL］．2013－12－17．http：//www. miit. gov. cn/n11293472/n11293877/n16187085/n16191057/16226707. html.

［26］工业与信息化部．基于云计算的电子政务公共平台建设和应用试点示范地区［EB/OL］．2013－09－12．http：//politics. people. com. cn/n/2013/0913/c1027－22910580. html.

［27］工业与信息化部．首批国家信息消费试点市（县、区）名单公示［EB/OL］．2013－12－17．http：//www. miit. gov. cn/n1146285/n1146352/n3054355/n3057757/n3057760/c3538929/content. html.

［28］龚炳铮．关于发展我国智慧城市的思考［J］．中国信息界，2012 (11)．

［29］龚庐．重庆市智慧城市建设研究——基于政府责任的视角［D］．重庆：重庆大学，2015．

［30］辜胜阻，王敏．智慧城市建设的理论思考与战略选择［J］．中国人口·资源与环境，2012 (5)．

［31］辜胜阻，杨建武，刘江日．当前我国智慧城市建设中的问题和对策［J］．中国软科学，2013 (1)．

［32］管宝清．关于智慧城市建设思考［J］．专家论坛，2014 (1)．

［33］郭理桥．智慧城市导论［M］．北京：中信出版社，2015．

［34］郭小华．智慧城市投资模式研究——以太原市为例［D］．太原：太原理工大学，2015．

［35］国家测绘地理信息局国土测绘司．关于开展智慧城市时空信息云平台建设试点工作的通知［EB/OL］．2012 – 12 – 11．http：//www. sbsm. gov. cn/article/tzgg/201212/20121200117724. shtml.

［36］国家发展改革委．关于促进智慧城市健康发展的指导意见［EB/OL］．2014 –08 –27．http：//www. ndrc. gov. cn/gzdt/201408/t20140829_624003. html.

［37］国家发展改革委．关于同意深圳市等80个城市建设信息惠民国家试点城市的通知［EB/OL］．2014 – 09 – 26．http：//www. ndrc. gov. cn/gzdt/201406/t20140623_616058. html.

［38］国脉互联智慧城市研究中心．2012中国智慧城市发展现状和趋势预测研究报告［R］．2012．

［39］国脉互联智慧城市研究中心．中国智慧城市的愿景与本质特征［R］．2011．

［40］国务院．国家新型城镇化规划（2014~2020年）［EB/OL］．2014 –03 –16. http：//ghs. ndrc. gov. cn/zttp/xxczhjs/ghzc/201605/t20160505_800839. html.

［41］何宝庆，李冬明．我省加快构建"智慧城市群"［N］．江西日报，2010 – 10 –21．

［42］侯远志，焦黎帆．国内外智慧城市建设研究综述［J］．产业与科技论坛，2014 (12)．

[43] 胡小明. 从数字城市到智慧城市资源观念的发展 [J]. 电子政务, 2011 (8).

[44] 黄光红. 重庆三网融合进展明显 [N]. 重庆日报, 2016 - 12 - 14.

[45] 黄婷. 国内外智慧城市建设模式比较研究 [D]. 西安: 西北大学, 2015.

[46] 黄鑫. 2015 年长三角基本建成智慧城市群 [N]. 经济日报, 2012 - 05 - 14.

[47] IBM 商业价值研究院. 智慧的城市在中国 [R]. 2009.

[48] 计世资讯. 中国智慧城市建设的四大模式 [R]. 2014.

[49] 姜大源. 职业教育: 模式与范式辨 [J]. 中国职业技术教育, 2008 (11).

[50] 金江军. 智慧产业发展对策研究 [J]. 技术经济与管理研究, 2012 (11).

[51] 金真. 智慧城市的重庆样本 [N]. 中国建设报, 2015 - 11 - 04.

[52] 赖茂生. 政府开放数据与智慧城市建设的战略整合初探 [J]. 图书情报工作, 2013 (7).

[53] 李彬, 魏红江, 邓美薇. 日本智慧城市的构想、发展进程与启示 [J]. 日本研究, 2015 (2).

[54] 李春友, 古家军. 国外智慧城市研究综述 [J]. 软件产业与工程, 2014 (3).

[55] 李德仁, 邵振峰, 杨小敏. 从数字城市到智慧城市的理论与实践 [J]. 地理空间信息, 2011 (9).

[56] 李德仁, 姚远, 邵振峰. 从数字城市到智慧城市的理论与实践 [J]. 地理空间信息, 2011 (12).

[57] 李海岚. 重庆市综合市情系统 2.0 版本上线 [N]. 重庆日报, 2017 - 01 - 23.

[58] 李慧敏, 柯园园. 借鉴欧盟经验完善智慧城市顶层设计 [J]. 世界电信, 2014 (6).

[59] 李杰. 重庆市智慧城市建设融资问题研究 [D]. 重庆: 西南大学, 2015.

[60] 李莉, 罗灵军, 胡旭伟. "智慧重庆" 建设路径研究 [J]. 地理空

间信息, 2011 (1).

[61] 李亮. 浅析欧洲中小智慧城市建设 [J]. 北华航天工业学院报, 2012 (1).

[62] 李林. 新加坡"智慧岛"建设经验与启示 [J]. 中国信息界, 2013 (6).

[63] 刘柯妗. 重庆市南岸区智慧城市建设现状与对策研究 [D]. 重庆: 重庆大学, 2015.

[64] 刘伦, 刘合林, 王谦, 龙瀛. 大数据时代的智慧城市规划: 国际经验 [J]. 国际城市规划, 2014 (6).

[65] 刘强. 重庆电子信息产业发展对经济增长贡献研究 [D]. 重庆: 重庆工商大学, 2013.

[66] 刘尚海. 我国智慧城市建设运营商业模式研究 [J]. 未来与发展, 2013 (8).

[67] 刘晓华. 采购模式分类与整理 [J]. 物流工程与管理, 2010 (8).

[68] 芦效峰, 程大章. 智慧城市与社会及经济信息化 [J]. 智能建筑与城市信息, 2013 (1).

[69] 陆伟良. 智慧城市建设目标与顶层设计概念 [J]. 智能建筑与城市信息, 2013 (4).

[70] 陆小敏. 关于智慧城市顶层设计的思考 [J]. 电子政务, 2014 (1).

[71] 吕鹏飞. 斯德哥尔摩智能交通案例 [J]. 道路交通与安全, 2009 (8).

[72] 毛光烈. 智慧城市需标准化建设 [J]. 智慧城市, 2012 (10).

[73] 毛艳华. 基于 SOP 模型的智慧城市治理模式及评价体系研究 [J]. 发展研究, 2012 (11).

[74] 梅雪珂. 中外智慧城市建设模式比较研究 [D]. 哈尔滨: 黑龙江大学, 2016.

[75] 南京市人民政府. 南京市"十二五"智慧城市发展规划 [EB/OL]. 2011 - 12 - 31. http://www.jiangsu.gov.cn/jsgov/sx/shengxs/nanjings/201212/t20121218_309380.html.

[76] 宁波市发展和改革委员会. 宁波智慧城市发展"十三五"规划

［EB/OL］. 2016－11－14. http：//www. nbeic. gov. cn/art/2016/11/14/art_
1013_985997. html.

［77］宁波市经济和信息化委员会. 宁波市加快创建智慧城市行动纲要
（2011～2015）［EB/OL］. 2012－05－08. http：//old. nbeic. gov. cn/News_
view. aspx？CategoryId＝157&ContentId＝16622.

［78］彭继东. 国内外智慧城市建设模式研究［D］. 长春：吉林大
学，2012.

［79］前瞻产业研究院. 智慧城市建设发展前景与投资预测分析报告［R］.
2015.

［80］乔冠宇，徐筱越，陈伟清. 国内外智慧城市群研究与建设评述［J］.
工业技术经济，2016（8）.

［81］乔宏章，付长军. "智慧城市"发展现状与思考［J］. 无线电通信
技术，2014（6）.

［82］秦洪花，李汉清，赵霞. "智慧城市"的国内外发展现状［J］. 科
技进步与对策，2010（9）.

［83］阮重晖，李明超，朱文晶. 智慧城市建设的商业模式创新研究［J］.
浙江学刊，2015（11）.

［84］沙勇. 国内外智慧城市发展模式对提振"智慧南京"的启示［J］.
南京财经大学学报，2012（6）.

［85］上海市经济和信息化委员会. 上海市推进智慧城市建设2011～2013
年行动计划［EB/OL］. 2011－09－08. http：//www. sheitc. gov. cn/szfgh/
652766. htm.

［86］深圳市人民政府办公厅. 深圳国家自主创新示范区建设实施方案
［EB/OL］. 2015－07－22. http：//www. szsti. gov. cn/info/policy/sz/114.

［87］深圳市人民政府办公厅. 智慧深圳规划纲要（2011～2020年）［EB/
OL］. 2012－05－18. http：//www. szns. gov. cn/jcj/xxgk70/ghjh7268/fzgh57/
676078/index. html.

［88］深圳市人民政府办公厅. 智慧深圳建设实施方案（2013～2015年）
［EB/OL］. 2013－09－29. http：//zwgk. gd. gov. cn/007543382/201310/

t20131025_429290. html.

[89] 史小斌. 打造智慧城市助推城市生态文明建设 [J]. 山东工业技术，2013 (3).

[90] 宋刚，陈凯亮，张楠. Fab Lab 创新模式及其启示 [J]. 科学管理研究，2008 (6).

[91] 宋刚，纪阳，唐蔷. Living Lab 创新模式及其启示 [J]. 科学管理研究，2008 (3).

[92] 宋刚，孟庆国. 政府 2.0：创新 2.0 视野下的政府创新 [J]. 电子政务，2012 (2).

[93] 宋刚，邬伦. 创新 2.0 视野下的智慧城市 [J]. 北京邮电大学学报（社会科学版），2012 (8).

[94] 宋刚，邬伦. 创新 2.0 视野下的智慧城市 [J]. 北京邮电大学学报，2012 (4).

[95] 孙杰贤. 新加坡 "iN2015" 计划完全解读 [J]. 通讯世界，2007 (7).

[96] 童腾飞. 物联网在智慧北京中的应用 [J]. 城市管理与科技，2012 (6).

[97] 万剑锋，李朝洋. 基于智慧城市理念的数字档案馆建设初探 [J]. 云南档案，2013 (7).

[98] 汪汀，任佳. 住房和城乡建设部公布首批国家智慧城市试点名单 [N]. 中国建设报，2013-01-31.

[99] 王根祥，李宁，王建会. 国内外智慧城市发展模式研究 [J]. 软件产业与工程，2012 (4).

[100] 王广斌，张雷，刘洪磊. 国内外智慧城市理论研究与实践思考 [J]. 科技进步与对策，2013 (10).

[101] 王国爱，李同升. "新城市主义" 与 "精明增长" 理论进展与评述 [J]. 规划师，2009 (4).

[102] 王家耀. 让城市更智慧 [J]. 测绘科学技术学报，2011 (2).

[103] 王敏旋. 九议宁波智慧城市建设 [J]. 宁波经济（三江论坛），

2011 (2).

[104] 王宁，王业强. 智慧城市研究述评与对新型城镇化的启示 [J]. 城市观察，2015 (8).

[105] 王世伟. 说智慧城市 [J]. 图书馆情报工作，2012 (2).

[106] 王思雪，郑磊. 国内外智慧城市评价指标体系比较 [J]. 电子政务，2013 (1).

[107] 王喜文. 聚焦韩国智能城市建设 [J]. 物联网技术，2011 (4).

[108] 王玉平. 智慧城市"银川模式"启示录 [N]. 宁夏日报，2016 - 04 - 15.

[109] 王振源. 我国智慧城市建设水平评价指标研究 [J]. 云南民族大学学报，2013 (11).

[110] 邬贺铨. 智慧城市的数据管理 [J]. 物联网技术，2012 (11).

[111] 邬明罡. 亚太地区典型智慧城市发展经验或可借鉴 [J]. 世界电信，2013 (3).

[112] 巫细波，杨再高. 智慧城市理念与未来城市发展 [J]. 城市发展研究，2010 (11).

[113] 吴标兵，林承亮，许为民. 智慧城市发展模式：一个综合逻辑架构 [J]. 科技进步与对策，2013 (5).

[114] 吴循. 智慧城市的模块化构架与核心技术 [M]. 北京：国防工业出版社，2014.

[115] 吴幼丽. 我国智慧城市建设推进策略研究——基于台湾做法的经验启示 [J]. 海峡科学，2017 (5).

[116] 吴余龙，艾浩军. 智慧城市：物联网背景下的现代城市建设之道 [M]. 北京：电子工业出版社，2011.

[117] 武诗. 中国智慧城市之路——专访中国智慧工程研究会会长魏滨 [J]. 今日中国论坛，2014 (2).

[118] 席广亮，甄峰. 基于可持续发展目标的智慧城市空间组织和规划思考 [J]. 城市发展研究，2014 (5).

[119] 肖福燕. 互联网直联点开通 网速快看视频更流畅 [N]. 重庆日报，

2014 - 08 - 21.

[120] 谢圣赞. 马来西亚建设"多媒体超级走廊"的经验与启示 [J]. 中国科技产业, 2006 (11).

[121] 谢欣. 我国智慧城市发展现状及建议 [J]. 上海信息化, 2012 (1).

[122] 徐春燕. 智慧城市的建设模式及对"智慧武汉"建设的构想 [D]. 武汉: 华中师范大学, 2012.

[123] 徐若云. 西方智慧城市理论中的若干建筑学议题初探 [D]. 北京: 清华大学, 2014.

[124] 徐小敏, 周洪成. 智慧城市建设和运营模式分析 [J]. 通信与信息技术, 2014 (1).

[125] 徐振强. 中美智慧城市领域合作现状研究 [J]. 建设科技, 2015 (12).

[126] 徐振强. 中外智慧城市联盟发展: 对比·启示·建议 [J]. 建设科技, 2015 (5).

[127] 许晶华. 我国智慧城市建设的现状和类型比较研究 [J]. 城市观察, 2012 (4).

[128] 闫彬彬. 智慧城市建设经验及启示——以台湾桃园为例 [J]. 当代经济, 2013 (11).

[129] 杨冰之, 郑爱军. 智慧城市发展手册 [M]. 北京: 机械工业出版社, 2012.

[130] 杨红艳. "智慧城市"的建设策略: 对全球优秀实践的分析与思考 [J]. 电子政务, 2012 (1).

[131] 杨宏山. 城市管理学 [M]. 北京: 中国人民大学出版社, 2009.

[132] 杨会华, 樊耀东. 智慧城市典型商业模式分析和选择 [J]. 移动通信, 2013 (2).

[133] 杨会华, 樊耀东. 智慧城市典型商业模式分析和选择 [J]. 移动通信, 2013 (3).

[134] 杨毅. 智慧城市的主要信息技术及应用领域浅析 [J]. 科技视界, 2015 (1).

［135］杨再高．智慧城市发展策略研究［J］．科技管理研究，2012（4）.

［136］杨再高．智慧城市发展策略研究［J］．科技管理研究，2012（7）.

［137］杨正华．城市信息化背景下提升政府公共信息服务研究——以宁波市"智慧城市"建设为例［D］．金华：浙江师范大学，2015.

［138］姚华松，罗萍．新型城市化的建构过程与广州实践——兼论建设"智慧广州"［J］．城市观察，2012（6）.

［139］应江勇．电信运营商"智慧城市"建设运营的博弈及评估研究［D］．北京：北京邮电大学，2014.

［140］于海青．大连港抢占"智慧港口"建设制高点［N］．中国水运报，2016-09-14.

［141］于文轩，许成委．中国智慧城市建设的技术理性与政治理性——基于147个城市的实证分析［J］．公共管理学报，2016（4）.

［142］袁慎勋，冯雪菲．曼哈顿CBD：交通堵塞的智慧解决方案［J］．环球市场信息导报，2013（12）.

［143］袁顺召．武汉市智慧城市建设模式研究［D］．武汉：华中科技大学，2013.

［144］袁文蔚，郑磊．中国智慧城市战略规划比较研究［J］．电子政务，2012（4）.

［145］袁媛，王潮阳，董建．搭建我国智慧城市标准体系［J］．信息技术与标准化，2013（2）.

［146］曾华燊，黎静．国内信息港建设方案综述［J］．计算机应用，1999（10）.

［147］张飞舟，杨东凯，张弛编．智慧城市及其解决方案［M］．北京：电子工业出版社，2015.

［148］张峰．云计算应用服务模式探讨［J］．信息技术与信息化，2012（2）.

［149］张晋．"无线城市"分类存弊端 创新盈利模式备受关注［N］．通信信息报，2008-12-11.

［150］张静．智慧城市建设及运营模式研究［D］．北京：北京邮电大学，2013.

［151］张凌云，黎嘤，刘敏．智慧旅游的基本概念与理论体系［J］．旅游学刊，2012（5）．

［152］张明柱．基于智慧城市发展指数的我国智慧城市分类评价模型研究［D］．太原：太原科技大学，2014．

［153］张攀，朱敦尧，董红波．北斗卫星导航系统在智慧城市建设中的应用探讨［J］．2013（8）．

［154］张维．智慧城市设计应聚焦"公共品"解决各种"城市病"［N］．中国建设报，2016－10－10．

［155］张小凤，程灏．智慧城市背景下的政府信息资源管理研究［J］．产业与科技论坛，2013（3）．

［156］张小娟．智慧城市系统的要素、结构及模型研究［D］．广州：华南理工大学，2015．

［157］张晓欢，刘春雨．把握智慧城市方向精准谋划顶层设计［J］．中国经贸导刊，2014（2）．

［158］张祎．"在重庆"上线 打造"口袋里的市民服务体系"［N］．人民网·重庆视窗，2015－06－18．

［159］张永民，杜忠潮．我国智慧城市建设的现状和思考［J］．中国信息界，2011（12）．

［160］张永民．"智慧城市"高于"数字城市"［J］．中国信息界，2011（10）．

［161］张元好，曾珍香．城市信息化文献综述——从信息港、数字城市到智慧城市［J］．情报科学，2015（6）．

［162］张振刚，张小娟．智慧城市研究述评与展望［J］．管理现代化，2013（6）．

［163］赵昌平，郑米雪，贺雪敏．大连港口与临港产业协同发展的对策［J］．大连海事大学学报（社会科学版），2016（2）．

［164］赵大鹏．中国智慧城市建设问题研究［D］．吉林：吉林大学，2013．

［165］赵刚．关于智慧城市的理论思考［J］．中国信息界，2012（5）．

［166］赵全军，夏以群．加快创建智慧城市需要深入研究解决的若干问

题 [J]. 宁波经济（三江论坛），2012（1）.

[167] 赵运林. 城市概论 [M]. 天津：天津大学出版社，2010.

[168] 甄峰，黄春晓，张年国. 西方信息港发展以及对中国信息港发展的思考借鉴 [J]. 国外城市规划，2006（2）.

[169] 智慧城市研究中心. 中国智慧城市体系结构与发展研究报告 [R]. 2011.

[170] 智研咨询. 中国智慧城市体系结构与发展研究报告 [R]. 2011.

[171] 中国国务院. 李克强 2015 年政府工作报告 [EB/OL]. 2015 - 03 - 05. http：//www. gov. cn/guowuyuan/2015 - 03/16/content_2835101. html.

[172] 中国国务院. 李克强 2016 年政府工作报告 [EB/OL]. 2016 - 03 - 05. http：//news. xinhuanet. com/fortune/2016 - 03/05/c_128775704. html.

[173] 中国领导决策案例研究中心. 智慧银川城市标杆 [R]. 2016.

[174] 重庆市地理信息中心. 智慧重庆时空信息云平台专家咨询会顺利举行 [EB/OL]. 2016 - 12 - 15. http：//www. cqupb. gov. cn/content. aspx？id = 33779.

[175] 重庆市工商行政管理局. 重庆市工商行政管理局 2016 年度政府信息公开工作报告 [EB/OL]. 2011 - 12 - 31. http：//www. cq. gov. cn/publicinfo/web/views/Show！detail. action？sid = 4183602.

[176] 重庆市互联网协会. 第十五次重庆市互联网发展报告 [R]. 2017.

[177] 重庆市经济和信息化委员会. 2016 年我市电子制造业经济运行简况 [EB/OL]. 2017 - 02 - 03. http：//www. cq. gov. cn/publicinfo/web/views/Show！detail. action？sid = 4174717.

[178] 重庆市人民政府. 关于印发重庆市社会公共信息资源整合与应用实施方案的通知 [EB/OL]. 2014 - 08 - 19. http：//www. cq. gov. cn/publicinfo/web/views/Show！detail. action？sid = 4047729.

[179] 重庆市人民政府. 关于印发重庆市深入推进智慧城市建设总体方案（2015～2020 年）的通知 [EB/OL]. 2015 - 09 - 02. http：//www. cq. gov. cn/publicinfo/web/views/Show！detail. action？sid = 4017935.

[180] 重庆市商委. 重庆市智慧商圈建设实施方案 [EB/OL]. 2015 - 08 - 27.

http：//chongqing2. mofcom. gov. cn/article/sjtongzhigg/201508/20150801095476. shtml.

［181］重庆市政府办公厅. 深化体制机制改革加快实施创新驱动发展战略行动计划（2015～2020 年）［EB/OL］. 2015 - 06 - 17. http：//cq. cqnews. net/sz/2015 - 06/17/content_34526145. htm.

［182］重庆市政府办公厅. 重庆市国家信息惠民试点城市建设工作方案要点［EB/OL］. 2014 - 07 - 07. http：//www. cqdpc. gov. cn/article - 1 - 20561. aspx.

［183］重庆市政府办公厅. 重庆市推进基于宽带移动互联网的智能汽车与智慧交通应用示范项目实施方案（2016～2019 年）［EB/OL］. 2016 - 10 - 8. http：//www. cq. gov. cn/publicinfo/web/views/Show! detail. action? sid = 4137946.

［184］重庆市政府办公厅. 重庆市智慧旅游建设实施方案［EB/OL］. 2015 - 04 - 09. http：//www. cac. gov. cn/2015 - 04/09/c_1114915380. htm.

［185］朱铁臻. 城市现代化研究［M］. 北京：红旗出版社，2002.

［186］朱晓宛. 如何打造全球首个"智慧国"［N］. 第一财经日报，2014 - 11 - 27.

［187］住房和城乡建设部办公厅. 关于公布 2013 年度国家智慧城市试点名单的通知［EB/OL］. 2013 - 08 - 01. http：//www. mohurd. gov. cn/zcfg/jsbwj_0/jsbwjjskj/201308/t20130805_214634. html.

［188］住房和城乡建设部办公厅. 关于公布国家智慧城市 2014 年度试点名单的通知［EB/OL］. 2015 - 04 - 07. http：//www. mohurd. gov. cn/zcfg/jsbwj_0/jsbwjjskj/201504/t20150410_220653. html.

［189］住房和城乡建设部办公厅. 关于开展国家智慧城市试点工作的通知［EB/OL］. 2012 - 11 - 22. http：//www. gov. cn/zwgk/2012 - 12/05/content_2282674. html.

［190］邹佳佳. 智慧城市建设的途径与方法研究——以浙江宁波为例［D］. 金华：浙江师范大学，2013.

［1］"智慧绵阳"建设总体规划（征求意见稿）［EB/OL］. 2014 - 11 - 02. https：//wenku. baidu. com/view/1f66472bdd3383c4bb4cd28f. html.

［191］Ago Luberg, Tanel Tammet, Priit Hirv. Smart City：A Rule-based

Tourist Recommendation System [R]. Tourism, 2011.

[192] Andrea Caragliu, Chiara Del Bo, Peter Nijkamp. Smart Cities in Europe [J]. Ideas, 2009 (5).

[193] Bell R. Industrial Cities in Turnaround. Remarks Presented at the Smart Communities [C]. California, 1997.

[194] Bollier. How Smart Growth Can Stop Pprawl [M]. Washington, DC: Essential Books, 1998.

[195] Caves R W, Walshok M G. Adopting Innovations in Information Technology [J]. Cities, 1999 (1).

[196] Center on Governance. Smart Capital Evaluation Guidelines Report: Performance Measurement and Assessment of Smart Capital [R/OL]. Ottawa, Canada: University of Ottawa, 2003. http://www. christopherwilson. ca/papers/Guidelines_report_Feb2003. pdf.

[197] Chourabi H, Nam T, Walker S. Understanding Smart Cities: An Integrative Framework [C]. Hawaii, 2012.

[198] C. Harrison, I. A. Donnelly. A Theory of Smart Cities [C]. UK, 2011.

[199] C. Harrison. Foundations for Smarter Cities [J]. IBM Journal of Research and Development, 2010 (4).

[200] Dirks S, Keeling M. A Vision of Smarter Cities: How Cities Can Lead the Way into a Prosperous and Sustainable Future [J]. IBM Institute for Business Value, 2009 (6).

[201] Forrester. Helping CIOs Understand Smart City Initiatives [R]. 2010.

[202] Gibson D V. Kozmetsky G. Smilor R W. The Technology: Smart cities, Fast Systems Global Networks [M]. USA: Rowman Littlefiels Publishers. 1992.

[203] Giffinger Rudolf, Gudrun Haindlmaier. Smart Cites Ranking: An effective Instrument for the Positioning of Cities? [J]. ACE: Architecture, City and Environment, 2010 (12).

[204] Giffinger Rudolf, Gudrun Haindlmaier. Smart Cites Ranking: An effec-

tive Instrument for the Positioning of Cities? [J]. ACE: Architecture, City and Environment, 2010 (12).

[205] Gil Castineira F. Experiences Inside the Ubiquitous Oulu Smart City [J]. IEEE Computer, 2011 (6).

[206] Graham S, Marvin S. Telecommunications and the City: Electronic Spaces, Urban Places [M]. London: Routledge, 1996.

[207] Hall R E. The Vision of a Smart City [C]. Paris, 2000.

[208] Halpern D. Social Capital [M]. Bristol: Policy Press, 2005.

[209] Hendrik Hielkema, Patrizia Hongisto. Developing the Helsinki Smart City: The Role of Competitions for Open Data Applications [J]. Journal of the Knowledge Econonry, 2013 (6).

[210] Hollands R G. Will the Real Smart City Please Stand Up? [J]. City, 2008 (3).

[211] Jonathan Zygiaris. Smart City Reference Model: An Approach to Assist Smart Planners to Conceptualize a City's Smart Innovation Ecosystem [J]. Journal Knowledge Economy, 2012 (28).

[212] Joost Brinkman. Supporting Sustainability through Smart Infrastructures: the Case of Amsterdam [J]. Network Industries Quarterly, 2011 (3).

[213] Kanter R, Litow S S. Informed and Interconnected: A Manifesto for Smarter Cities [J]. Harvard Business School General Management Unit Working Paper, 2009 (5).

[214] Komninos. Intelligent Cities and Globalization of Innovation Networks [M]. London: Taylor & Francis, 2008.

[215] Komninos. Intelligent Cities: Innovation, Knowledge Systems and Digital Spaces [M]. London: Spon Press, 2002.

[216] Kourtit K, Nukamp P, Arribas D. Smart Cities in Perspective a Comparative European Study by means of Self-Organizing Maps [J]. Innovation: The European Journal of Social Science Research, 2012 (2).

[217] Lazaroiu G C, Roscia M. Definition Methodology for the Smart Cities

Model [J]. Energy, 2012 (47).

[218] Lee J H, Hancock M G, Hu M C. Towards an Effective Framework for Building Smart Cities: Lessons from Seoul and San Francisco [J]. Technological Forecasting & Social Change, 2014 (7).

[219] Leydesdorff L, Deakin M. The Triple-helix Model of Smart Cities: A Neo-Evolutionary Perspective [J]. Journal of Urban Technology, 2011 (2).

[220] Lombardi P, Giordano S, Farouh H. Modeling the Smart City Performance [J]. Innovation The European Journal of Social Science Research, 2012 (2).

[221] Margarita Angelidou. Smart City Policies: A Spatial Approach [J]. Cities, 2014 (41).

[222] Natural Resources Defense Council. What Are Smarter Cities? [EB/OL]. http://smartercities.nrdc.org/about.

[223] Odendaal. Information and Communication Technology and Local Governance: Understanding the Difference between Cities in Developed and Emerging Economies [J]. Computers, Environment and Urban Systems, 2013 (6).

[224] R Rausch. Midtown in Motion New York Applies Advanced Technology to Improve Traffic Mobility Overview [J]. Electroindustry, 2012 (6).

[225] Richard K, Dominica B, Joe R. Urban Regeneration in the Intelligent City [C]. London, 2005.

[226] Rios P. Creating "the Smart City" [EB/OL]. http://archive.udmercy.edu:8080/bitstream/handle/10429/393/2008_rios_smart.pdf? sequence = 1.

[227] Rudolf Giffinger. Smart Cities: Ranking of European Medium Sized Cities [R]. Vienna UT Centre of Regional Science, 2007.

[228] Sam Allwinkle, Peter Cruickshank. Creating Smarter Cities: An Overview [J]. Journal of Urban Technology, 2011 (2).

[229] Sotiris Zygiaris. Smart City Reference Model: An Approach to Assist Smart Planners to Conceptualize a City's Smart Innovation Ecosystem [J]. Journal Knowledge Economy, 2012 (28).

[230] Taewoo Nam, Theresa A. Pardo. Smart City as Urban Innovation: Focusing on Management, Policy, and Context [C]. New York, 2011.

[231] Toppeta. The Smart City Vision: How Innovation and ICT Can Build Smart Sustainable Cities [J]. Innovation: Management, Policy & Practice, 2010 (3).

[232] Vettorato D. Defining Smart City: A Conceptual Framework Based on Keyword Analysi [J]. TeMA: Journal of Land Use Mobility and Environment, 2014 (6).

[233] Washburn D, Sindhu U. Helping CIOs Understand "Smart City" Initiatives [J]. Growth, 2009 (2).